法藏知津

中國佛教研究集成

初 編

杜潔祥 主編

第 **25** 冊

明末曹洞殿軍
——永覺元賢禪師研究（上）

范佳玲 著

花木蘭文化出版社

國家圖書館出版品預行編目資料

明末曹洞殿軍——永覺元賢禪師研究（上）／范佳玲 著—初
版—台北縣永和市：花木蘭文化出版社，2010〔民99〕
目 4+164 面；19×26 公分
（法藏知津——中國佛教研究集成 初編：第 25 冊）
ISBN：978-986-6528-97-2（精裝）
1.（明）釋元賢 2.佛教傳記 3.學術思想 4.曹洞宗
229.36   98001820

ISBN - 978-986-6528-97-2

法藏知津——中國佛教研究集成
初 編 第二五冊   ISBN：978-986-6528-97-2

明末曹洞殿軍——永覺元賢禪師研究（上）

作　　者　范佳玲
主　　編　杜潔祥
總 編 輯　杜潔祥
印　　刷　普羅文化出版廣告事業
出　　版　花木蘭文化出版社
發 行 所　花木蘭文化出版社
發 行 人　高小娟
聯絡地址　台北縣永和市中正路五九五號七樓之三
　　　　　電話：02-2923-1455／傳眞：02-2923-1452
電子信箱　sut81518@ms59.hinet.net
初　　版　2009 年 3 月（一刷）　2010 年 8 月（二刷）
定　　價　初編 36 冊（精裝）新台幣 55,000 元

明末曹洞殿軍
——永覺元賢禪師研究（上）

范佳玲　著

作者簡介

范佳玲，台灣省台北縣人。東吳大學中國文學系、研究所碩士，台灣師範大學國文研究所博士。以明清思想與佛學思想為研究主題，目前任教於中部大學。

提　　要

　　明末曹洞的永覺元賢（1578-1657），是相當具有代表性的禪師。雖然也受到學者的注意，但一直缺乏完整性的研究。本文以「時代環境 元賢的回應 元賢的特色」作為研究進路，嘗試對元賢作較全面性的研究。

　　元賢是個積極入世的禪僧，全心投入於佛教復興的工作。除了建寺安僧外，更積極於僧團素質的提升。此外，他還改變傳統寺院的經濟型態，採多元化的方式經營，使鼓山成為一個綜合型態的寺院。

　　在思想上，元賢對於「禪」始終有著徹底的堅持。他強調禪只能從心的冥契與逆覺體證上說，反對各種形式化、義理化的禪。元賢的禪法素樸簡約，為明末紛亂的禪界，注入了一股清流，回歸了慧能禪的基本精神。

　　元賢以兼容並蓄的態度，廣納所有的教法。他重新肯定戒律的地位，亦認同念佛的可行性。但是對於禪師而言，所有的法門，都只是禪法的前行方便；所有的經教，都是禪師禪悟經驗的註腳。因此即便他註經說教、倡律談淨，元賢徹始徹終都是個禪者。

　　元賢反對混融的三教說，嚴格區分儒釋道的異同。在他看來，儒道總是有其理論的缺陷與不足，唯有透過佛理的引入，會通才有機會成為可能、理論也才有希望臻於圓滿。

　　元賢的整個生命都與時代有著密切的呼應，他在堅持禪法純正性的同時，以應化利世的慈悲情懷，廣納多元的思想，發為救世工作的熱情。對於明末佛教而言，元賢的地位與貢獻，是無庸置疑的。

目

次

第一章 緒 論

第一節 研究動機與目的

　　「明末」[註1]是一個相當特殊的時朝,在這段期間,國家內憂外患不斷,
經濟亦面臨重大的結構轉變,[註2]多舛的國運與不安的社會,使得學術思潮
不得不跟著一起改變。身處動盪的時代,學者在總結歷史教訓的同時,對於
現實社會也有著深刻的觀察與批判;並且試圖揉合古今,嘗試為當前的困境
尋求解決之道。學人各逞才華、各表意見,使得明末時期的思想呈現出多元
而豐富的面貌。就如民初學者嵇文甫所言:「照耀著這時代的,不是一輪赫然
當空的太陽,而是許多道光彩紛披的朝霞。你盡可以說它『雜』,卻絕不能說
它『庸』,盡可以說它是『囂張』,卻絕不能說它『死板』;盡可以說它是『亂
世之音』,卻絕不能說它是『衰世之音』。」[註3]晚明思潮的「囂張」,來自
於自主精神的高昂;明末思想的「雜」,源自於學風的鼎盛。正是因為它的雜、

〔註1〕 關於「晚明」或「明末」的定義,嵇文甫在《晚明思想史論》(北京:東方出
　　　　版社,1996年)中言:「大體上斷自隆萬以後,約略相當於西曆16世紀的下
　　　　半期以及17世紀的上半期。」(頁1);釋聖嚴的《明末佛教研究》(臺北:東
　　　　初出版社,1992年)說:「所謂的明末,主要是指明神宗萬曆年間(1573～
　　　　1620)……(本文研究的人物)則自1500至1702年。」(頁3);龔鵬程的《晚
　　　　明思潮》(臺北:里仁書局,1994年,11月)則認為:「所以論思潮,萬曆、
　　　　天啓、崇禎、順治以迄康熙初年,應該被視為一個階段。」頁9)。因此「明
　　　　末」、「晚明」若嚴格的定義是指萬曆以至明亡,寬廣的定義則為隆慶至康熙
　　　　初。
〔註2〕 參見王日根,〈明清時期的商業發展與文化發展〉,《廈門大學學報》(哲社版)
　　　　1993年,頁86～92。
〔註3〕 嵇文甫,《晚明思想史論》,頁1。

它的囂張，使得明末成爲思想史上大放異彩的時代。〔註4〕

明代學術的精彩，始於王陽明的出現。王陽明以心立學，他的良知說，不僅肯定了人的獨立意義，也喚醒了人的自主意識。經由陽明後學積極的擴展，心學很快傳播全國，在萬曆以後，更成爲思想主流。陽明學近禪的特質與開放的性格，不僅拉近了三教之間的距離，也開啓了自由研究的風氣。儒釋頻繁互動的結果，各家流派的思想更迭而生，學風因此大盛。由於心學家對禪佛思想毫不避諱的借用，使得心學在開展的同時，也爲佛教提供了復甦的契機。沈寂已久的佛教，逐漸活絡起來，不僅教界高僧輩出，居士活動亦極爲頻繁，展現出活潑的氣象。

然而對於明末佛教的勃興，學術界卻有著不同的解讀。一是以明末爲佛教的衰退期，另一個看法則剛好相反，視明末佛教爲復興期。以明末爲佛教衰退期的學者認爲：由於種種內外因素的積累，宗門呈現出嚴重的窳敗現象。雖然教團規模龐大，佛教人口也不斷增加，但是禪學的宗旨卻日益泯沒。不論是禪道進一步的文字化、義理化，或是禪師禪淨雙修、三教合一的倡導，皆標示著宗門的沒落，故視此時爲禪宗發展的衰退期。持此意見的學者有忽滑谷快天、鎌田茂雄、杜繼文、郭朋等人。〔註5〕

至於以明末爲佛教復興期的學者則認爲：明末禪師相對於明初、中期，顯得特別活躍。他們不論是對佛門內部弊病或社會外在情勢，都有著深刻的觀察與批判，更進一步提出種種的改革方案，積極於佛教復興工作的投入。包括僧團的整建、寺院的重建與經典的刊刻等等工作；而在義理上則有禪淨雙修、宗教不二、三教合一等思想理論的進一步成熟。這一時期的佛教，不論是在個人修持、義理發展，或對宗教改革的投入、社會亂象的關注都有著積極的表現，使得明末佛教呈現出一股嶄新的活潑氣息，故以此時爲佛教的復興期。持此意見的學者有：徐頌鵬、江燦騰、陳永革、釋見曄等人。〔註6〕

〔註4〕 日籍學者荒木見悟就曾說：「我以爲由於明末有高揚的時代精神，所以是中國足以誇耀世界的時代。」（荒木見悟著、連清吉譯：〈陽明學的心學特質〉，《中國文哲研究通訊》1992年12月，頁5。）

〔註5〕 日・忽滑谷快天著、朱謙之譯，《中國禪學思想史》（上海：上海古籍出版社，1994年5月），頁659；日・鎌田茂雄、關世謙譯，《中國佛教通史》（臺北：新文豐出版社，1987年），頁241；杜繼文等，《中國禪宗通史》（江蘇：江蘇古籍出版社，1985年），頁517；郭朋，《中國佛教思想史》下（福州：福建人民出版社，1995年，頁464。

〔註6〕 徐頌鵬（Sung-peng Hsu），《A Buddhist Leader in Ming Ching:The Life and

　　在學者的研究中也可以發現，以復興的角度所詮釋的明末佛教，多以明末四大師──雲棲袾宏（1535～1615）、紫柏真可（1543～1603）、憨山德清（1546～1623）、蕅益智旭（1599～1655）為中心；而以明末佛教為衰退期者，則多將矛頭指向於正統禪門──臨濟與曹洞諸禪師。這樣的現象，不禁令人疑惑：為何在復興的行列中，「尊宿」〔註7〕顯得活躍？而在衰退的批判中，宗門又首當其衝？關於明末佛教的研究，何以不具宗派法脈的尊宿反受重視，而正統禪門的宗師反受忽略？是禪師的不與世應？還是研究者選擇的偏頗？

　　自唐以後，禪宗就成為中國佛教最重的宗派之一。要瞭解明末佛教的發展，自是不能忽視正統宗門的活動。關於明末宗門的研究，雖然不至於付之闕如，但是相較於四大師而言，卻是相對的稀少，不足以知悉整個宗門的發展趨向。要了解宗門的發展趨向，單一禪師的專論是必須的。因為唯有透過對每一個禪師的深入研究，才能了解每個人的應世風格與思想特質。也唯有透過這多面向的呈現，對於明末佛教的共相，才能有更精細的歸納；對於時代趨勢的發展，也才能有更清楚的描繪。

　　明末宗門分臨濟與曹洞兩大派。臨濟幻有正傳下有密雲圓悟、雪嶠圓信、天隱圓修，其中圓悟與圓修門下最盛，分別出漢月法藏、費隱通融，以及玉琳通琇。明末曹洞宗分為二系四大支，少室系中以湛然圓澄最活躍；壽昌系下以博山元來、鼓山元賢、東苑元鏡三支最興盛。〔註8〕兩大派均是人才輩出，也有相關的語錄著作留世，都具有一定的研究價值。在這其中特別引人注目的是，壽昌系下的永覺元賢禪師。

　　永覺元賢生於明萬曆六年（1578），遷化於清順治十四年（1657），時代橫跨了明末到清初，可以說參與了整個明末佛教的發展。元賢自幼沈浸於儒

Thought of Han-shann Te-ch'ing》,Univ.of Pennsylvania Press,1970,p1；江燦騰，《晚明佛教叢林改革與佛學諍辯之研究──以憨山德清的改革生涯為中心》（臺北：新文豐出版社，1990年12月，）頁4；釋見曄，《明末中國佛教發展之研究──以晚明四大師為中心》，嘉義：中正大學歷史研究所博士輪文，1998年1月），頁7；陳永革，〈圓融與還原：晚明佛教復興的思想主題及其特質〉，《正觀雜誌》1999年12月，頁74。

〔註7〕尊宿指不具宗派傳承的高僧大德。

〔註8〕曹洞宗少室宗書後，傳少室常潤與廩山常忠二系。一般稱少室常潤一派的傳承為少室系；廩山常忠傳無明慧經而大盛，又因慧經常住壽昌，因此稱廩山常忠一派為壽昌系。關於明末主要禪僧的傳承世系，參見附錄四。

學環境，在他求學階段，學風鼎盛，不僅儒界如李贄、焦竑、袁宏道等人才輩出，教界不論宗門內外都有大師住世。因此，元賢有機會接觸到諸大家的思想。在他剃度出家後，除了受其師無明慧經的啓迪外，亦受師兄無異元來的啓發；此外，雲棲袾宏、聞谷法印等諸人對他思想的形成也多有影響。元賢在思想上，可以說集合了幾位明末重要的禪師而成。再加上元賢自身深厚的儒學素養，使他對於明末思想界的重要議題，不論是教內禪學宗旨、教門義理，或教外陽明心學、儒釋會通等問題，都具有深入論析的能力。元賢又是個勤於著書論述的人，他留下了相當豐富的著作，其量堪稱是宗門第一。然而，元賢並非是個閉門造車的義學僧，他對於教內，無論是寺院的經營、僧團的整治、經藏的刊印等工作都相當的投入；對於教外，亦積極於改善社會風氣、公益救助等慈善事業的推動，是明末相當活躍的一位禪師。

忽滑谷快天稱元賢是：「有明三百餘年之禪將中，爲殿軍而博驍名者。」〔註9〕杜繼文說他是：「繼元來之後曹洞最有影響的禪師。」〔註10〕王國榮以元賢爲「曹洞宗中興宗匠」。〔註11〕劉光義說他是個「見有獨到，不襲人說，能立己見，飽學多識之高僧。」〔註12〕鎌田茂雄的《中國佛教史》，明末宗門禪師只提及元賢一人，說他「大振曹洞宗風」。〔註13〕就連常以邏輯不清、窘況百出等尖銳字眼批判明末佛教的郭朋也說：「元賢的學風還是比較謹嚴的。」〔註14〕由這些評論看來，元賢之於明末佛教，實具有一定的地位與影響。因此關於元賢的研究，應當具有相當的價值。

明末社會動盪不安，面對這混亂的世代，佛法將何去何從？這是有志復興大法者，所必須思考的問題。對於明末佛教而言，不僅有僧團整頓的迫切，亦有思想整合的必要；不僅存在著神聖性重新確立的問題，又有著進一步宗教世俗化的需求。〔註15〕在明末多元分化的佛教環境中，宗門禪師相對於不

〔註9〕 日‧忽滑谷快天者、朱謙之譯，《中國禪學思想史》下冊，頁824。本論文「曹洞殿軍」之稱，即源自於此。

〔註10〕 杜繼文等，《中國禪宗通史》，頁568。

〔註11〕 王榮國，《福建佛教史》（廈門：廈門大學出版社，1997年9月），頁316。

〔註12〕 劉光義，《禪在中國：禪的通史》（臺北：松慧出版社，2003年），頁421～422。

〔註13〕 日‧鎌田茂雄著、關世謙譯，《中國佛教史》，頁245。

〔註14〕 郭朋，《中國佛教史》下冊，頁324。

〔註15〕 所謂的「世俗化」（Secularization）源自於西洋的宗教社會學，自從這個概念被提出後，學者就有著不同的理解。本文使用的意義是指宗教組織與教義面對環境的變遷，所採取的適應方式。至於「神聖性」是指宗教哲理的根源性、

具法派背景的尊宿而言，嫡派宗師的身份，使他們有著更多的責任與包袱。〔註16〕在變動的時代裡，禪師要如何自處？在教內外一致的批評聲浪中，如何挽救頹廢的禪風？在世俗化的過程中，如何因應四眾的要求？面對多元混融的時代思潮，如何確立自身的思想體系？身爲曹洞殿軍的元賢，如何回應這些問題？對於當時佛教發展有何貢獻？在明末思想史上有何特殊意義？對後代佛教發展又有何啓示？

關於上述問題的釐清，不論是對於元賢個人的研究、或者明末佛教的研究，以至於未來禪宗的發展，應該都具有相當的價值與意義。

第二節　前人研究成果考察

雖然元賢在明末佛教史中，具有一定的地位，但是相關的研究卻不多見，專論只有二篇；其他則散見在教史、禪史，及不同主題的論文中。茲將重要者，分別敘述如下。

一、關於元賢的專論

關於元賢的專論，就筆者所知，只有兩篇。一是林子青的〈元賢禪師的「鼓山禪」及其生平〉，〔註17〕一是杜保瑞的〈永覺元賢禪師之基本哲學問題探究〉。〔註18〕林文是最早對元賢作專論的研究，全文四千餘字，共分成明末

純粹性，「神聖化」（regularization）則是指對於宗教哲理的深刻體認性。詳見林本炫，《當代臺灣民眾宗教信仰變遷的分析》（臺北：國立臺灣大學社會學系研究所博士論文，1997 年），第二章〈從世俗化到信仰變遷〉，頁 9～34 的分析）江燦騰認爲明末佛教「世俗化」是一個不可忽視的發展傾向，但是同時又有著「神聖性」重新確認的問題，這使得明末佛教呈現多元化的發展。參見《晚明佛教叢林改革與佛學諍辯之研究──以憨山德清的改革生涯爲中心》（臺北：新文豐出版社，1990 年 12 月），頁 1～4。又江氏以「根源性」稱「神聖性」，兩者具有相同的義涵。

〔註16〕關於明末佛門混亂的指摘，多是針對禪風疏狂、叢林窳爛而來。再者，尊宿可以倡言攝禪歸淨，主張以文字般若契於實相般若，以對治禪風的疏狂。宗門禪師如果也走相同的路線，對於以「不立文字、教外別傳」立宗的禪門而言，難免不會有自毀門風的危險與批評。

〔註17〕收入張曼濤主編，《現代佛教學術叢刊》（臺北：大乘文化出版社，1977 年）15 冊，頁 79～87。

〔註18〕收入鄭志明主編，《兩岸當代禪學論文集》下冊（嘉義：南華大學宗教文化研究中心，2000 年 5 月），頁 421～474。

佛教的概況、元賢生平、人格風範、禪學思想、調合理論五大部分。林文以相當精簡的文字，將元賢的生平思想，勾勒出一個清晰而完整的輪廓，奠定了元賢研究的基礎。

至於杜文，是以元賢《瓶言》前半部為研究材料，依照原文的分段，給予每一段條文提綱挈要的標題，再予以分析詮釋。是文寫作目的，作者自陳：「惟本文論理之目標乃在中國哲學方法論之考量，欲借禪師以禪學立場批評儒道之觀點中找出三教比較的哲學問題，並適作方法論的解析，以企求對於中國哲學研究的方法論的演進。」因此全文的焦點在於元賢「援禪闢儒道」的探討。

二、佛教史中關於元賢的專論

在佛教史中首先為元賢立專章論述的，應是忽滑谷快天的《中國禪學思想史》，他在下冊第二十五章中立〈鼓山元賢〉專章，分十一小節，敘述元賢的生平、著述、風格、接化手段、禪學思想、三教理論等。〔註19〕忽滑谷氏主要是以文獻學與歷史學為研究進路，他所收的資料相當豐富，對元賢在佛教發展史的地位有清楚的交代。但在論述上較為繁瑣，缺乏結構性，對於思想義理的闡釋也較不足。然而瑕不掩瑜，這是第一部對元賢作較完整交代的佛教史。

郭朋在《中國佛教史》中，雖然沒有立專章討論元賢，然而關於元賢的篇幅就有二十餘頁，具有相當的份量。〔註20〕郭文對元賢著作的序文，有諸多的援引，對於元賢著書的目的、內容，有較清楚的介紹。郭朋認為元賢的禪見和宗教思想是「老一套」的，只有《瓶言》最能表現出他思想的特色所在，因此有一半以上的篇幅在介紹是書，其他思想則不論。郭朋對於元賢的著作與三教思想有較多的呈現與討論，但亦是隨文援引訂立標題，亦有缺乏整體性的探討。

杜繼文的《中國禪宗通史》，在「無明慧經與明末曹洞宗」一節下立「永覺元賢的救儒禪」一目。〔註21〕杜文分成生平、著作、論治經三個部分，生平部分特別讚揚元賢的慈善事業；著作的部分將之分成史傳、禪學論述、會

〔註19〕日·忽滑谷快天者、朱謙之譯，《中國禪學思想史》下冊，頁824～834。
〔註20〕郭朋，《中國佛教史》下冊，頁322～343。
〔註21〕杜繼文等，《中國禪宗通史》，頁568～574。

通儒釋、注疏四類，是第一個將元賢著作系統分類者，並論述了各類作品的內容概要。在論治經的部分，肯定了元賢正視經教的見解。

麻天祥在其《中國禪宗思想發展史》中，雖然沒有立專章，但對於元賢生平思想的論述，亦有相當的篇幅。〔註22〕是書的重點亦放在元賢對時代環境的回應，特別是對於僧德日衰的檢討，以及儒釋互動的關心。《瘟言》亦是其討論的重點，其他如禪學、宗教思想等，則不在他的論述範圍內。

邱高興在《一枝獨秀：清代禪宗隆興》一書中，立有「以挽救儒、禪之弊自期的永覺元賢」一目。〔註23〕是文最主要的內容亦在《瘟言》與《續瘟言》的介紹，對於元賢的生平、學風、著作亦有多方面的著墨。由於邱文沒有分立標目，使得全文較缺乏結構性與脈絡性。

王國榮的《福建佛教史》中，立有「曹洞宗中興宗匠永覺元賢」一節。〔註24〕雖說是獨立的章節，但內容並不多，尚不滿六頁。是文主要以史料呈現的方式，論述元賢生平著述與思想。由於篇幅不長，對於相關問題，特別是思想的部分，只能平面的敘述，較難有深入的討論。

劉光義在《禪在中國：禪的通史》一書中，立有「鼓山元賢」一目。〔註25〕主要介紹元賢的生平與三教思想，其他部分則不論。水月齋主人的《禪宗師承記》有「永覺元賢」一節，〔註26〕生平的部分較特別的是對於元賢的語錄有「案示」；在思想方面，則以標出主體援引資料的方式呈現，沒有進一步的討論。其他佛教史或禪宗史中，如鎌田茂雄、洪修平、何雲、牟鍾鑒等人的書中，雖然都論及了元賢，〔註27〕但篇幅內容都相當精簡，因此不再作詳

〔註22〕麻天祥，《中國禪宗思想發展史》（長沙：湖南教育出版社，1997年），頁314〜324。

〔註23〕邱高興，《一枝獨秀：清代禪宗隆興》（瀋陽：遼寧人民出版社，1997年），頁173〜178。

〔註24〕王榮國，《福建佛教史》，頁316〜320。另外在陳支平主編的《福建宗教史》（福州：福建教育出版社，1996年11月）一書中，立有「曹洞宗中興宗教——元賢與道霈」一目，合論永覺元賢與弟子爲霈道霈。（頁239〜242）作者同爲王國榮，結構內容與上篇均相同，但篇幅較短、內容較精簡。

〔註25〕劉光義，《禪在中國：禪的通史》，頁418〜422。

〔註26〕與晦台元鏡、見如元謐並列一節。詳見水月齋主人，《禪宗師承記》（臺北：圓明出版社，2000年），頁649〜653。

〔註27〕日‧鎌田茂雄著、鄭彭年譯，《簡明中國佛教史》，頁313；洪修平，《中國禪學思想史》（臺北：文津出版社，1994年4月），頁325〜326；何雲，《禪宗宗派源流》（北京：社會科學文獻出版社，1998年8月），頁483〜484；牟鍾

細論述。〔註28〕

　　另外，陳錫璋在他的《福州鼓山湧泉寺歷代住持禪師傳略》與《鼓山湧泉寺掌故叢譚》二書中，收有元賢的傳記。〔註29〕陳氏以林之蕃的〈福州鼓山白雲峰湧泉禪寺永覺賢公大和尚行業曲記〉〔註30〕一文爲主，擷取其前半部份，並對文字作少量修改，然後再參考寺志、燈錄等其他相關資料，針對文章關鍵處加以註解。對於釐清元賢的生平，有一定的幫助。雖然陳書不是佛教史，但其具有史傳性質，又立元賢專章，故列於此處一併討論。

三、其他論文中關於元賢的論述

　　釋聖嚴的《明末佛教研究》一書中匯集了相關研究四篇，其中和元賢有關有二篇。一是〈明末的禪宗人物及其特色〉，〔註31〕文中對於元賢的傳法譜系、傳記資料、著作都有註錄，但是並沒有論及元賢的禪法思想。另一篇是〈明末的淨土教人物及其思想〉，〔註32〕其中第七小節專門介紹元賢的淨土思想。釋聖嚴指出，元賢對於禪淨問題的處理，頗富理性；他以禪師的身份接納念佛法門，將之收歸禪者所用。他的淨土思想，不同於湛然圓澄的禪之淨土，亦不同於雲棲袾宏的禪與淨土匯流。

　　關於元賢的淨土思想，楊惠南在〈禪淨雙修的類型及其理論基礎〉〔註33〕一文中，亦有論及。他認爲元賢以其圓融的眞理觀爲思想模式，具有強烈的調和傾向。他和四大師一樣，同爲禪淨雙修與三教同源論的推動者。

　　至於元賢三教的思想，李遠杰的博士論文《近現代以佛攝儒研究》中，有進一步的分析研究。他認爲元賢的思想具有濃厚的融合色彩，並討論了《瘟

鑒等，《中國宗教通史》（北京：社會科學文獻出版社，2000 年 1 月），頁 779～782。

〔註28〕不論是佛史或禪史，本不是爲單一禪師研究而設，相關篇幅的精簡、資料的片段，都是可以理解；況且對於案主的研究，也自有一定的貢獻。此處文獻的探討，只爲凸顯元賢研究的不足，而不在於書評或批判不是。

〔註29〕陳錫璋，《福州鼓山湧泉寺歷代住持禪師傳略》（臺南：智者出版社，1996 年），頁 487。；陳錫璋《鼓山湧泉寺掌故叢譚》（臺南：智者出版社，1997 年），頁 55～71。

〔註30〕收入《卍續藏》125 冊，頁 783～788。

〔註31〕釋聖嚴，《明末佛教研究》（臺北：東初出版社，1992 年），頁 1～86。

〔註32〕釋聖嚴，《明末佛教研究》，頁 87～194。

〔註33〕收入《1999 年第二屆兩岸禪學研討會論文集──念佛與禪》（臺中：慈光禪學研究所，1999 年 10 月），頁 83～121。

言》中幾個會通的條文。他提出元賢的以佛攝儒，是在理一教殊的思維下所進行的會通。〔註34〕

再者是關於元賢的五位思想，特別是對「重離六爻」的解析，學界有諸多的注意。在巴壺天《禪骨詩心集》〈易學與禪學〉一文裡介紹了元賢的看法，並且認為：「永覺元賢指出覺範惠洪錯改位名，實有功勞。」〔註35〕陳榮波在他的學位論文《曹洞宗的五位宗旨研究》中則指出，元賢的五位理論比覺範的看法更高明；但是犯了變生四卦，顛倒卦位的錯誤。然而，他亦肯定元賢對於五位王子的詮釋。〔註36〕林義正在〈周易重離卦與曹洞禪〉一文中也讚許元賢指出覺範錯誤的功勞，但同樣也認為元賢「成五卦」、「依卦定位」是個錯誤。〔註37〕靜華的〈佛教曹洞宗與《參同契》、《易經》之關係〉與夏清華的〈試論佛教曹洞宗對《易》的利用〉都指出：元賢雖然在解「重離六爻」十六字偈上有錯誤，但他的五位圖是可取的，為後人提供了後人正確理解的方便。〔註38〕

目前運用元賢資料最多的一部研究，應該是陳永革的《晚明佛學的復興與困境》。〔註39〕書中幾乎每一章節，都有元賢相關見解的援引，特別是第一章〈佛教宗綱與晚明禪學中興〉、第二章〈淨土信仰的全面歸一與晚明佛教的普世性〉、第三章〈晚明佛教戒律復興及其倫理詮釋〉、第六章〈心學流變與晚明佛學復興〉、第七章〈救世與解脫：晚明佛學復興的困境〉。由這些章節的名稱，即可一窺元賢思想內涵的豐富性與多樣性。然而陳書是對晚明佛教作全面性的趨向研究，因此元賢的資料，只是作為晚明佛教共相概括的註腳，

〔註34〕李遠杰，《近現代以佛攝儒研究》（成都：巴蜀書社出版發行，2002 年 9 月），頁 56～60。

〔註35〕巴壺天，《禪骨詩心集》（臺北：東大圖書股份有限公司 2004 年 10 月），頁 56～57。

〔註36〕陳榮波，《曹洞宗的五位宗旨研究》（臺北：國立臺灣大學哲學研究所，1973 年 6 月），頁 58～60、頁 84～86。

〔註37〕林義正，〈周易重離卦於曹洞禪〉，《中國佛教》1981 年 9 月，頁 26～32。是文亦收於巴壺天、林義正校補，《校補增集人天眼目》（臺北：明文書局，1982 年 4 月），頁 299～314。

〔註38〕靜華，〈佛教曹洞宗與《參同契》、《易經》之關係〉（三），《內明》1993 年 11 月，頁 17～22；夏金華，〈試論佛教曹洞宗對《易》的利用〉，《周易研究》1994 年 1 期，頁 17～32+51。此二篇文章，內容、觀點大致相同，或為同一作者不得而知，故並列而論。

〔註39〕陳永革，《晚明佛學的復興與困境》（高雄：佛光山文教基金會出版，2001 年）。

而非是元賢思想的研究。

第三節　研究範圍與方法

一、研究範圍

由文獻探討的部分，可以得知，目前對於元賢，尚缺乏較全面性研究：不是過於精簡扼要，就是片面的深入；甚至有些問題，如他對於鼓山的經營、僧團的整治、禪法的思想等，幾乎不見有相關的研究。因此本論文的研究，將綜括元賢的生平事蹟、思想內涵，及其對外在環境的回應等，即是將所有元賢相關的問題，都納入研究範圍之內，以期有較完整的研究成果。

關於元賢的生平，將參考元賢自述，及其他傳記、寺志、燈錄等資料，全面的考察元賢的生平事蹟。在著作的部分，由於元賢的時代，距今尚不遠，因此詳細的版本比對、訛誤校勘，對於研究成果的影響不大，因此將不納入本研究的範圍內。此外，元賢相關燈錄、寺志、僧史等著作的內容考證，問題相去較遠，亦不在討論的範圍內。至於宗教事業的部分，明末佛教的鳥瞰式研究是必須，以此為基礎，才能對元賢的應世態度、佛教事業的經營有更深入的探討。因此本文會對明末佛教的背景作相關的研究，但是與元賢較無干涉的明末佛教問題，以至於鼓山的歷史傳承、後續發展，及實際的地理考察等，則不在論述的範圍之內。

再者是關於元賢思想的部分。本文將透過他相關的資料，作全面性的系統整理與義理分析。元賢的禪法思想，幾乎沒有任何學者有相關的討論，但這一部份卻是他的思想核心，故本文將獨立專章討論。在禪學思想部分，除了前人已注意到的五位思想外，其他相關問題，也都將一併納入討論。再者是經教的部分，元賢身為禪師，他對經教的重視，在禪史上向來有不同的解讀，或以為思想進步、或以為是禪的墮落，因此透過他經教思想內部義理結構的分析，將有助於相關問題的釐清。最後是關於三教會通的問題，由於元賢對於儒釋二學都具有深厚的素養，因此他詮釋三教問題的《瘟言》向來為學界所注意，故本文將立專章研究，彙整他對相關主題的討論，並納入其他著作的論述，作更深入的探討。

元賢思想核心的確立、系統性的整理、體系的建構、義理的闡發，都是

本論文所要研究的重點所在。但是對於明末佛學其他問題，元賢不涉及討論者，以及元賢所涉及相關論題的歷史研究，〔註40〕則不在本研究的範圍之內。

二、研究方法

本論文除了對元賢的生平思想作全面性的探討外，元賢對於時代問題的回應，及其所彰顯的時代意義，亦是本文的研究焦點所在。單一研究法的使用，可能無法滿足所需、達到預期的研究目的。因此本論文擬以佛教史學研究法與哲學研究法為主，並以文獻學研究法與思想比較研究法為輔，交叉綜合使用，以期對相關問題的研究，能有較完整的結果呈現。

在生平考述的部分，將依不同的主題，採取不同的研究方法：

其一，關於元賢的生平，此部分將以史學研究法為主。透過元賢自述性資料、與同時代人物往來的紀錄，以及後世傳記燈錄等文獻的相互比對，較清楚而詳細的考察元賢的生平事跡。

其二，著作的部分，將參考生平部分作繫年，以文獻學研究法為主，對元賢著作的目錄、版本、內容，以至於創作動機作全面的探究。另外，元賢亦有燈錄、寺志的編纂，相關史志的發展史，亦將作簡要的論述，以明源流傳承。

其三，至於元賢的宗教事業，將以史學研究法為主、思想比較研究法為輔——透過對於當時政治背景與佛教環境的呈現，考察元賢對於時代問題的反省，以及他推動宗教事業的方法與目的，並進一步比較元賢的應世與同時代衲僧的不同。

再者是關於思想的研究，元賢的思想，可分成佛學思想與三教思想二大部分。在佛學思想的研究，將採取下列方法：

一是以哲學研究方法為主：元賢中年方才出家，而且他所有的語錄、著作，都是完成於禪悟出世後，也就是說都是思想成熟之後的作品。由於思想的基調已經底定，各書的論理沒有太大的衝突與變化，因此不由發生研究法作思想演進歷程的研究；而是以解析研究法與系統研究法並進，透過相關語錄著作的論證分析，架構還原元賢的思想體系。

二是以史學研究法、佛教詮釋法為主、思想比較研究法為輔：藉以凸顯

〔註40〕例如元賢論及了淨土思想，但不作淨土歷史、教理等問題的全部討論，避免有過度延伸而失卻焦點的問題。

元賢思想的時代性及特殊性。

在三教思想的部分，將併用哲學研究法與思想比較研究法，以分析元賢對於儒釋道相關問題的見解，比較三者之間哲學體系、工夫進路、修證目標的不同，進而解析元賢的會通思想，及討論三教會通之可能。

元賢是個與時俱進的禪師，不論是他的行事與思想，都脫離不了時代因素。藉由個人深入的研究、個人與背景關係的剖析，或許能有較完整的研究成果。因此本文採取多樣化的研究方法，一方面是希望對於元賢的生平事蹟與內在思想的探索，能具有一定的廣度與深度；另一方面則是將他置於明末的歷史環境中，探討他對時代問題的回應，以期凸顯元賢的時代意義。

第四節　研究進路與架構

本文主要是以「時代環境 —— 元賢的回應 —— 元賢的特色」作為研究進路，貫穿全文各章節。也就是先鳥瞰明末佛教環境，提出問題所在，以及當時人的思考方向；再論述元賢對於相關問題的回應，並分析其思想內容與理論架構；最後總結元賢的思想特色及其時代意義。

本論文擬將主體研究分成兩大類三部分：先分成生平與思想二大類，生平下再分生平考述與宗教志業。本文將以八個章節組成，前後二章分別為緒論與結論，第二章介紹元賢的生平及著作，第三章論述元賢的宗教事業；第四五六七章探討元賢的思想內容，從核心的禪法思想開始，由內而外，以至三教問題的討論。以下分別論述各章節討論的內容大綱及研究進程。

第一章緒論。共分四節，以敘述本文的研究動機、研究範圍，考察前人的研究成果，並提出研究方法與研究架構。

第二章永覺元賢的生平考述。亦分成四節。第一節考證元賢的生平事蹟，以整體呈現元賢一生的活動，以作為後續章節的研究基礎。第二節考察元賢著作的年代、卷數、內容概要，以及版本的流傳情形等，至於各書思想的深入研究，則留待後續專章再做處理。第三節敘述元賢與師友弟子間的互動，以明師承來源與禪風特色。第四節總結前三節的研究，對元賢的生平作一總體評述。

第三章永覺元賢的宗教事業。本章分成三個部分、六個小節。前兩節探討明末的佛教的環境，與元賢應世所面臨的困境。第三四五節進入主題，論述元賢對於宗教事業的投入，包括鼓山寺的經營、僧團的整治，以及社會教化與慈

善事業的參與。第六節則是評述元賢的行事風格，與檢討鼓山的經營策略。

　　第四章元賢的禪法思想。本節共分成四小節，由呈現明末禪法的流弊起始，並對流弊形成的原因作一歷史探源。接著進入主題，討論元賢的禪修理念與禪修方法。最後總結元賢禪法的特色，及其所呼應的時代問題。

　　第五章元賢的禪學思想。前一章是實修方法的討論，這一章的重點則要是關於元賢對禪學宗旨、禪學問題見解之研究。禪宗本來只有實修，沒有所謂「禪學」的問題。因此本章先探究明末禪學發展的背景，再處理元賢的禪學思想。元賢所關心的禪學問題有很多，本文將之分成曹洞宗旨與其他兩大類，曹洞宗旨包括元賢對於《參同契》、《寶鏡三昧》、五位思想等問題的探究；其他則有臨濟宗旨的〈三玄考〉、禪宗傳法系統的〈龍潭考〉、關於慧洪覺範的歷史定位等論題。最後，再總結元賢禪學思想的特色及其所凸顯的時代意義。

　　第六章元賢的經教思想。元賢雖然是禪師，但是對於經教亦多有關注，因此立專章討論。這一章含括所有元賢的經教思想，因此在份量上應該會比較多。故將本章分成四節，第一節是元賢的戒律思想，第二節為元賢的淨土思想，第三節討論元賢的註經。這三節在處理上，有一共同的架構，即是先論述相關的時代背景，再深入元賢思想內容的討論，最後總結元賢該思想的特色。由於元賢是禪師的身份，因此他對於宗教問題的處理，就顯得特別重要。因此本章將再立「元賢的『宗』『教』關係論」一節，以架構元賢禪教思想的體系，並再次確立元賢的中心思想。

　　第七章元賢的三教思想。為了使元賢的思想能夠更系統的呈現，因此本章擬改過去研究者隨文解析的方式，將元賢的三教論題逐條分類，彙整相同議題的論文，一併作深入的探討研究，以期能有更明確的主題凸顯。本章將先論述明末儒佛互動的背景，再將元賢的三教思想分成「儒學理論」與「道家思想」二節，每一節再立小項，作更細部、更詳細的討論。最後分析元賢三教思想的特色，以及他的會通理念與方法，並說明其在思想史上的地位。

　　第八章結論。回顧前文各章重點，總結元賢的生平事蹟與思想重點；並論述本研究對於明末佛教研究的價值、及對現代佛教發展的啟示。

第二章　永覺元賢的生平與著作

第一節　元賢的生平

　　永覺元賢源流於無明慧經（1548～1618），屬於禪宗曹洞一脈，〔註1〕在燈錄的分類系統下，爲曹洞第三十二世、釋尊三十七系、少林三十六系、大鑑三十三系或三十五系、青原三十五系。

　　關於元賢的生平，他有自傳性的文章〈壽塔銘〉〔註2〕一篇，但是文長不足五百字，內容相當的簡要，不足以提供完整的資料；但因其爲元賢唯一自傳性的文章，故亦具有相當的參考價值。而其他自述性資料，零星散見於元賢各著作中，必須透過逐條的蒐羅、整理歸納，方能從中獲得相關訊息。至於二手傳記資料，有林之蕃的〈福山鼓山白雲峰湧泉寺永覺賢公大和尚行業曲記〉、潘晉臺的〈鼓山永覺老人傳〉，以及爲霖道霈的〈塔誌〉。這些文章在元賢遷化不久後即寫成，且撰述者都是元賢的弟子，可信度極高，是瞭解元賢生平的重要

〔註1〕慧經的法系，因黃端伯的〈壽昌語錄序〉與憨山德清所撰的〈無明大師塔銘有序〉二文，而有傳自曹洞無言正道、或臨濟端峰廣通的不同說法。然而慧經在初次開堂說法時，即自言嗣法常忠，屬曹洞宗派。（見元賢〈無明和尚行業記〉一文）後世燈錄也多將之歸爲曹洞一系，今慧經屬曹洞應已是定論。以上所提諸文，分別收錄於《無明慧經禪師語錄》（《卍續藏》125冊）卷4，頁66～69、70～71；《永覺元賢禪師廣錄》（《卍續藏》125冊）卷15，頁575～578。

〔註2〕〈壽塔銘有序〉一文收入《永覺元賢禪師廣錄》卷18，頁617。爲精簡文字，本文以下各章節均簡稱《廣錄》。而有關於《廣錄》的版本，採《卍續藏》本（125冊），頁碼亦採《卍續藏》重編碼。

參考資料。後世的燈錄、史志，如《續燈正統》、《五燈全書》、《正源略集》、《福建高僧傳》、《鼓山志》……等等，對於元賢的記載，大抵都取材自上述傳記資料而成。（表 2-1）〔註 3〕故本章將以《永覺元賢禪師廣錄》中元賢的自述爲主，輔以上述諸篇傳記資料，並旁及其他相關文獻，分成生平述要、作品、師友等三大部份作論述。

表 2-1　元賢相關傳記資料一覽表

篇　　　　名	出　　　　處
〈壽塔銘有序〉	元賢著，《永覺元賢禪師語錄》卷 18，頁 617。
〈福州鼓山白雲峰湧泉寺永覺賢公大和尚行業曲記〉	林之蕃著，《永覺元賢禪師語錄》卷 30，頁 783～788。
〈鼓山永覺老人傳〉	潘晉臺著，《永覺元賢禪師語錄》卷 30，頁 788～792。
《鶡林哀悃》（共收〈先和尚歸記〉等七篇）	爲霖道霈著，《爲霖道霈禪師秉拂語錄》（《卍續藏》125 冊）卷 6，頁 813～814。
《祖燈大統》	《中國燈錄全書》10 冊，卷 93，頁 15。
《五燈全書》	《卍續藏》142 冊，卷 62，頁 167。
《五燈會元續略》	《卍續藏》138 冊，卷 2，頁 441。
《正源略集》	《卍續藏》145 冊，卷 3，頁 158。
《續燈存稿》	《卍續藏》145 冊，卷 11，頁 137。
《續燈正統》	《卍續藏》144 冊，卷 38，頁 470。
《揞黑豆集》	《卍續藏》145 冊，卷 4，頁 452。
《佛祖正宗道影》	《佛藏輯要》26 冊，卷 3，頁 58。
《福建高僧傳》	《福建通紀》5 冊，卷 7，頁 2963。
《新續高僧傳》	《大藏經》610 冊，卷 63，頁 877。
《淨慈要語序·永覺師傳》	《卍續藏》108 冊，卷首，頁 1001。
《鼓山志》	卷 4，頁 214～215。
《增校鼓山列祖聯芳集》	釋虛雲著，鼓山湧泉寺版，頁 114。

一、在家時期

　　永覺元賢生於明萬曆六年（1578）七月十九日，遷化於清順治十四年

〔註 3〕僅列古籍資料，因今人對於元賢生平的論述，都依表列資料而來，且在第一章第二節〈前人研究成果的考察〉中已論及，故不再贅列。

（1657）十月七日，世壽八十，法臘四十一，因常住於鼓山湧泉寺，因此又被稱作鼓山元賢。

　　元賢俗姓蔡，名懋德字闇修，福建建陽人。父雲津，母張氏，生母范氏，是宋代大儒蔡元定〔註4〕的第十四世孫。雖然到元賢時，距先祖蔡元定已有數百年之遙，其父也沒有功名的記載，但由他名「懋德」字「闇修」——於中蘊含著中國讀書人對子弟道德修養的深切期許——應可以推知，蔡家仍保有以詩書傳家的傳統。至於在經濟方面，蔡家雖非世族大家，至少也應有小康之譜。因為元賢自幼即受到良好的儒學教育，這雖是在知識較為普及的明末，仍非一般家庭可得。元賢約在二十五歲後，志便不在功名，四十歲出家之前，並沒有謀得一官半職，又常在各地的寺院讀書參訪，但卻不見他有任何愁困生計的記載。由這些資料可推知，元賢俗家縱非世族大家，也具有一定的水準。這良好的家世，不僅使他在年幼時可以接受教育，也讓他在成年後無虞於經濟，可以盡情從事生命之學的探索。

　　自幼接受儒業的元賢，有著極大的志向，他曾說：「道德師顏閔，文學宗游夏，其餘二三子，不願在其下」〔註5〕可見他對於自我，有著極高的期許——而且是著力於自我道德的提升與文學蘊底的培養，而非科舉八股之藝的用功。二十歲時，元賢補邑庠弟子員，特別喜愛「周程張朱之學」。〔註6〕雖然身為士子，但是元賢對於功名的追求，並不熱衷功，反而有著強烈的出世傾向。回顧這一時期，元賢曾自述到：「稟性枯淡，不樂世氛，又才實遲鈍，不善趨時，故雖習儒業，為邑諸生，而每懷出世之志」。〔註7〕

　　由於個性沈靜內斂，再加上對性命之學的喜愛，使得元賢在日後得聞佛法時，便深刻地被吸引。他在十八歲時，首次接觸到佛典《六祖壇經》，即為

〔註4〕蔡元定（1135～1198），世稱西山先生。史稱：「聞朱熹名，往師之。熹扣其學，大驚曰：『此吾老友也，不當在弟子列。』」不僅如此，對於問道者，朱熹都會要他們先請教元定，也因此後世以元定為朱熹門人之首。朱熹的《四書集註》、《易詩傳通鑑綱目》，都是和他往復參訂而成。元定著有《大衍詳說》、《律呂新書》、《燕樂原辯》等書，死後諡為「文節」，從祀崇聖祠。《宋史》、《宋元學案》中皆有傳。參見陳榮捷，《朱子門人》（臺北：臺灣學生書局，1982年），頁331～332；王基西，〈理學家小傳（二十一）——西山先生蔡元定〉，《中國語文》1992年6月，頁20～28。

〔註5〕引自為霖道霈〈塔誌〉，收入《為霖道霈禪師秉拂語錄》卷下，頁813。

〔註6〕見林之蕃，〈福州鼓山白雲峰湧泉禪寺永覺賢公大和尚行業曲記〉（以下簡稱〈行業曲記〉），收入《廣錄》卷30，頁784。

〔註7〕《廣錄》卷18，〈壽塔銘有序〉，頁617。

經文內容的圓妙超曠，感到無比的喜悅。〔註8〕但元賢真正開始接觸佛法，是在他二十五歲那年。當時元賢借住於寺院，〔註9〕因聽寺僧唱頌佛偈而深受感動，他日後曾回憶到：「余初讀易嶽山，聞僧誦《法華偈》曰：『我爾時爲現清淨光明身』，忽喜躍不自勝，即索經讀之，無所發明。然知周孔外，別有此一大事也。嗣是博求之疏鈔，遍探之群籍，冀欲卒聞乎此，而困於葛藤，不能自拔。」〔註10〕雖然結果是欣喜之後的無所發明，但自此開啓了元賢對佛典研究的高度興趣。他拜訪同鄉專研佛學的趙豫齋，並從趙處得到《楞嚴》、《法華》、《圓覺》三經。從此「留意教乘，貫通經論，回視世典，不啻大海之于牛跡，自以爲是矣。」〔註11〕對於自己從經論上獲得的啓示，元賢是相當有自信的。但是這個自信，在次年他與慧經相遇後就改變了。

萬曆三十一年（1603），無明慧經在建寧（今福建建甌）董巖寺開法，元賢前往參謁，反覆詢問慧經心性要旨。〔註12〕但慧經見元賢總是在文字上糾葛，並沒有給他任何答案，只說：「此事不可以意解，須力參乃契。」〔註13〕從此元賢盡棄所學，向慧經學習禪修靜坐。

二、參學時期

元賢在請益過慧經之後，便開始學佛參禪的歷程。然而到他剃度出家，正式入於慧經門下，已是十四年後的事了（萬曆四十五年，1617）。〔註14〕何以這

〔註8〕 詳見《廣錄》卷10，〈示靈生上人〉，頁514。

〔註9〕 在山林裡的僧寺遠離塵囂，在城市的也多幽靜，不論在山林或城市，寺院都適合潛修；更何況名山巨剎藏書豐富，再將上又得以隨僧齋飧，因此唐人以多讀書於山寺，明代以後更成爲一種風尚。參見嚴耕望，〈唐人多讀書山寺〉，《大陸雜誌》1951年2月，頁5、11、33；嚴耕望，〈唐人習業山林寺院之風尚〉，收入《嚴耕望史學論文選集》（臺北：聯經出版事業公司，1991年），頁271～316；陳援庵《明季滇黔佛教考》（臺北：彙文堂，1987年）卷3，〈讀書僧寺之風習第九〉，頁118～119。

〔註10〕《廣錄》卷13，〈法華私記序〉，頁539。

〔註11〕爲霖道霈，〈塔誌〉，頁813。

〔註12〕林之蕃，〈行業曲記〉；潘晉臺，〈鼓山永覺老人傳〉（收入《廣錄》卷30，以下簡稱〈永覺傳〉）中，都只提到「師往謁之，反覆徵詰」（頁784、788～789）並沒有提到徵詰何事，但由元賢出家前的關注所在、慧經的回答，應可推知他所問的是心性之事。又在佛教而言，心性之事即生死大事，但元賢多言心性，少用生死，這與他儒士出身、禪者本色是相合的。

〔註13〕林之蕃，〈行業曲記〉，頁784；潘晉臺，〈永覺傳〉，《廣錄》卷30，頁789。

〔註14〕清·紀蔭編，《宗統編年》（《卍續藏》147冊）「戊申三十六年條」：「無明和尚

中間延宕了十四年之久？其中關鍵應該在於元賢的父母。元賢不像一些明末佛門大士，如雲棲袾宏、憨山德清、覺浪道盛等出生於佛化家庭，在文獻中並沒有他原生家庭與佛教有任何密切關係的記載。因此他出家的受阻，應該是可預見的。再者，元賢出身儒士，自小深受儒家思想的薰陶，自然即重視孝道；這個立場，即便在他出家之後也沒有改變。〔註15〕因此當父母在世時，他並沒有貿然的出家。直到四十歲時，父母相繼過世，〔註16〕因緣成熟，元賢才在慧經座下剃度出家。雖然元賢遲至四十歲才出家，但在參拜慧經後的十餘年間，他並沒有白白的浪費，因為在那之後，他「遂棄所習，從先師學枯禪，復十有餘載。」〔註17〕可知在家的這段期間，元賢是以居士的身份精進於禪修。

　　正式出家後，元賢每向慧經請益，慧經都是謙虛的以「我不如你」〔註18〕回答，總是以相當的慈悲和智慧，錘鉗元賢要不斷翻越障礙、提升悟境；慧經的開示與機用，為元賢埋下了日後開悟的種子。隔年（萬曆四十六年，1618）正月，慧經便遷化了。雖然元賢正式以師徒關係依止慧經的時間不到一年，但是慧經對他的影響，卻是相當的深遠。〔註19〕

　　慧經示寂，無異元來前來奔喪。元來是慧經公開印可的嗣法弟子，萬曆三十年（1602）即主法席於江西博山，在明末叢林地位極高。慧經的佛事結束後，元賢便同元來回江西。元賢在博山前後共住了五年，〔註20〕這段期

　　　往壽昌，元賢從之剃染。」（頁457）是條同樣記載了元賢四十歲出家。但依元賢的生年（戊寅六年，1578）推斷，他四十歲時當是丁巳四十五年（1617）而非戊申三十六年（1608）。故知《宗統編年》有誤。

〔註15〕佛門衲僧聽聞有人欲出家，大都持支持鼓勵的態度。但是曾有人欲剃度為僧，但身負孝養父母之責，元賢以「孝為大戒之首，孝為成佛之本，能善事二親，即全供養諸佛也。」告誡他不應棄養父母，並以出世在世並無不同相勉。詳見〈答翁茂才〉一文，收入《廣錄》卷11，頁526。

〔註16〕元賢為庶出，這裡的母是指嫡母，他的生母病逝於天啟元年（1621）。

〔註17〕《廣錄》卷13，〈法華私記序〉，頁539。

〔註18〕林之蕃，〈行業曲記〉，《廣錄》卷30，頁784。

〔註19〕有關慧經、元賢間的師徒情誼，詳見本章第三節第一目。

〔註20〕關於元賢在博山的時間，元來的〈建州弘釋錄序〉說：「師來博山，同居者五載。」（《無異元來禪師廣錄》（《卍續藏》125冊）卷32，頁364）在元賢〈無異大師語錄集要序〉中則稱：「余因先師遷化後，曾相依三載。」（《廣錄》卷13，頁548）但在潘晉臺〈永覺傳〉載元賢於「壬戌（天啟三年，1623）歸閩。」（《廣錄》卷30，頁789）慧經遷化於萬曆四十六年（1618），故知元賢的三年說是實指，而元來的五年說則是虛指。因中國歷來慣以虛指計年，故此處從元來之說。本文計年，原則上亦以虛指計之，後文不再重複贅註。

間，元來對元賢有諸多的啓發，並且授與了菩薩戒。對於元賢而言，元來不僅只是法門昆兄，具有師資情誼。〔註21〕

元賢到博山不久，即因生母病篤，回建陽省親；生母病逝後，他又重回博山。天啓二年（1622），元賢離開江西，在福建沙縣的雙髻峰隱居。隔年（天啓三年，1623）爲了葬母，他再次前往建陽。在歸途中，元賢有了開悟的契機。當舟船過劍津時，他聽到同行的僧侶唱頌《法華經》，當頌至「一時謦欬，俱共彈指，是二音聲，遍至十方諸佛世界」時，元賢頓時大悟，不僅「豁然撲破疑團，始知無己非經、無經非己」，〔註22〕徹見當年慧經的大機大用。是年元賢四十六歲。

在徹悟後，元賢遷居甌寧金仙庵隱居。在隱居的三年裡，他遍閱大藏，在開悟的境界上，又深厚了佛學的基底，並完成了生平第一部著作《楞嚴翼解》。崇禎元年（1628）春，有居士表示願意提供資金請購《方冊藏經》，〔註23〕元賢爲此感到欣喜萬分，自願前往浙江請經。是年他在六月冒著盛暑出發，到浙江檇李時，因中暑而病倒，在楞嚴寺住了大半個月。在回程途中，又遇上錢塘大海潮。一時水淹四處，死傷數以萬計。元賢所乘坐的舟楫，也幾乎被大浪所吞沒。所幸有驚無險，平安脫困，在八月時回到甌寧。請藏歷時二個月，過程坎坷艱辛。元賢特別作〈請方冊藏經記〉一文，以記敘紫柏眞可發願刻藏的艱辛歷程，並述自己請藏萬死一生的經過。他殷殷勸勉後人要深入經藏，不僅要能誦能讀，還要通曉經義，並將之活化致用。因爲唯有如此，才能「庶幾不負刻者、請者之勤勞」。〔註24〕身爲正統宗門的禪師，元賢對於經藏的重視，不僅相當特殊，而且極具時代意義。

三、弘化時期

崇禎元年（1628）元賢編撰《建州弘釋錄》，這是他第一本僧傳著作，同

〔註21〕有關元來、元賢間的法門情誼，詳見本章第三節第二目。
〔註22〕《廣錄》卷13，〈法華私記序〉，頁539。
〔註23〕《方冊藏》又稱《嘉興藏》，爲紫柏眞可所倡刻。它改變經書梵筴形式爲方冊，不僅降低了印製成本，同時又易於攜帶。《方冊藏》並非待全藏竣工後才發行，而是邊刊印邊出售，並可單冊購買，對於有志於經教者，提供了很大的方便。（參見范佳玲，《紫柏眞可生平及其思想研究》（臺北：法鼓文化事業股份有限公司，2001年3月），頁114～121。）明末佛學知識的普及，《方冊藏》居功厥偉；而元賢正是其中的受益者之一。
〔註24〕《廣錄》卷15，〈請方冊藏記〉，頁566。

年他還寫了《瞶言》，以論述時代弊病與儒佛關係。在入世之初，元賢即宣示了他「救儒禪」〔註25〕的終身職志。自此元賢寫作不輟，藉由文字表達他對大法的護持與世事的關心。

　　崇禎五年（1632）元賢前往寶善庵拜會聞谷廣印，廣印對於元賢的才學修止深表讚賞，不僅親授比丘具足大戒，完整了元賢的僧戒，還力勸元賢入世化眾。此後數年間（至崇禎十年廣印遷化爲止），兩人關係密切、往來頻繁。廣印對元賢甚爲看重，數次委以大任；元賢的佛法理念也深受廣印的影響。親近廣印的白衣弟子，如林之蕃、曹宗伯等人，也因此結識元賢，成爲元賢重要的護法信眾。〔註26〕

　　崇禎七年（1634）元賢受林之蕃等人的延請，入主鼓山。第一次住山，元賢只說戒不傳法，對於請法的要求，僅以庵主禮示眾。元賢正式開堂結制、入主法席，是在崇禎八年（1635）。是年他應張二水、呂天池等信眾之請，入主泉州開元寺。首次開堂，元賢特別爲慧經拈香，以表明源流、感念師恩。〔註27〕他在泉州開元寺住持了一年，留有〈住泉州開元禪寺語錄〉。〔註28〕崇禎九年（1636）秋，元賢重回鼓山。

　　崇禎十年（1637）廣印遷化，元賢親自前往浙江杭州弔唁，並爲之處理佛事、刊刻遺著。後又依廣印遺命住持眞寂禪院，前後長達五年之久。元賢在杭州期間，著有〈諸祖道影贊〉，〔註29〕在餘杭西舍興建翠雲庵留，並留有〈住杭州眞寂禪院語錄〉。〔註30〕崇禎十四年（1641）冬，元賢到劍州寶善庵。隔年他又在泉州開元寺結制，並修《開元寺志》，令開元事蹟得以永傳不滅。在崇禎十四年（1641）到十五年（1642）間，元賢以寶善爲常住，留有〈住劍州寶善庵語錄〉。〔註31〕

〔註25〕元賢曾言：「老漢生來性太偏，不肯隨流入世纏，頑性至今猶未化，剛將傲骨救儒禪。」（《廣錄》卷23，〈病中示眾〉，頁667。）

〔註26〕關於廣印與元賢二人之間亦師亦友的情誼，詳見本章第三節第三目。

〔註27〕林之蕃，〈行業曲記〉，《廣錄》卷30，頁785。

〔註28〕〈住泉州開元禪寺語錄〉，收入《廣錄》卷1，頁409～414。

〔註29〕「諸祖道影贊」是在「諸祖道影傳贊」的基礎下，擴八十八首成爲一百二十九首。共計分爲僧寶之始、禪宗諸祖、啓教諸祖、淨土諸祖、律宗諸祖、瑜伽諸祖、應化聖賢爲七大主題。詳見〈諸祖道影傳贊序〉一文，收入《廣錄》卷13，頁544～545。又〈諸祖道影贊有序〉收入《廣錄》卷20，頁625～637。

〔註30〕〈住杭州眞寂禪院語錄〉，收入《廣錄》卷2，頁415～421。

〔註31〕〈住劍州寶善庵語錄〉，收入《廣錄》卷2，頁421～426。

　　崇禎十五年（1642）元賢重回鼓山，此後便以鼓山爲常住，積極於鼓山的建設。期間他陸續翻修了鼓山的殿宇、山門，以及各堂寮，並興建諸禪師塔，使得鼓山莊嚴畢備，成爲八閩叢林之冠。此外，他亦往來於福建諸禪院間，受戒傳教、弘揚大法。崇禎十六年（1643）應建州興福之請，後至寶善籌資興建舍利塔，供養保存佛舍利。順治三年（1646），至建州淨慈庵爲國祝釐，之後又轉至寶善。元賢在寶善庵開戒，登壇受戒者達千人。除了授戒外，元賢並著《四分戒本約義》、《律學發軔》諸書，讓戒子得以認識戒律的根本精神、掌握持戒的基本原則。

　　除了在寶善的律學著作外，在鼓山期間，元賢也有相當豐富的著述。崇禎十五年（1642）至順治二年（1645）間，元賢撰述《洞上古轍》、《金剛略疏》二書，並作〈無明和尚行業記〉、〈博山元來和尚衣鉢塔銘〉二文，歷述二師生平行誼。此外，還編輯《無異大師語錄集要》、刻印《禪餘內外集》、重修《鼓山志》。

　　自崇禎七年（1334）入鼓山後，元賢便積極弘法於閩地，他奔波於各禪院間，工作既多且雜，又是開堂授戒、又是興修建物、又是寫書著述，不論是心力或體力的負擔都相當大。早在崇禎十四年（1641）時，他的健康就已出現了問題。〔註32〕順治元年（1644），信眾見元賢的身體狀況極差，於是在鼓山西畬建「壽塔」爲他祈福。〔註33〕但情況並沒有因此好轉，元賢的健康每況愈下。他曾經自述到：「行年今七十，眼暗齒亦疏，踉蹌難舉步，風雪滿頭顱。」〔註34〕在七十四歲時，更因老病跌跤，長達五個多月無法行走。〔註35〕但即便病痛纏身，元賢依舊勤於著述，在這期間他又撰寫了《續寱言》、編纂了《繼燈錄》與《補燈錄》兩書。直到七十七歲時，尚有《心經指掌》一書的完成。

　　元賢著作之豐富，堪稱明末禪師之首。他在住山期間，鼓山百廢待興，又時值明清鼎革之際，復興工作之艱困可想而知；再加上病痛纏身，元賢的

〔註32〕元賢〈辛巳仲秋歸閩，度仙霞嶺〉有：「老病歸來晚度關，危巒久磴強躋扳」之語。詳見《廣錄》卷26，頁699。

〔註33〕有關「壽塔」的興建，詳見《廣錄》卷18，〈壽塔銘有序〉，頁617。

〔註34〕《廣錄》卷24，〈七旬誕日〉，頁671。

〔註35〕元賢曾經自述道：「余年七十四，數載縈疾苦，況經此一交，五月未出戶。……望見屋前山，山容翠而紫，松頭老鶴歸，臨風勢欲舞。」可見雖爲病痛所累，元賢的心境仍是安詳而自在的；並藉松頭歸來的老鶴，暗喻自己「臨風勢欲舞」的心志，故他仍可以寫作不輟。（《廣錄》卷24，〈因跌臥病〉，頁672）

處境可謂相當惡劣。但在這樣的環境下，元賢的撰述，始終沒有因為任何理由而間斷，其護教之心切、毅力之過人，不言可喻。

明清之際烽火四起，旱潦天災不斷。雖然身為禪師，但不論是求雨、祈晴，只要能安眾度眾，元賢都不推辭；設粥賑災、備棺收屍，也都可以看到鼓山寺僧的身影。〔註36〕由於元賢在當時極富聲望，順治五年（1648）賊寇攻上鼓山，還將他置於籃輿抬走。所幸有驚無險，最後終於平安獲釋。〔註37〕

順治十二年，忙於賑災救濟的元賢，已年高七十八，身體狀況更是不佳。二年後，順治十四年（1657）上元日，他將衣拂付給弟子為霖道霈，七月囑道霈上堂開法。九月元賢示疾，二十餘日不食，但仍然起居如常，並作詩偈總結自己的生平。〔註38〕十月六日中夜，告訴大眾：「不有病了」；〔註39〕令侍者扶起端坐，在七日子時坐化脫去。三日後掩龕，面目如生。順治十五年（1658），正月二十一日，嗣法道霈為其舉行佛事，奉全身於鼓山壽塔中。

第二節　元賢的著作

元賢勤於撰述，有著相當豐富的成果，根據記錄共有二十種，八十餘卷，〔註40〕但是目前對元賢的著作，並沒有系統性的整理，即便是著作目錄亦缺乏。因此本章節將參照〈行業曲記〉與〈永覺傳〉，及相關的目錄、序跋等資料，考證元賢的著述，並論述其成書的動機、目的，及刊印、流傳的經過。由於元賢的著作甚多，故本文將之分為兩大部分：撰述類與編修類兩大類，

〔註36〕詳見第三章第五節。

〔註37〕順治四年（1647）秋，海兵大亂省會。隔年，賊寇攻上鼓山，將已高齡七十的元賢裝在籃輿內綁走。然而到半山腰時，眾人忽然顫抖跌倒，賊人深感害怕，才又將他載回鼓山寺。詳見林之蕃，〈行業曲記〉，《廣錄》卷30，頁788；潘晉臺，〈永覺傳〉，《廣錄》卷30，頁790。

〔註38〕〈病中示眾〉言：「老漢生來性太偏，不肯隨流入世纏，頑性至今猶未化，剛將傲骨救儒禪。儒重功名真已喪，禪崇機辯行難全。如今垂死更何用，祇將此念報龍天。」〈臨終偈〉言：「三界內外，無處可尋。」（《廣錄》卷24，頁667）坐化前自贊：「老漢行年今八十，世間事事皆收拾。惟者影子遍諸方，敗露重重遮不及。還知麼，有相身中無相身，低頭方見明歷歷。」（《廣錄》卷21，頁646。）

〔註39〕潘晉臺，〈永覺傳〉，《廣錄》卷30，頁791。

〔註40〕元賢曾說他的著作：「并語錄凡二十種，計一百餘卷。」（《廣錄》卷18，〈壽塔銘有序〉，頁617）。林之蕃的〈行業曲記〉與潘晉臺的〈永覺傳〉則皆作「八十餘卷」，見《廣錄》卷30，頁788、791。

以方便論述；〔註41〕並於最後立「關於《永覺元賢禪師廣錄》」一目，以討論後人對於元賢著作的編輯。

一、撰述類

（一）專書著作

　　關於元賢的專書著作，計有《瘧言》、《續瘧言》、《淨慈要語》、《洞上古轍》、《律學發軔》、《禪林疏語考證》等書。以下簡述各書的創作動機、目的，及流傳情形，至於思想內容的進一步分析，則留待後面相關章節再行處理。

1.《瘧言》、《續瘧言》

　　《瘧言》一卷，是元賢較早期的作品，作於崇禎元年（1628）；《續瘧言》亦為一卷，寫於順治四年（1647），是元賢晚年之作。兩部書的寫作時間，雖然相差了二十年，但因是前後續作，故二書性質極為相近，因此合併兩書一起討論。「瘧言」取自《楞嚴經》，是指睡夢中無意識的胡言亂語，但聽者卻因而起悟。〔註42〕元賢以此為書名，一方面是謙稱是書為自己胡言亂語之作，一方面則時希望讀者能有所感悟。

　　關於《瘧言》的成書，元賢自陳乃為「會通儒釋」，至於《續瘧言》則是因「目擊世變，時吐其所欲言」。〔註43〕雖然寫作動機不盡相同，但是《續瘧言》不論是在形式或內容上，對於《瘧言》都有所承續。二書均是採條列式編排，每條以獨立的筆記形式呈現，前後條沒有順序關係。在論述的方法上，除了直述之外，多採取對比、問答等形式，以突顯主題。至於二書的內容，涵蓋相當廣泛，無論是佛法教義、三教關係、老莊學說，以至明末叢林的問題，都在他論述的範圍之內。由於元賢出家前為儒士，又特別的喜好心性之學，因此在《瘧言》、《續瘧言》中，論及了許多儒家典籍，對於格物、有無、善惡等哲學命題，都有相關的討論。《瘧言》二書可說是元賢思想的代表著作，甚能反應元賢思想的特色，因此歷來頗受重視。道霈在編《廣錄》時，即將

〔註41〕根據傳記、序文資料的記載，元賢尚有諸多書籍的刊訂印行，如《無明慧經禪師語錄》、《無異元來禪師語錄集要》、《鐵關禪師語錄》、《壽昌西竺禪師語略》、《興盛語錄》、《傳信錄》、《筆疇》等等，這些刊訂印行者，將不列入元賢著作的討論。

〔註42〕《楞嚴經》（《大正藏》19冊）言：「譬如有人熟寐瘧言，是人雖則無別所知。其言已成音韻倫次，令不寐者咸悟其語。」（卷9，頁149）

〔註43〕《廣錄》卷30，〈續瘧言序〉，頁773。

《瘞言》與《續瘞言》全部收入，編於第二十九卷、三十卷中。

　　《瘞言》刊印於崇禎五年（1632），《續瘞言》付梓於順治九年（1652）。明本今以不傳，最早的版本應是日本寬文十三年（1673）的合刻本，此外日本尚有延寶二年（1674）本。延寶六（1678）年刊本，日本中文出版社將之編入於《近世漢籍叢刊・思想四編》第九冊中。除了《廣錄》的收編外，臺灣佛教印經處亦曾於一九五六年合《瘞言》、《續瘞言》，發行《瘞言》單行本。

2.《淨慈要語》

　　《淨慈要語》二卷，集結元賢關於念佛放生的要語而成。是書作於崇禎七年（1634），十年時（1637）由馮洪業作跋印行流通。元賢雖爲宗門禪師，但他的思想頗受袾宏與廣印的影響，[註44] 再加上當時人心普遍暴虐，因此他力倡念佛放生，希望藉此以淨化人心、改善風氣。「淨慈」是聞谷廣印在福建建州所住持的庵名，元賢因感念廣印的功德，而以庵名爲書名。[註45]《淨慈要語》分爲卷上卷下，卷上以主題方式呈現，共分八大部分，用以闡述淨土要義及念佛三昧之解行；卷下除收入五篇戒文外，[註46] 其餘以問答方式，闡發淨土念佛、戒殺放生的眞意。此書卷數雖然不多，但是瞭解元賢禪淨思想的重要資料。

　　《淨慈要語》最早通行的崇禎本，現存於日本京都大學圖書館。駒澤大學圖書館藏有寬文五年（1665）的刻本，以及延寶二年（1674）年的刊本。延寶本附有嚴養存的註解，由日本京都中文出版社影印重刊，收於《近世漢籍叢刊・思想四編》第九冊中。藏經本收於《卍續藏》一〇八冊，卷首有「寬文癸丑孟夏佛降誕日讚州指山釋養存敬跋」之文，故知藏經本爲寬文本的覆刻。在臺灣，大覺精舍曾於民國七十九年（1990）發行《淨慈要語》單行本。

3.《律學發軔》

　　《律學發軔》三卷，元賢作於順治三年（1646）冬，並附有自序。[註47]《律學發軔》與《四分戒本約義》寫在同年，《律學發軔》較晚出。因爲《四分戒本約義》卷數較多，且是依戒本而注，初學者在閱讀上較困難，因此元賢才另有《律學發軔》之作。所謂的「發軔」是指「初發」之意，即千里始於足下，

〔註44〕雲棲袾宏精修念佛三昧，主張禪淨合一，是當時有名的淨土提倡者，後世尊
　　　　爲蓮宗第八祖。元賢雖然不曾親侍袾宏，但與其弟子廣印甚爲相契，在淨土
　　　　思想上多受其影響。有關元賢與廣印間的情誼，詳見本章第三節第三目。
〔註45〕詳見《廣錄》卷13，〈淨慈要語序〉，頁541～542。
〔註46〕五篇勸誡文爲：〈戒殺生〉、〈戒溺女〉、〈勸放生〉、〈戒殺辯疑〉、〈殺生烔戒〉。
〔註47〕《廣錄》卷14，頁554。

必須愼始之謂，故可知《律學發軔》是針對初學律者所作。是書從「律部緣起」始，說明戒律的由來；接著介紹三皈五戒、比丘戒、菩薩戒等諸戒的意義與基本戒條；之後以十二個主題分別說明僧團日常生活與特殊事件的處理原則，以及受戒的意義與律法的家數。〔註48〕《律學發軔》的內容重點，著重於戒律精神的概說及用戒基本原則的說明，淺顯的介紹了律學常識及用律方法。

《律學發軔》古本已不見，成都巴蜀書社在一九九三年出版單行本；藏經本，收入於《卍續藏經》第一〇六冊與《佛藏輯要》第九冊中。

4. 《洞上古轍》

《洞上古轍》二卷，元賢作於順治元年（1644），順治五年（1648）完稿。《洞上古轍》的寫作動機在於：「至我明弘治中，有四家頌古註。嘉靖中，有《曹洞宗旨緒餘》，及《少林筆記》等書，悉皆謬妄，迷亂後學。……見諸書謬妄，破滅正法，乃作《洞上古轍》二卷。」〔註49〕可知元賢撰述的目的在於正曹洞宗旨、明曹洞宗禪。是書的完成，前後歷經四次改稿，除了前序外尚有後序，〔註50〕可見元賢對這部書的重視。《洞上古轍》上卷注〈參同契〉及〈寶鏡三昧〉以明曹洞之源，之後分別解說洞山五位、五位圖說，並輯錄五位頌；下卷列先德微言，再加以論述、發明旨意。《洞上古轍》乃是元賢爲維護曹洞綱宗所作。

道霈將《洞上古轍》全文編收於《廣錄》中，可見曹洞鼓山一系對是書的重視。

5. 《禪林疏語考證》

《禪林疏語考證》四卷，是元賢爲佛事所撰修的文字，後由白衣弟子收集刊印而成。在元賢〈禪林疏語序〉中記載到：「有好事者，謬相珍重，抄錄以傳，蓋三十餘年矣」之語，〔註51〕故推知《禪林疏語考證》的付梓，應是元賢晚年之事。所謂的疏語，是指道場疏文，用以表事陳情。即叢林舉行法會時，由維那所誦讀的啓白文，內容在敘述法會舉辦的事緣、志趣、祈願等，

〔註48〕十二個主題分別是：結界、布薩、說欲、安居、自恣、受藥、分亡僧物、六聚懺法、資具、日月軌則、受戒辨誤、律法家數。詳見《卍續藏》第106冊，頁922。

〔註49〕《廣錄》卷27，頁703～704。

〔註50〕〈洞上古轍序〉、〈後序〉分別收入《廣錄》卷27，頁703～704；卷28，頁752～753。

〔註51〕《廣錄》卷14，頁559。又〈序〉本作〈小引〉，見《卍續藏》112冊，頁791。

一般皆以簡短駢儷的四六文寫成。元賢在舉行相關佛事、法會時，面對舊文的因襲陳腐，無法苟且敷衍，所以起筆重新撰寫。元賢出身儒士，具有深厚的文學素養，因此他所出的疏文自然與一般叢林應付了事的陳言腐語不同，故疏文一出，就爲白衣弟子所珍重抄錄，積久成帙，於是有是書的出版。

《禪林疏語考證》的內容相當豐富，共分成彝典、修因、弭災、薦悼、附錄、道場各聯等，不僅包含了禪林大小法事的疏文，還附有各禪寺院的對聯，是一部禪林應用文的集作。《禪林疏語考證》收於《卍續藏經》第一一二冊，是本另附有超然所輯的「續錄」四篇。

（二）語錄詩文

元賢的語錄及詩文，在當時弟子即有計畫的收集、整理，並刊印流傳，故保存甚爲完整。元賢的語錄按照著述的時間先後，共有《禪餘內集》、《鼓山晚錄》、《最後語》三部。《禪餘內集》純爲說法語錄，同時期的詩文作品另外集錄在《禪餘外集》一書。《鼓山晚錄》與《最後語》，則併收語錄與詩文。以下對各書作一簡要的介紹。

1.《禪餘內集》、《禪餘外集》

《禪餘內集》、《外集》各有八卷，爲元賢弟子太沖道順所編，《內集》有曹谷的序、《外集》則有陳琯的序。〔註52〕《禪餘內集》收入元賢崇禎七年（1634）住鼓山湧泉寺、八年（1635）住泉州開元寺、十年（1637）住浙江眞寂禪院的上堂、小參、問答等相關語錄；《外集》則收錄元賢在這段時期所作的詩文，包括書、啓、文、塔銘、疏、論、贊、詩、銘等各類作品。兩書的流通時間甚早，在崇禎十六年（1643）編輯完成後，便即付梓刊印。日本文閣內庫藏有崇禎本《禪餘內集》與《外集》。此外，日本駒澤大學圖書館藏有連山交易（1635～1694）手書註本，〔註53〕二書刊印於延寶五年（1677）。《外集》除了上述版本外，尚有慶安元年的崇禎複刻本。〔註54〕

元賢遷化後，道霈將《禪餘內集》及《禪餘外集》收入《永覺元賢禪師

〔註52〕〈禪餘內集序〉、〈禪餘外集序〉分別收入《廣錄》卷1，頁402～403、403。

〔註53〕《禪餘內、外集質實》是連山交易對《禪餘內、外集》手書的隨文註解。連山的註解相當詳盡，可見得他對二書的重視。

〔註54〕有關於《禪餘內集》在日本的版藏情形，詳見野口善敬〈『禪餘內集』『禪餘外集』解題〉一文，收入《近世漢籍叢刊・思想四編》（京都：中文出版社，1984年）8冊，頁2～3。

《廣錄》中，雖然文字與原本略有差異，亦有所刪節，但文意上並沒有太大的出入。《禪餘內集》、《外集》目前在臺灣並沒有發行單行版本；日本京都中文出版社合刻《禪餘內集質實》與《禪餘外集質實》收在《近世漢籍叢刊‧思想四編》第八冊中。

2. 《鼓山晚錄》

《鼓山晚錄》共六卷，是崇禎十六年（1643）冬至順治九年（1652）間，元賢在鼓山的作品集結，包含了語錄、啓、文等相關資料，由弟子道沖太順編輯而成。書前有元賢的自序，〔註 55〕順治九年付刻流傳。後道霈將《鼓山晚錄》編入《廣錄》中，但刪節了部分的文章。〔註 56〕《鼓山晚錄》順治本，今已不復見。目前流傳最早的《鼓山晚錄》單行本，應是日本的天和二年（1682）本，是本由連山交易以舊刻二卷本補爲六卷而成；〔註 57〕日本京都中文出版社將之編入《近世漢籍叢刊‧思想四編》第九冊中。

3. 《最後語》

《最後語》共兩卷，是元賢晚年絕唱，由侍者傳善編錄。元賢在世時就已開始籌畫，書名亦是他自己所定，但未經刊印元賢就已遷化。《最後語》是繼《鼓山晚錄》之後所編，收入順治九年（1652）到順治十四年（1657）間元賢的語錄、詩文、偈頌等資料，還包括元賢坐化前的〈自贊〉、〈病中示眾〉、〈最後語〉等。《最後語》由道霈作序，並附有林之蕃所作的〈行業記〉。〔註 58〕是書刊印於順治十五年，卷首附有元賢的法像及八十歲時的手書自贊，是相當珍貴的資料。《最後語》後來也被編入《廣錄》之中，然除小參、佛事等資料被刪除外，還刪去了〈答爲霖靜主書〉、〈達三宜和尚書〉、〈復祁文載居士書〉、〈復嘯峰禪師〉、〈答張九生居士〉五封信信。這五封書簡，表達了元賢對於宗教事業、禪法經教等看法，頗具研究價值，所幸在日本刊印的《最後語》單行本中，被完整的保留了下來。

〔註 55〕元賢的〈鼓山晚錄序〉，收入《廣錄》卷 1，頁 404。

〔註 56〕根據野口善敬的統計，《全集》中所沒有收入的《鼓山晚錄》資料有：卷三的〈示妙融上人〉、〈示參微禪人〉、〈示卓生禪人〉；卷五的〈石鼓悲鳴引〉、〈淨慈鼓吹序〉、〈淨慈庵建中元道場疏〉、〈募建鼓山湧泉禪寺疏〉等。詳見野口善敬〈『鼓山晚錄』外三部解題〉《近世漢籍叢刊‧思想四編》9 冊，頁 1。

〔註 57〕連山交易於卷末並附有作於延寶七年（1679）年的〈鼓山晚錄後跋〉。

〔註 58〕道霈〈最後語序〉收入《全集》卷 1，頁 403～404；林之蕃〈行業記〉後編入《全集》，即是〈福州鼓山白雲峰湧泉寺永覺賢公大和尚行業曲記〉一文。

《最後語》現傳最早的版本，應是日本寬文十一年（1671）本，爲高雲祖陵以順治本爲底本，加以句讀翻刻而成；日本京都中文出版社將之影印重刊於《近世漢籍叢刊・思想四編》第九冊中。〔註59〕

（三）經典注疏

根據《廣錄》中的諸序、題跋、相關傳記等資料，可知元賢作過《法華私記》、《楞嚴翼解》、《楞嚴略疏》、《金剛略疏》、《四分戒本約義》、《般若心經指掌》等經疏。對於經注元賢大有「六經注我」的氣勢，從「私記」、「約義」、「指掌」等書就可看出大概。以下簡介各書，名至於進一步思想內容的分析、義理的詮釋，則留待第六章再作討論。

1. 《法華私記》

《法華私記》卷數不詳，根據元賢的序文所言，《法華私記》是他誦《法華經》的心得筆記。元賢二十五歲時，因聽聞山僧頌〈法華偈〉而心生歡喜，於此開啓他親近佛法的因緣。之後，他隨慧經學禪，這中間雖然小有領會，但並未眞正徹悟。直到四十六歲時，忽然聽到同舟渡河的僧人頌《法華經》才「豁然撲破疑團，始知無己非經、無經非己」。〔註60〕元賢因《法華》而入佛門，又在二十年後因《法華》而開悟，因此他對於《法華》特別有體會。所以他雖然認爲宋代溫陵大師戒環的《妙法蓮華經解》已得天臺奧意，但是有感自己與《法華》因緣的殊勝，故還是將自己的體會筆記成書。然而是書並不見於諸藏經中，在臺灣也未見古本或單行本，《法華私記》應已遺佚。

2. 《楞嚴翼解》

《楞嚴翼解》二卷，天啓四年（1624），元賢歸隱山中閱藏時，因「於《楞嚴》一經，自謂獨得其關鍵」而作。〔註61〕由於明末諸多佛儒大士，對於《楞嚴》特別關注，因此形成一股研究《楞嚴》的風氣，各種相關經疏也大量出現。〔註62〕明初註經的風氣本保守，對於經文舊解莫敢改易。到了萬曆年間，

〔註59〕《近世漢籍叢刊・思想四編》9 冊，頁 1～2。

〔註60〕《廣錄》卷 13，〈法華私記序〉，頁 539。

〔註61〕《廣錄》卷 13，〈楞嚴略疏序〉，頁 544。

〔註62〕有關於《楞嚴經》在明末的流行，及其與陽明學間的關係，可參見日・荒木見悟〈明代における楞嚴經の流行〉，收入荒木見悟《陽明學の展開と佛教》（東京：研文出版，1984 年），頁 245～274；荒木見悟講、高正哲整理，〈明代楞嚴經之流行（上）（中）（下）〉，《人生雜誌》1933 年 9 月至 12 月，頁 32～37、36～42、31～38。

不僅有雪浪、交光二師的首廢舊解，又有紫柏老人的力主獨玩經文之說，於是後學「進無新得，退失故居」，導致「全經之旨，幾至掃地」、「不堪爲後人之几杖」。〔註63〕因此元賢或旁採眾說、或出於己見，作成《翼解》一書。

《楞嚴翼解》今並不見相關經藏的收入，亦沒有古本的記載與單行本的發行，其內容應已納入《楞嚴略疏》一書中。

3.《楞嚴略疏》

《楞嚴略疏》十卷，元賢受白衣弟子之請所作。關於《楞嚴》，元賢之前已有《楞嚴翼解》之作，但只有兩卷，內容相當的簡要，故元賢後來又撰述《略疏》。元賢在〈楞嚴疏略緣起〉一文中提到，由於治禪者多喜歡言《楞嚴》，但對於《楞嚴》又沒有全面且深入的瞭解，單憑自己的認知，就任意詮釋經文，對於經義造成極大的誤解。因此元賢博採眾家之說，融爲一家之言，希望使讀者能夠不受限於經文、不窒礙於諸疏，能夠完全通曉經文意義。〔註64〕

《楞嚴略疏》一書寫於崇禎九年（1636），於次年完成，付梓刊印於崇禎十一年（1638）。今不見單行本的流傳，藏經收於《卍續藏經》二十三冊中，題爲《楞嚴經略疏》。

4.《金剛略疏》

《金剛略疏》一卷，是元賢疏解《金剛般若波羅蜜經》之作。元賢認爲《金剛經》文簡易賅，含蘊深厚，是一部足以令眾生破除生死執障的經典。但眾家諸疏，卻顯得迂迴、隱昧，經文的精髓反而無法彰顯。因此元賢於順治二年（1645）開始起筆寫作，三易稿而成《金剛略疏》。元賢雖題爲「疏」，但是並非依舊注而疏成，乃是依照己意詮釋成篇。爲此元賢還特別在〈序〉中，自設問答，說明他雖然盡棄舊疏論，但卻沒有違反經論的立場。〔註65〕元賢言其疏「盡誅舊日葛藤，獨揭斬新日月。但理求其當，辭求其達，無紆回隱昧之弊而已」，〔註66〕可見他對於自己的著作有相當的期許。

其實關於《金剛經》，元賢早在崇禎十四年（1641）時，就受託於心石和尚，爲其刊訂《金剛經濟蒙》一書。但他認爲那終究是代人之筆、因人成

〔註63〕《廣錄》卷13，〈楞嚴翼解序〉，頁540。
〔註64〕〈楞嚴略疏緣起〉收入於《卍續藏》23 冊，頁 1。又《廣錄》中亦有收入，更名爲〈楞嚴略疏序〉（卷13，頁544）。
〔註65〕《廣錄》卷14，〈金剛略疏序〉，頁553～554。
〔註66〕《廣錄》卷14，〈金剛略疏序〉，頁553。

事之作，故又作《金剛略疏》。〔註67〕除此之外，元賢還曾幫謝介菴的《金剛貫解》作序，〔註68〕足見他對《金剛經》的重視。《金剛經瀆蒙》、《金剛貫解》今皆已不傳，《金剛略疏》收入《卍續藏》第三十九冊，題爲《金剛經略解》。

5.《般若心經指掌》

《般若心經指掌》一卷，是元賢最後一部經典注疏，作於順治十一年（1654），時年元賢已經七十七歲。元賢認爲《心經》妙義方圓，但眾家注疏多沒有通其奧義；賢首法藏與孤山智圓的注疏雖然好，但是太過龐雜，不是一般初學者所可以通達的。因此，元賢特別作《般若心經指掌》，希望透過精簡文字的詮釋，讓初學者也可以一窺《心經》堂奧。因此《指掌》的文字，簡潔流暢、明白通曉，沒有詰屈聲牙、晦澀難解的弊病。

《般若心經指掌》收於《卍續藏經》四十二冊中。

6.《四分戒本約義》

《四分戒本》爲曇無德部所傳的比丘戒本，內容主要在列舉《四分律》中的比丘具足戒之戒條。《四分戒本約義》計六卷，元賢撰於崇禎十四年（1641）秋天，經三易稿而成。身爲禪師，元賢何以會用力於戒本的疏解？因他目睹天啓以後，正法衰頹、耆老凋零、僧風濁亂，教界一片亂象。故他希望透過戒律的提倡，改善當時頹敗的佛教風氣。〔註69〕所以元賢多次開壇授戒、講戒。爲了使「新戒方便」，讓受戒者有遵循的標準，因此元賢疏解戒本，希望可以讓新戒者瞭解戒文、遵守戒條，進而體會戒律的精神。這是元賢作《四分戒本約義》的用意。

《四分戒本約義》收入於《卍續藏經》第六十三冊。

二、編修類

（一）僧史燈錄類

元賢關於史傳燈錄類的著作，共計有三：一是《建州弘釋錄》、二是《繼燈錄》、三是《補燈錄》。以下分別介紹各書內容。

〔註67〕詳見《廣錄》卷13，〈金剛瀆蒙序〉，頁546；卷14，〈金剛略疏序〉，頁553。
〔註68〕詳見《廣錄》卷13，〈金剛貫解序〉，頁548～549。
〔註69〕有關《四分戒本約義》的經過及目的，詳見元賢〈四分戒本約義序〉《廣集》卷14，頁554）。

1. 《建州弘釋錄》

《建州弘釋錄》二卷，寫於崇禎元年（1628），刊印於崇禎四年（1632）。建州本有志，但是舊志對於佛教諸事多簡省。爲了不使建州弘法護教的事蹟，因年代久遠而湮沒，也爲了讓後人有效法學習的榜樣，於是有編纂《建州弘釋錄》的動機。〔註70〕最初欲修《建州弘釋錄》的是元來，但是他並不是福建人，對於建州舊文所知有限。而元賢本籍建州，且熟識地方耆老，於是元來便委託元賢代作。〔註71〕

《建州弘釋錄》內容記載建州一地，弘法護教者的相關事蹟，並於末後附評論。全書共分爲達本、顯化、崇德、輔教四個部分，收錄時代上起唐朝，下迄有明，共收入七十七人。是書並非正式的燈錄，撰述風格較接近禪師的語錄，對於人物的言論多有收錄。〔註72〕在內容上較值得注意的是，元賢特立輔教一篇。篇中多收入儒者，如楊億、胡安國、朱熹等人。他認爲這些儒者，有的因學佛而能彰顯忠孝、有的因習禪而能自在死生，就連朱子也不例外。元賢認爲朱熹對於佛教有讚有抑，他的闢佛乃因其道學盟主的身分，不得不如此；而實際上，朱熹反倒是在佛典中，得到了生命的安頓。〔註73〕這樣的詮釋。不僅充分表露了元賢以儒入佛的身分，同時也表達了他和諧儒佛的立場。

在《廣錄》中並沒有收入《建州弘釋錄》全文，但收入了該書的序文、〈建州弘釋錄論贊〉十篇，以及〈辛未秋日，寓清修寺，刻弘釋錄〉一詩。〔註74〕《明史》中登錄作《弘釋錄》，記載的卷數爲三卷。〔註75〕今所傳本卷數都只有二卷，和《廣錄》中的資料相比對，可以推知應該就是全本。至於所載的《明史》三卷本，或爲筆誤，或分二卷成三卷，則不得而知。在藏經中《建

〔註70〕 參照《建州弘釋錄》（收入《卍續藏》第147冊）卷後倪鼎陽、滕之宋、李等諸人之跋文（頁853～854）。

〔註71〕 詳見元來〈建州弘釋錄序〉，收入《無異元來禪師廣錄》卷32，頁364。

〔註72〕 參見陳士強《佛典精解》（上海：上海古籍出版社，1992年11月），頁1428。又在分類上，陳氏將《建州弘釋錄》列於「雜記部」的「四眾別錄」中。

〔註73〕 〈朱文公熹傳贊〉：「蓋以身爲道學主盟，故其誨人之語，不得不如此耳。公晚年有齋居誦經詩云……觀此，則其有得於經者不淺。」（《廣錄》卷19，頁621）。

〔註74〕 〈建州弘釋錄序〉收入《廣錄》卷13，頁538～539；〈建州弘釋錄論贊〉收入卷19，頁618～621；〈辛未秋日，寓清修寺，刻弘釋錄〉，收入《廣錄》卷24，頁678～679。

〔註75〕 《新校本明史・藝文志・子類・釋家類》（楊家駱主編，臺北：鼎文書局，1981年）作：「元賢《弘釋錄》三卷。」（頁2456）

州弘釋錄》分別收入在《卍續藏經》一四七冊、《中國燈錄全書》十五冊。另外，北京中國藏學出版社一九九三年有單行本的發行。

2.《繼燈錄》

《繼燈錄》共七卷，作於順治五年（1648），刊印於順治八年（1651）。元賢有感於元至明間，四百多年來，燈錄不續，禪家事蹟不得傳，故有是書之作。元賢廣博蒐羅諸方文獻，在撰述期間（順治七年，1650），又得《五燈會元續略》〔註76〕一書，相互參校、補輯而成。元賢之所以取為「繼」者，乃是取「續前燈」、「繼照無盡」之意，希望禪宗如燈火相傳，輾轉不絕。〔註77〕《繼燈錄》所繼者乃是《五燈會元》，即宋末以降至明四百餘年的禪史，故編輯曹洞行思法系十六世天童如淨以下四十一人，以及臨濟懷讓系十八世淨慈悟明以下二百一十六人而成，又附溈山太初等不詳法系者七人，共計錄二百六十四位禪門宗師的生平略傳、語錄資料等。雖然《繼燈錄》較《五燈續略》後出，且資料收集的起迄年代較短，但是對於福建僧侶的收錄較為詳盡，可與《續略》互為參考。

《繼燈錄》現在沒有單行本流通，藏經本分別收入於《卍續藏》一四七冊、《中國燈錄全書》第六冊、《禪宗全書‧史傳部》第十八冊中。

3.《補燈錄》

《補燈錄》一卷，作於順治六年（1649），其編纂時間和《繼燈錄》重疊，然而二書的內容並不相同。元賢為作《繼燈錄》收集閱讀相關文獻時，發現傳統燈錄有所缺失，於是有《補燈錄》之作。元賢以《五燈會元》收入資料不完全，有許多遺珠之憾；而《續燈錄》卷帙繁浩，又有濫竽充數之嫌，且深藏《大藏》中沒有單行本，世人難以一窺究竟。於是元賢參究《續燈錄》，刪繁就簡、擇其要點，以補《五燈會元》的疏漏。計收《五燈會元》所缺錄者，共一百八十五位僧侶的傳記資料。

《補燈錄》今已佚失，在《廣錄》中有〈補燈錄序〉〔註78〕一文，今人只能由文中約略知悉內容概要。至於其卷數與版式，以及流傳情形，就不得而知了。

〔註76〕《五燈會元續略》作四卷或八卷（四卷本，以「卷一」、「卷一下」分之，故為四卷），卷首一卷，明代遠門淨柱所撰，成於崇禎十七年（1644）。集錄《五燈會元》以後禪門諸大德相關事蹟，曹洞宗收至覺浪道盛，臨濟宗止於天隱圓修派下，總計四百餘人。《續略》，現收於《卍續藏》一三十八冊中。

〔註77〕參見《廣錄》卷14，〈繼燈錄序〉一文，頁557～558。

〔註78〕《廣錄》卷14，頁558。

（二）寺志類

元賢除了用力於燈錄的續補外，亦有功於寺志的編修。計有《開元寺志》、《鼓山志》，以及《靈光北禪事蹟合刻》三書的編修。以下略述諸志刊印的歷史、編纂的經過及內容大略。

1. 《開元寺志》

《開元寺志》四卷，修於崇禎十五年（1642）。開元寺是元賢正式出世應化之地，而《開元寺志》也是他最早編修的寺志。開元寺建於唐武后年間，代代均有重修，歷千年而不衰，是東南歷史悠久的名山勝剎。關於開元寺的記載，最早有宋許列的《紫雲高僧傳》，之後元夢觀有《開士傳》。入明後萬曆年間雖有陳氏續作，但內容甚為疏略。因此元賢以《開士傳》為底本，旁及其他碑記、舊志、文集等相關資料，而成《開元寺志》一書。元賢之作，共分建置、開士、藝文、田賦等四志，歷述開元千年事蹟。

《開元寺志》早在崇禎年間就有刊本問世。民國年間，圓瑛等人重興開元，募款修繕，並重刊《開元寺志》；重刊本前附有元賢的序，及民國十六年吳亨春的重刊序。由於元賢博學多聞，收集資料甚豐，再加上開元寺在佛教史中，具有重要的地位，因此諸多藏經、寺志的彙刊中，都有是書的收入。《佛寺史志彙刊》第二輯第八冊作《泉州開元寺志》不分卷；《大藏經補編》收於第二十四冊，稱《溫陵開元寺志》不分卷；《中國佛寺志叢刊》收在第一〇六冊中，書名為《泉州開元寺志》，封面題為《溫陵開元寺志》四卷本；《佛藏輯要》則依舊名作《開元寺志》收在第三十冊，亦不分卷。

2. 《鼓山志》

《鼓山志》十二卷，編於順治二年（1645），﹝註79﹞至於《鼓山志》的成書、流通，不論在《鼓山志》相關文獻、或元賢的傳記資料中，都沒有明確的記載。《鼓山志》最晚的記事在順治癸巳（10年，1653）；元賢〈鼓山志序〉言：「萬曆戊申，郡紳謝在杭……迄今四十六載」，﹝註80﹞萬曆戊申年（36年，1608）四十六年後是順治十一年（1654）；因此可以推論《鼓山志》的刊印付梓，應是在順治十一年以後的事。《鼓山志》修撰時間，從順治二年到十一年，前後共歷經九年才完成，可見元賢對《鼓山志》的用心與重視。

﹝註79﹞林之蕃，〈行業曲記〉：「乙酉著《金剛略疏》，修《鼓山志》。」（《廣錄》，卷30，頁785）。

﹝註80﹞《廣錄》卷13，頁547。

　　鼓山最早的寺志編於永樂年間，由僧善緣所著，名爲《靈源集》。之後有黃用中的再編修，但志未成而罷。萬曆三十六年（1608），謝在杭、徐興公等人得《靈源集》的遺稿，復而修《鼓山志》，成十二卷；後又集成二卷本。到元賢時，離謝、興二人的修纂，已有四十餘年的時間。於是元賢以舊志爲基礎，多方收集資料、刪節錯誤氾濫，並續至順治十年（1653）止，共計成十二卷。〔註81〕其卷次目錄爲：卷一〈勝蹟志〉、卷二〈建置志〉、卷三〈僧寶志〉、卷四〈田賦志〉、卷五至卷十一〈藝文志〉、卷十二〈雜志〉。〔註82〕其中〈藝文志〉份量佔全《志》的二分之一，可見鼓山歷來文風的興盛，及元賢對於藝文的重視。〔註83〕《四庫提要》言：「大旨以佛刹爲主，名爲山志，實爲寺志耳」，〔註84〕這是合乎事實的。也因此在《明史》中，《鼓山志》是收入於子部釋家類，而非史部地理類。《鼓山志》今沒有單行本，分別收入於《四庫全書存目叢書・史部・地理類》及《大藏經補編》第二十四冊。《四庫存目》本是依據北京圖書館所藏的清初本付印而成，是現今流傳最早的版本。

　　繼元賢的《鼓山志》後，清代的黃任又有續作，初刻於乾隆二十六年（1761）。《黃志》依《元賢志》增益續修而成十四卷，卷首附有鼓山志諸序及鼓山圖，使後人得以瞭解編修過程，及一窺鼓山當時的地理面貌。由於《黃志》作於元賢之後，故記載了許多元賢的相關事蹟、文章，可作爲研究元賢生平的參考。《黃志》現存最早的版本，是清乾隆二十六年（1761）刻本，中央研究院有藏。揚州江蘇廣陵古籍刻印社、長沙湖南美術出版社、海口海南出版社所出版的《鼓山志》，俱是依照乾隆本刊印發行。〔註85〕而收入在《中

〔註81〕有關《鼓山志》的修纂沿革，詳見見元賢〈鼓山寺序〉（收入《廣錄》卷13，頁547），及清・黃任《鼓山寺志》（收入《中國佛寺史志匯刊》（臺北市：明文書局，1980年）第一輯，49～50冊）〈凡例〉，頁1。

〔註82〕此六志的名稱是依據《廣錄》中，〈鼓山寺志論〉六篇（卷19，頁621～623）所載。《四庫存目本》（《四庫全書存目叢書》（臺南：莊嚴出版社，1996年），史部・地理類，235冊）中，卷三「僧寶」作「開士」、卷四「田賦」作「貞珉」、卷十二「雜志」作「叢談」。審《廣錄》諸〈志論〉的敘述和《四庫本》的內容，兩者相符，應是後人在刊刻時，更動篇目順序、名稱所致。

〔註83〕《明史・藝文志・子類・釋家類》中，對於《鼓山志》亦有著錄：「鼓山志十二卷・僧元賢撰。」（頁2456）

〔註84〕《四庫存目本・史部・地理類》（臺南縣：莊嚴文化出版，1996年），235冊，〈附錄〉，頁879。

〔註85〕中央研究院線裝本藏於傅斯年圖書館；江蘇廣陵古籍刻印社的《鼓山志》收

國佛寺志匯刊》第一輯中者，則是依據臺灣大學所藏「據清乾二十六年（1761）原刊影光緒二年（1876）補刊本」影印而成。

黃任後，釋虛雲繼編《增校鼓山列祖聯芳集》，收錄唐建中四年（783）起至民國十八年（1929）止，共一百二十九人，並補齊了元賢舊志中第六十代住持翁簡文丏至六十一代無異元來間，一百七十年空白。然而是書只是住持傳記，並非完整的寺志。繼後又有陳錫璋撰《福州鼓山湧泉寺歷代住持禪師傳略》及《鼓山湧泉寺掌故叢譚》二書，〔註86〕亦可視爲寺志的部分延續。

3. 《靈光北禪事蹟合刻》

《靈光北禪事蹟合刻》一卷，是福州靈光寺和北禪寺，兩寺事蹟的合刻本。靈光寺唐時已創建，因位於山巔人煙罕至，宋代住持釋智猷挂錫山下北禪寺，後靈光與北禪合併，因此合二寺名爲「靈光北禪寺」。〔註87〕靈光禪寺本已廢，元賢重建於順治八年（1651），並爲住持。由於靈光、北禪的資料較少，故將二寺併撰，共成一書。《靈光北禪事蹟合刻》雖說是簡志，卷數不多，但舉凡寺院緣起、沙門譜系、寺田置買、戒律規約，以至詩歌文章等都有收入。雖然篇幅短小，但內容甚爲豐富。《靈光北禪事蹟合刻》附有元賢的〈序〉，落款爲順治十三年（1656），故知是書當成於十三年左右。元賢遷化於順治十四年（1657），他並未及將此書印行。刊印的工作由爲霖道霈接續，因爲道霈不僅是元賢的嗣法弟子，更是靈光北禪寺的接任住持。《靈光北禪事蹟合刻》卷首附有范承謨、方開鐸等人的六篇序記，記載寺院的沿革及修志的緣起與經過。該書封面題有「康熙癸丑年刊」字樣，康熙癸丑爲十二年（1673），然卷末有福州府於康熙十四年（1675）十一月九日所公佈的保護寺院令，故知現在所流傳者，應是刊印於康熙十四年之後的版本。

一九九六年江蘇廣陵古籍刻印社，影印靈光寺康熙十四年的寺藏本，將《靈光北禪事蹟合刻》收入於《中國佛寺志叢刊》第一〇六冊中。

入於其出版的《中國佛寺志叢刊》（1996年）中；湖南美術出版社本收於《中國古版畫・地理卷・山志圖》（1999年）中；海南出版社者收於《河渠山水古蹟遊記外紀五屬》（2001年）。

〔註86〕二書由臺南智者出版社，分別在1996、1997年出版。

〔註87〕參見王明發〈靈光北禪事蹟合刻〉，收入《靈光北禪事蹟合刻》（《中國佛寺志叢刊》106冊》）卷首。又王氏認爲靈光是被「併入」北禪，然而由「靈光北禪」的寺名推估，兩寺應是「合併」的關係。

三、關於《永覺元賢禪師廣錄》

　　順治十六年（1659），元賢坐化後的第三年，道霈爲發揚其師之道，著手集結元賢生平說法記錄及重要著作，編輯成《永覺元賢廣錄》三十卷。《廣錄》的收集範圍包含《禪餘內集》、《禪餘外集》、《鼓山晚錄》、《最後語》、《洞上古轍》、《瘇言》等書，兼及其他序跋文字。《廣錄》的編排方式，是將各書的內容打散，依體類編排：先序語錄法語，次編書問序跋，再排論贊詩偈，最後收錄專書。在資料的處理上，道霈不僅只是加以分類，同時亦作了部分的刪節，文字和篇幅上與原文有所差異，但在文意上並沒有太大的出入。此外，《廣錄》對於序跋文字，多將原有的落款記年刪去，較不利於元賢生平與著作的繫年。儘管如此，是書還是目前研究元賢最方便的資料。特別是它收入了所有元賢著作的序跋文字，〔註88〕使讀者可以管窺內容概要。

　　此外，《廣錄》的卷首收有聞谷廣印、鄭瑄的〈贊〉，及各語錄的序文；卷末附有林之蕃〈福州鼓山白雲峰湧泉禪寺永覺賢公大和上行業曲記〉、潘晉臺〈鼓山永覺老人傳〉二篇傳記，這些都是研究元賢相當重要的參考資料。由《廣錄》資料的收集與編排，不難看出當時編者的用心。

　　《永覺元賢禪師廣錄》目前沒有單行本，藏經中分別收入於《嘉興藏經》第十冊，《卍續藏經》第一二五冊。又《嘉興藏經》作《鼓山永覺和尙廣錄》，雖然名稱不一樣，但卷數與內容均相同。由於《卍續藏》在收書時，均經校對、句逗後，再統一版式全部重新刻印，因此不論是就文字的品質，或使用上的方便，都較嘉興藏本爲優良。〔註89〕這也是本研究採取《卍續藏》本的原因。

　　關於元賢的著作，相關資料都記載爲二十種八十餘卷，但是都沒有詳列書名。而由前文的分類考證，可以得知，若扣除掉他所編輯的《無明慧經禪師語錄》與《無異元來禪師語錄集要》二書，以及後來才出版的《靈光北禪事蹟合刻》，正好是二十之數，此應即元賢作品之全部。

四、元賢的文章風格

　　元賢自幼受到良好的教育，不僅深黯佛學、儒理，對於歷史、掌故，以

〔註88〕除了《靈光北禪事蹟合刻》一書外，是書在乾隆十二年（1673）方才開雕。
〔註89〕當然《卍續藏經》也不免有排版、用字或句逗上的訛誤，但總是較嘉興藏爲優，使用上也較方便。

至卜卦、禮樂等各方面的知識，都有一定程度的涉掠。曹谷在〈禪餘內集序〉中即說：「大師學貫天人，識達今古。大而理亂興亡之故，小而賢否進退之幾，幽而河洛星曆之微，顯而禮樂刑政之賾，罔不精究其致。」〔註90〕今審元賢著作的內容，曹谷之說絕非溢美。

元賢有意識的投入寫作，他不僅開堂說法、著書立說，其他如法會疏文、書籍序跋，以至於道場的佛事〔註91〕、門聯〔註92〕、警語，〔註93〕亦親力親為。元賢以深厚廣博的學問為基礎，他的文章不僅內容豐富，風格亦多樣。在說法開示〔註94〕中，他出口成篇、靈活多變、機用無限：「至于陞堂說法，矢口而成。機辯自在，電捲雲蒸，而實不局守一途，或痛快、或綿密、或高古、或平實」。〔註95〕在各種文體的寫作上，元賢的序跋記文，層次分明、清暢流利；人物傳記，剪裁得當、語言精粹；勸善文字，明白易懂、殷殷期許；考證作品，嚴謹深刻、發隱鉤沈；論辯文章，透徹精闢、條理清晰。對於每一種文體、題材，他都能恰如其份的表現。而其中素樸簡約、平淺流暢是元賢散文的共同風格。元賢的文章不事鋪陳排比，亦無華贍文采，但是不僅不會令人有枯燥乏味、生澀無趣之感，反而有種深刻明切、潔淨爽朗的韻味。其原因或許就如當時人所言：「第讀其文，見其不馳騁于才情，而實非富于才情者不能至。不組織于問學，而實非深于問學者不能道。」〔註96〕在本文後續章節的相關引文中，即可一窺元賢散文的特色。

元賢的說法簡潔生動，其散文文筆清晰自然，不假任何文采而自成風格。同樣的，在韻文文體的運用上，他也有極佳的表現。在《永覺元賢禪師廣錄》中所收錄的韻文，除了佛教常用的拈古、頌古、贊、偈外，還包括一般的詩歌題材，其中五言古詩有三十三首，七言古詩有六十四首，七言律詩九十二

〔註90〕曹谷，〈禪餘內集序〉，收入《廣錄》卷首，頁402。

〔註91〕關於佛事的文字，收入《廣錄》卷8，頁486～490。

〔註92〕在《鼓山志》中，收有元賢所撰寫的〈法堂〉、〈方丈〉、〈禪堂〉、〈佛殿〉四副對聯。（詳見卷13，頁942～943）

〔註93〕「警語」與二篇，〈東警語〉和〈西警語〉，收入《廣錄》卷11，頁519。

〔註94〕關於開示的語錄，雖是元賢口述，他人記錄，但仍應視為元賢的作品，而非書記者的創作。

〔註95〕曹谷，〈禪餘內隻序〉，收入《廣錄》卷首，頁402。

〔註96〕陳琯，〈禪餘外集序〉，收入《廣錄》卷首，頁403。曹谷對元賢的文章亦曾評論到：「（元賢）靈光磅礴，任筆所之，理無不精，意無不達，議論變化，莫知端倪。然皆清真雅澹，春容和愷，無藻繪浮靡之習，無激揚揮霍之氣，此則予之知大師，知其文之粹也。」（〈禪餘內集序〉，《廣錄》卷首，頁402。）

首，五言絕句十六首，六言絕句四首，七言絕句一百一十九首。內容上則包含了說理、寫景、詠懷、記遊，以至詠物、弔亡、奉和應制之作等等，內容非常的廣泛。若就詩的「量」而言，元賢的作品在明末禪界或許不算特別的豐富，但在「質」上，卻是相當的出色；特別是他的敘事抒情詩以及山居禪詩。在〈世事〉六首中，元賢說到：

世難如今苦莫瘳，兵圍十月尚難休。資生競取溝中瘠，千佛聞之盡淚流。

鋒鏑場中戰血鮮，況今斗米已千錢。漏卮未可沃焦釜，百萬蒼生幾得全。

每見貴人嘆金玉，不如勻米可療饑。妻孥散去渾閒事，猶恐孤身亦莫支。

頹垣敗瓦見荒村，十灶炊煙九不存。草長齊腰迷客路，淒淒風雨暗銷魂。

旌旗兩載蔽江干，路絕民逃乞食難。自古河山經百戰，雲霓望斷幾能安。

忍饑忍凍度殘庚，日夜惟聞鼓角聲。四野橫屍誰解掩，風吹日炙怨難平。〔註97〕

詩中元賢善用定格的手法，鎖住一場景，讓人藉此景以感受戰爭的慘烈；並運用以景融情的襯托法，將人民的痛苦無奈、亡魂的怨憤悲哀、以及衲僧的不忍與悲憫，無限的延展開來，使讀者如臨其境、感同身受，是相當具有感染力的詩作。

元賢的敘事抒情詩如此，他的山居禪詩更富特色。茲舉數首為例：

〈宿崇福院〉數椽禪室倚松開，北嶺嵐光撲面來。夜靜涼風來月下，桂花吹落點蒼苔。〔註98〕

〈宿崇福院〉先點出禪室「倚松開」的典雅，再說遠眺「嵐光撲面」的開闊。一個「倚」字，表現出建物與自然的和諧美；一個「撲」字，不僅令人有驚奇的感受，也讓詩充滿了動態美。前兩句寫日景，後兩句寫夜色。寂靜的月夜伴隨著清涼的夜風，在飄盪桂花香的空氣中，白色的桂花輕落在綠色的苔蘚上。短短數字，禪室月夜的祥和恬靜、詩人心情的平靜愉悅，躍然於紙上。

〔註97〕《廣錄》卷26，頁701～702。
〔註98〕《廣錄》卷26，頁696。

詩人的筆法雖然極爲清淡，卻巧妙地運用遠近、動靜、日夜、顏色的對比，並結合了視覺、觸覺、嗅覺、聽覺的摩寫，表達出寧靜安詳、自在無礙的禪境。

〈小塘〉窗前閑半畝，開做小方塘。雲過暫留影，月來時有光。灌花借春色，洗硯流墨香。唯有塘中水，澹然卻自忘。〔註99〕

〈小塘〉首兩句寫出小塘開鑿的因緣，自然而無造作。後二句描寫小塘白天與夜晚的風光，雖沒有太多的修飾，呈現的卻是如詩如畫般的優美意境。接著描寫小塘水的作用——用以養花洗硯，以此點出主人翁生活的悠閒、意志的高雅。末二句以塘中水的澹然自忘作結，雖不著一字心性空悟之語，佛道妙理自在其中；展現出禪師灑脫自在的生命情操。

〈山居〉青山老去髮長鬆，種樹栽禾學野農。信口詩成多自喜，橫肩杖出少人逢。透窗舒白巖前月，對榻凝青海上峰。頃刻白雲迷遠近，殿頭傳得一聲鐘。〔註100〕

〈山居〉首句一個「老」字，以擬人化的手法，賦予了青山渾厚的生命力，接著三句寫主人翁的山居生活——雖是「種樹栽禾」但卻是個沈浸吟詠、怡然自得的詩人；不僅在心境上「自喜」，在實境上亦是「獨居」。敘事後是寫景：開窗入眼的是白色巖月的高絕淒清、床榻相對的是海上青峰的孤拔聳峭；透過景物的描寫，烘托詩人清俊孤介的心境。末二句先說「迷」再言「得」，雖偶有外境使人顛倒迷失，但總會知道方向、總能再見光明，因爲山寺常在、佛性常存。寺院的鐘聲，不僅讓詩歌具有空靈迴盪的聽覺效果，更讓人有「言有盡而意無窮」的深層感受。以如此筆法寫景說理，實屬高妙。

從上面幾首詩的分析，可以發現，元賢以極淡雅素樸的筆法，自然呈現出山水景物，以此引人入空寂之境，並在空寂之中表現出深邃的禪機——善用禪境表達禪心，可以說是他山居禪詩的最大特色。不僅如此，元賢的山居詩還極具感受性，令人在寧靜中感受到一種自適無礙、安詳自在的活潑空靈。元賢以其清澹的筆調，寄寓微妙的禪理，不僅沒有說理詩八股枯燥的弊病，反給人一種清安自在的愉悅。

不論是散文或韻文，元賢在文字的使用上都顯得較爲樸實，雖然他不事鋪陳排比，亦無華美文彩，但卻在平淡自然中，呈現出一種清新雋永的風貌。

〔註99〕《廣錄》卷24，頁678。
〔註100〕《廣錄》卷25，頁686。

〔註101〕

第三節　元賢的師友弟子

　　影響元賢一生最重要的師友，有無明慧經、無異元來、聞谷廣印三人。慧經是元賢的依止師，對於元賢的學佛、開悟都有關鍵性的影響。元來是慧經的大弟子，元賢曾依止元來三年，其間元來不僅力勉元賢向上，還授與菩薩戒。廣印與元賢一見如故，廣印相當賞識元賢，不僅授與比丘大戒，還力勸元賢出世。元賢不論是思想或行止，都深受三人的影響，故本章將分別簡述三人的生平經歷，並論述他們與元賢之間的關係。

　　雖然元賢座下的四眾弟子眾多，〔註102〕但是他真正印可付法的只有爲霖道霈一人，其他弟子的事蹟，也極少有相關的記載。〔註103〕故在弟子的部分，本文將以爲霖道霈作爲代表。道霈不論是在禪修體悟或經教造詣上，都有相當的成就。他繼承元賢的衣缽，將鼓山經營的有聲有色，成爲清代大法窟。本文將藉由師徒兩人關係的敘述，以明鼓山宗風的傳承及特色。

一、無明慧經

　　無明慧經（1548～1618）俗姓裴，撫州崇仁（江西崇仁）人。慧經得蘊空常忠印可而受戒出家，時年二十七歲。獲印可後，慧經隱居在峨峰，長達二十四年之久。直到萬曆二十六年（1598），才應諸方之請，住持寶方寺。慧經三住道場，凡事親力親爲，不辭勞苦。有見於明末叢林生活的窳爛，慧經倡導農禪並作，力主恢復晚唐的叢林制度。他率眾作務，四十餘年鋤犁在手，鑿山開田不辭勞苦。由於慧經的苦心經營，他所主持的寺院，每年歲收可供養三百人以上。明末叢林多攀權結貴，但慧經「足跡不履城隍，竿牘不近豪右」。〔註104〕不僅如此，一生不發化主、不扳外緣，徹底地維持叢林的獨立性

〔註101〕當然疏文佛事之類者，遣詞用字自是較爲講究。
〔註102〕林之蕃，〈行業曲記〉：「所依從率三百餘人，問道受戒者，不啻幾萬人。」（《廣錄》卷30，頁788）。
〔註103〕林之蕃的〈行業曲記〉與潘晉臺的〈永覺傳〉中，都記載到元賢有付戒弟子六人，跬存思、雪樵涪、藻鑑眞、莫違順、警心銘、宗聖善。（《廣錄》卷30，頁788、790）但筆者所見資料僅止於此，未見有其他更詳細的記載。
〔註104〕劉崇慶〈壽昌和尚語錄序〉，收入《無明慧經禪師語錄》，頁1～2。

與純潔性。慧經生平佛法未離鑊頭邊，自覺的力行農禪，成為叢林的表率，曹洞宗風也因他大振，故有壽昌古佛之稱。〔註105〕

元賢與慧經初次會晤於萬曆三十一年（1603），是年慧經開法於建州董巖，元賢前往拜謁。元賢一見慧經，便將心中的疑惑，反覆徵詰詢問，但是慧經並沒有直接的回答；對於慧經的開示，元賢亦是茫然不知所對。專研於經教大半年的元賢，不禁感嘆到：「畫餅若為充飢？」〔註106〕因見元賢陷於文字葛藤中，於是要他參看雲門文偃的「乾屎橛」話頭。但是由於機緣尚未成熟，元賢的參究並無所得。一天當他聽僧人說「南泉斬貓」〔註107〕話時，忽然覺得有所省悟，於是作偈呈慧經：「兩堂紛鬧太無端，寶劍揮時膽盡寒，幸有晚來趙州老，毗盧頂上獨盤桓。」〔註108〕偈中元賢表達領悟趙州機鋒之意。然而對於元賢的詩偈，慧經並沒有太大的讚許，他只是勉勵元賢：「參學之士，切不得於一機一境上取，則雖百匝千重，垂首直過，尚當遇人。所謂身雖已在青雲上，猶更將身入眾藏，是參學眼也。」〔註109〕慧經告誡元賢，即便有所領悟，也不應在悟境上起執著；儘管已確實徹悟，也要再深入經藏，更上一層樓。慧經不僅諄諄告誡，並別頌道：「大方家之手段，遇物一刀兩斷。趙州救得此貓，未免熱瞞一上。若是有路英靈，畢竟要他命換。」〔註110〕元賢得此頌後，多有所省。日後元賢能在悟境上不斷地突破，即得自於慧經此時的教誨。

萬曆四十五年（1617）元賢前往壽昌，正式在慧經處剃度出家；「永覺元賢」之名，即落髮時慧經所取。元賢出家後，道心熱切，每每向慧經請益，但是慧經總是以「我不如你」回答，從不正面回應。直到有一次，慧經見機緣成熟，才正式接引：

〔註105〕參見劉崇慶〈壽昌和尚語錄序〉、憨山德清〈壽昌無明大師塔銘〉，分別收入《無明慧經禪師語錄》，頁1～2、66～69；元賢〈無明和尚行業記〉，《廣錄》卷15，頁575～578。

〔註106〕為霖道霈〈塔誌〉，《為霖道霈禪師秉拂語錄》卷下，頁813。

〔註107〕「南泉斬貓」見《景德傳燈錄》卷8：「師（普願）因東西兩堂各爭貓兒，師遇之白眾曰：『道得即救取貓兒，道不得即斬卻也。』眾無對，師便斬之。趙州自外歸，師舉前語示之，趙州乃脫履安頭上而出。師曰：『汝適來若在，即救得貓兒。』」（《大正藏》51冊，頁258a。）

〔註108〕林之蕃，〈行業曲記〉，《廣錄》卷30，頁784。

〔註109〕林之蕃，〈行業曲記〉，《廣錄》卷30，頁784；潘晉臺，〈永覺傳〉，《廣錄》卷30，頁789。

〔註110〕林之蕃，〈行業曲記〉，《廣錄》卷30，頁784。

一日值昌歸耕，師（元賢）逆問曰：「如何是清淨光明身？」昌挺身
而立。師曰：「祇此更別有？」昌遂行。師當下豁然，如釋重負，隨
入方丈，拜起將通所得。昌遽棒之三，曰：「向後不得草草！」仍示
偈曰：「一回透入一回深，佛祖從來不許人。直饒跨上金毛背，也叫
棒下自翻身。」師不及吐一辭而退。然猶疑云：「因甚更要棒下翻身？」
〔註111〕

什麼是清淨光明身？真理是無法用言語詮說的，慧經以行動告訴元賢：自我
心性的挺立就是清淨光明身。禪法不離生活，站立即是、行走即是。對於元
賢的急於表現，慧經揮棒痛喝，要他不要執著於小解小悟上，要真正翻脫惡
見妄想，在悟境上不斷提升；即便悟境已經圓熟，還是要精進不懈。由慧經
與元賢間的對話機用，可以知道，慧經是一個善導師，他能夠順應眾生根器，
為之設機說法。元賢以儒入釋，出家之時已年屆四十，難免存著先見執著；
而為邑生的他，對於文字亦具有高度的掌控能力。因此，每當元賢向慧經請
益時，慧經總是不在正面立說，透過動作與偈語的否定，要元賢盡去執著；
並鼓勵他，修行沒有終點，要不停地努力向前。元賢在四十六歲大徹悟時，
曾作偈曰：「金雞啄破碧琉璃，萬歇千休只自知。穩臥片帆天正朗，前山無復
雨鳩啼。」〔註112〕可知慧經當時的機用，對於元賢日後的徹悟，具有重要的
啟發意義。

　　萬曆四十六年（1618），慧經示寂，元賢深感悲痛。雖然元賢正式依止慧
經不到一年的時間，但是慧經的人格、行事、禪法，無一不對他產生深厚的
影響。慧經謙卑樸質，受印後仍隱居峨峰二十四年，不以出世求名為要。元
賢悟後歸隱，多次受請而拒；初住鼓山時，只說戒而不傳法。慧經躬耕隴畝，
不事干謁，隨緣任用，而數年間道場叢林煥然一新；〔註113〕元賢「所居一任
外緣，如不事事，絕無喜巧之念、貪營之思」〔註114〕、「若不事事，而施者爭

〔註111〕林之蕃，〈行業曲記〉，《廣錄》卷30，頁784。
〔註112〕林之蕃，〈行業曲記〉，《廣錄》卷30，頁784；潘晉臺，〈永覺傳〉，《廣錄》
　　　　卷30，頁789。
〔註113〕德清〈壽昌無明大師塔銘〉：「師住壽昌，不扳外援，不發化主，隨緣任用。數
　　　　年之間，所費萬計，其道場莊嚴煥然，叢林所宜，纖悉畢具。」（收入《無明慧
　　　　經禪師語錄》卷4，頁67）元賢也曾說：「始出住寶坊，躬耕隴畝，不事干謁。
　　　　移壽昌日，里中有張侍郎，為起一緣簿，先師笑而受之，卒不發化主。後十年，
　　　　巨剎奐然復新，財帛皆不求自至者。」（《廣錄》卷30，〈續寱言〉，頁778）。
〔註114〕曹谷，〈禪餘內集序〉，收入《廣錄》卷1，頁402。

先，百物皆舉」，〔註115〕並倡導農禪於鼓山。〔註116〕慧經足跡不履城隍，竿牘不近豪右；元賢出家前為儒士，與鄉里來往密切，但出家後始終與世俗保持著一定的距離。慧經不以評唱、機語為能事，常以鐮頭為禪杖、以偈語為頌，要學人直透禪底之源；元賢禪法反對於文字上鑽研，強調要由話頭上翻出、徹悟自性。慧經農禪兼具德山、臨濟與百丈、趙州的特色；〔註117〕元賢則強調洞濟融合，並自謂：「予三十年前學臨濟，三十年後學曹洞，自從胡亂後，始知法無異味。」〔註118〕慧經「其施教也，縱奪無方，激栽多術，賢愚咸獲其益。室中參請，則單提祖令。橫掃異蹤，屹然如銀山鐵壁，學者多望崖而退。故說法四十餘年，未嘗輕有印可」；〔註119〕而元賢則「激辯縱橫，若天闊雲布。其操觚染翰，即片言隻字，無不精絕」〔註120〕、「生平一言一行，皆斬釘截鐵，無一毫塗飾，開堂三十載，未嘗親許學者。」〔註121〕可見得慧經對於元賢影響之深遠。而元賢自己也是有意識的承繼壽昌禪，他在第一次正式開堂時，即為慧經拈香，表明法嗣；〔註122〕在他三十九首〈自贊〉中，就有十一首提到「壽昌」。〔註123〕

元賢對其師評價極高，他說：「其孤風峻節，若雪中峨眉，其強忍精進，若乾行弗息，上下千載，寥寥罕儷，大智之後一人而已。」〔註124〕在慧經歸

〔註115〕林之蕃，〈行業曲記〉，《廣錄》卷30，頁786。潘晉臺亦有同樣的評述，詳見〈永覺傳〉，《廣錄》卷30，頁791。

〔註116〕對於慧經的農禪，元賢自覺的承繼，並且相當感念慧經之功。在〈麥羹坵有引〉中，元賢記載歌頌道：「和尚不發化主，日取給於鋤下。歲荒食不足，以麥為耕。率眾開田，田成，眾呼為麥羹坵。乙亥夏歸壽昌，再遊其處，淒然有感：壽昌脊梁硬似鐵，六月開田日如燕，歲荒只取麥為羹。枵腹揮鋤不肯報，至今田有麥羹名。山中故老能傳說，禾麥離離屯綠雲，盡是我師汗血流。」（《廣錄》卷25，頁686）；又〈寱言〉中言：「先師粗衣糲食，躬秉耒耜，年至七十，未嘗暫報。時歲大饑，磨麥為羹，率眾開田，其田今呼為麥羹坵。蓋百丈之後，一人而已。今吾輩直草不踏，橫草不拈，安坐享用，每思及此，便覺藏身無地，況敢恣意放逸，陷鐵圍百刑之痛哉？」（《廣錄》卷30，頁778）。

〔註117〕黃端伯〈壽昌語錄序〉言：「乃參悟既與德山、臨濟同堂，而操履又與百丈、趙州共路。」（見《無明慧經禪師語錄》卷4，頁71）。

〔註118〕《廣錄》卷16〈三玄考〉，頁586。

〔註119〕《廣錄》卷15，〈無明和尚行業記〉，頁577。

〔註120〕潘晉臺，〈永覺傳〉，《廣錄》卷30，頁791。

〔註121〕林之蕃，〈行業曲記〉，《廣錄》卷30，頁786。

〔註122〕林之蕃，〈行業曲記〉，《廣錄》卷30，頁785。

〔註123〕《廣錄》卷21，頁643～646。

〔註124〕《廣錄》卷15，〈無明和尚行業記〉，頁578。

眞後，元賢爲之撰寫〈無明和尙行業記〉與〈無明和尙鶴林記〉，並編《無明慧經禪師語錄》四卷，令慧經之精神得以永傳。

二、無異元來

　　無異元來（1575～1630），俗姓沙，廬州舒城（安徽合肥）人，十六歲在五台山出家，修空觀五年。之後前往峨峰，參謁慧經，起初師徒並不相契。後來元來接受慧經的教導，苦心參究話頭。二十七歲在如廁時，看見有人上樹而大悟；並得到慧經的印可，置第一上座，成爲曹洞第二十七世。

　　受印可後，元來訪心禪師受戒，禪師置爲首座；三禮雲棲，雲棲書寫「演暢眞乘」相贈。當時叢林大老，對於元來都相當的肯定。萬曆三十年（1602），元來住江西博山能仁寺，見戒法衰頹，大倡禪律雙修，矯正禪風，緇白信眾紛紛前來求戒，博山蔚成叢林。後來元來又主建州董巖、大仰寶林、鼓山湧泉、金陵天界等寺。所到之處，四方禪衲聚集，每年望風問道者，數以千計。元來力主禪律並行、禪淨不二，強調眞參實修，重振宗風、大弘教化，在當時的叢林極具聲望。〔註125〕

　　元賢與元來的會面，在萬曆四十六年（1618）。是年慧經遷化，當時住持博山的元來，特地前往壽昌主持佛事。雖然元來只長元賢三歲，但他是慧經唯一公開印可的弟子，因此在慧經佛事圓滿後，元賢便隨元來回博山居住。在博山期間，同門時常相互討論禪理；雖然元賢甫出家，但在一代宗師元來面前，他絲毫不退卻，生機橫發，大有當仁不讓之勢。一個出世禪師，必須有絕對的自信與宏願，透過自信的確立與眞參實修的歷程，方能展現「現世爲人師，來生作佛祖」的大願。因此對於元賢的自信與積極，元來極爲肯定，曾經讚道：「這漢生平自許，他時天下人，不奈渠何？」〔註126〕元來不僅對於元賢多有鼓勵，亦是他菩薩戒的戒師。元來的情誼，元賢甚爲感念，日後曾回憶到：「余因先師遷化後，曾相依三載，雖無所得於師，然三載之中，未見其一語，滲入情識，但勉以向上事，則師之有造於余也大矣。」〔註127〕、「某於師爲法門昆季，而實稟具於師。且相依三載，屢嘗法味，有師資之義，不

〔註125〕有關元來的生平事蹟，參見劉日杲〈博山和尙傳〉，收入《無異元來禪師廣錄》，卷35，頁388～397。

〔註126〕林之蕃，〈行業曲記〉，《廣錄》卷30，頁784；潘晉臺，〈永覺傳〉，《廣錄》卷30，頁789。

〔註127〕《廣錄》卷13，〈無異大師語錄集要序〉，頁548。

可忘也。」〔註128〕雖然元賢的悟道機緣不在元來處，但是元來對他的相資之義、提攜之情，卻令他永銘在心。

　　天啓二年（1622），元賢離開江西回福建潛修。崇禎元年（1628），元來從鼓山回博山，元賢在建州開元寺相迎。元來一見元賢，便問他撰寫《建州弘釋錄》一事。元來以爲建州乃是禪學淵藪，但是相關的事蹟卻多湮沒，甚爲可惜。因此早在元賢初到博山之時，元來就要他爲建州僧人作傳。因爲元賢是福建人，對當地的遺聞事蹟瞭若指掌；且元賢出身儒士，與地方耆老紳士多有往來，在資料上的收集較爲容易。因此元來特別囑咐元賢，要爲建州僧道作傳。雖然元賢答應了，但每當元來提及此事時，他便以「俟識鼻孔後爲之」回答。〔註129〕因此，作傳一事也就一直擱置著。師兄弟闊別前後已有七年，元來一見面就問建志之事，在〈建州弘釋錄序〉中，元來記載了兩人之間的對話：

　　余一見而識之曰：「今可志建州僧也。」師笑而不答。余乃問曰：「壽昌塔掃也未？」師曰：「掃即不廢，祇是不許人知。」余曰：「汝偷掃去也。」師曰：「和尚又怎麼生？」異曰：「掃即不廢，只是不曾動著。」師曰：「和尚卻似不曾掃。」遂相笑而別。〔註130〕

這是兩個禪師之間的對話，充滿了禪機與禪趣。元來認爲時機已到，期許元賢要傳承壽昌精神，並將之發揚光大。元來以爲透過僧傳的撰述，可使先德事蹟永傳，祖道也可因此弘揚，所以他力勸元賢志僧史。不久，元賢便開始建州僧史的撰述。

　　崇禎二年（1629）書成，元來爲之作序，序中盛讚元賢撰述的精當，與承先啓後、弘揚釋道的功德。〔註131〕或許是受元來的鼓勵與影響，元賢相當重視史志的撰述，前後共有六種燈錄寺志問世。

〔註128〕〈博山無異大師衣缽塔銘有序〉，頁613。

〔註129〕元來，《無異元來禪師廣錄》卷32，〈建州弘釋錄序〉，頁364。對於作傳一事，林之蕃在〈行業曲記〉中也提及，元賢以「吾大事未竟，不暇及此也」婉拒了。（《廣錄》卷30，頁784～785。）

〔註130〕元來，《無異元來禪師廣錄》卷32，〈建州弘釋錄序〉，頁364。又元賢在〈無異大師語錄集要序〉（《廣錄》卷13，頁547）中也有記載，可見兩人對此事的重視。

〔註131〕元來〈建州弘釋錄序〉：「今師所志，雖僅僅一州，而宣寧讓其雅當，覺範推其完備，迥然獨出，前無作者，即此可以窺師之一班也。翹千載之上，藉師而傳之；千載之下，藉師而知之。固在千載之上下也，建州稱弘釋者，非師而誰歟？」（《無異元來禪師廣錄》卷32，頁364。）

　　元來繼其師之志，對於法門的揀擇相當嚴格，他曾說：「蓋宗乘門中事，貴在心髓相符，不獨在門庭相紹」。〔註132〕元來在二十七歲即獲慧經親付，再加上機辯的圓融，使他在當時的佛教界極具聲望。若是元來有意擴張門庭勢力，是件相當容易的事。但是他認為與其門庭熱鬧、多瓜相印，不如嚴守鐵關，雖然嗣法斷絕，尚可保住禪法命脈。相較於明末僧眾的爭相擴展勢力、壯大門派，元來的嚴守鐵關，顯得分外難得。對於元來的克紹箕裘、嚴守壽昌宗風，元賢屢屢提及，並表達十二萬分的崇敬之意。〔註133〕

　　有見當時禪風的疏狂，元來禪法不僅強調經藏對於開悟的重要，同時對於禪修方法也作了極細密的功夫說明。《宗教嚮答》、《博山和尚參禪警語》，就是元來相當受到重視的代表著作。〔註134〕元賢對於元來真參實修的禪風，相當的敬佩。他曾說道：「（慧經）既得博山來公繼之，其道遂大行於世。師苦參日久，備嘗險阻，故其言功夫，為獨詳。其慧光渾圓，辨才無礙，波瀾浩蕩，莫窺涯際，故學者多望洋而退。」〔註135〕對於元來禪法的細密圓融，元賢讚頌不已，有著極高的評價。

　　崇禎三年（1630），元來圓寂。消息傳來，元賢感到極度的震驚與悲痛。在〈哭博山和尚〉中，他盛讚元來大振法鼓於亂世、教化眾生於末法；但對哲人日遠，後繼誰能，更表達了無限的悲傷。〔註136〕元賢親近的師友，慧經、廣印早已遷化，此時元來又示寂，元賢的悲痛與孤寂，是可想而知的。

　　崇禎十五年（1642），元來遷化後的第十二年，元賢在鼓山建元來衣缽塔，

〔註132〕《無異元來禪師廣錄》卷23，頁287。

〔註133〕〈博山和尚贊〉言：「從玉山絕卻路頭，向鵝峰安下鼻孔。錦繡囊中飄異香，虛空面上鑽窟窿。牢把鐵關不暫開，末後誰能繼其踵？」（《廣錄》卷21，頁642）；〈無異大師語錄集要序〉中提到：「（慧經）既得博山來公繼之，其道遂大行於世。……高提祖印，不妄許可。故假雞聲韻者，不得冒渡關津，而惑亂群聽也。」（卷13，頁547）；〈博山無異大師衣缽塔銘有序〉言：「故三十年中，不少當機，罕聞付法，終不以如來慧命，博禪雜手中辦香矣。」（卷18，頁614）；在〈續寱言〉中論及當日叢林法門糜爛的亂象時，他提到元來：「今其嗣雖少，而世猶仰之，如麟如鳳。視近日之妄授非人，反辱先宗者，又奚啻霄壤哉？」（卷30，頁783。）元賢對於元來嚴守宗風、不爛充門庭，是相當的崇敬。

〔註134〕《博山和尚參禪警語》被譽為有「世界禪者」之稱的鈴木大拙所看重。見鈴木大拙《論禪悟》，轉引自麻天祥，《中國禪宗發展史》，頁309。

〔註135〕《廣錄》卷13，〈無異大師語錄集要序〉，頁547。

〔註136〕〈哭博山和尚〉：「法幢高豎大江西，獨握群盲別驪鐺。正喜法雷喧上界，忽驚慧月落前谿。池頭霧暗龍猶泣，嶺上臺空鳳不棲。深痛妖蹤猶滿地，于今誰鼓戰中鼙。」（《廣錄》卷25，頁684～685。）

以感念元來開化鼓山之功，並表達無限崇敬之思。〔註137〕崇禎十六年（1643），元賢編《無異元來禪師語錄集要》，節選《無異元來禪師廣錄》而成，希望透過版本的精要，能使元來的禪法更爲廣弘。〔註138〕

對於元賢而言，元來不只是同門的關係，更具有師資情誼。元來的人格風範、元來的提攜之義，無不使元賢欽仰感佩。元來對於史傳的重視、法門的嚴守、經教的提倡，無不深切的影響著元賢。在明末惡質的佛教環境中，叢林紛爭不斷，法門鬩牆也時有所聞。元來與元賢二位法門昆仲，彼此在成佛道上相互提攜、共相成就，一起爲復興大法而努力，堪稱爲佛門表率。

三、聞谷廣印

聞谷廣印（1566～1636），俗姓周，檇李嘉善（浙江嘉興縣）人。十三歲在杭州開元寺出家，參學儀峰和尚，又訪雲棲袾宏、無幻禪師、從介山法師習天台。廣印二十七歲時，就深獲袾宏賞識，舉爲維那。但是他並沒有因此而自滿，仍然精進不懈。廣印有感於自己的修行未能純一，於是辭去講肆，攝靜於西溪四年。隨著參請雜務日多，廣印又上雙徑白雲峰隱居修行，參看馬祖因緣，一隱六年未曾出山；一日看見黃瑞香花，忽然大悟。出山後，至袾宏處受菩薩戒，朝夕請益，盡得袾宏之道。之後，廣印頂笠遊五台山，到徑山時，見吳越禪風寂寥，於是在各寺殿開禪期。後住眞寂、淨慈等寺，受其剃度、傳戒者，數以萬計。廣印雖是個禪者，但受袾宏的影響，在教法上，特別重視戒律、提倡念佛放生。明末禪風疏狂，人人都以開悟宗師自居。相對之下，眞參實修的廣印顯得極爲謙卑。他終生不以悟自居、不開堂說法、不著書說經，就連偈頌問答，也嚴禁弟子抄錄傳頌。雖說他兩度住寺，但總是在寺務上歸軌道後，就飄然歸隱。晚年廣印的重住眞寂，也是應信眾再三延請才住，是個行事風格相當低調的禪者。〔註139〕

〔註137〕元賢作有〈博山無異大師衣鉢塔銘有序〉一文，文中說到：「寶鏡三昧，霧隱塵蒙，壽昌崛起，如日湧東。吾師繼之，厥化彌隆，圓炤無外，赫赫日中，雲包雨笠，萬派朝宗。公孤以降，靡不景從。揀魔辨異，袪惑破夢，唯師一人。」（《廣錄》卷18，頁614～615。）

〔註138〕元賢〈無異大師語錄集要序〉：「僭於《全錄》中，擇其精要，類而合之。視全錄，僅十之三。然簡而易行，約而易致，使天下學者，即是窮之，可以見其大全。使知博山之道，其廣大深密。」（《全集》卷13，頁548。）

〔註139〕有關聞谷廣印的生平事蹟，參見元賢〈眞寂聞谷大師塔銘并序〉，收入《廣錄》卷18，頁609～612。其他燈錄資料，對於廣印的記載，不是付之闕如，就是

　　廣印與元賢兩人首次相遇於崇禎五年（1632），當時廣印在寶善庵，元賢
前往參謁。兩人一見投合，大有相見恨晚之慨。是時恰巧有俗眾請廣印作〈諸
祖道影贊〉，廣印囑咐元賢代作。〔註140〕元賢共計成八十八首，廣印讀之，大
為驚異，對元賢說：「我不入建，公將瞞盡世人去也。」〔註141〕於是力勸元賢
出世，並傳授比丘大戒，完整了元賢的戒律。從此以後，兩人來往密切，時
常一起研究禪理、商議大事。〔註142〕由於廣印性格謙讓，再加上他對元賢的
肯定，因此他相當鼓勵僧俗弟子親近元賢。元賢的嗣法弟子為霖道霈，即是
先參謁於廣印，而廣印要他轉請益於元賢的。〔註143〕就連元賢的入主鼓山，
也是廣印所薦舉。廣印與元賢兩人之間，互敬互助，絲毫不見有爭徒奪利等
情事發生。崇禎七年（1634）元賢住持鼓山，自謙為庵主，只說戒不上堂。
同年又作《淨慈要語》，收集念佛放生的要語而成，「淨慈」乃是廣印所住的
庵名。由元賢的謙讓、重戒、重淨，及以庵名為書名，都不難看出廣印對他
的影響。

　　崇禎八年（1635）廣印七十歲，元賢特地以詩偈為他祝壽，詩中盛讚廣
印對於袾宏精神的承繼與弘揚，並感念他對於閩地佛教的貢獻。〔註144〕但在
崇禎十年（1637）冬，廣印就示寂了。元賢一接到訃文，立刻趕往浙江弔唁。
元賢為廣印建塔作銘，處理一切佛事，並刊印發行語錄。〔註145〕廣印遺囑元

　　　　過於簡短。元賢的〈塔銘〉已知記錄聞谷廣印生平事蹟最詳盡者。
〔註140〕後擴寫成一百二十九首，現收入《廣錄》卷21，頁625～637。關於明代「諸
　　　　祖道影」的成書、增補情形，可參見蘇美女〈女性禪師的道影——由「寫真
　　　　與名言」探析祇園禪師之形象〉（收入《佛學研究中心學報》，頁235～285）
　　　　一文，頁243～244的介紹。
〔註141〕林之蕃，〈行業曲記〉，《廣錄》卷30，頁785；潘晉臺，〈永覺傳〉，《廣錄》
　　　　卷30，頁789。
〔註142〕在元賢《廣錄》中，收入多首元賢與廣印之間詩歌的唱和之作，如〈和聞大
　　　　師登昇山掃祖塔〉、〈和聞大師登昇山掃祖塔〉、〈達摩洞次聞大師韻〉（卷24，
　　　　頁679、卷25，頁686、卷26，頁696）又元賢自陳他對於《金剛經》的重
　　　　視，亦是受廣印影響所致。（詳卷13，〈金剛潰蒙序〉，頁546。）
〔註143〕有關元賢與道霈間的師徒因緣，詳見本節第四目。
〔註144〕〈祝聞大師七十壽〉：「大道久沈晦，崛起稱雲棲。高蹤迥難企，惟師克嗣之。
　　　　法雲垂靉靆，大地遍流滋。我閩尤多辛，勞謙錫三移。振衣岁崱巁，一笑群
　　　　山低。空谷駭跫音，陰崖仰朝晞。惟願長住世，寶掌恆挈提。雪眉連鶴髮，
　　　　海國共瞻衣。」（《廣錄》卷24，頁670。）
〔註145〕聞谷廣印之語錄今不見收於大藏，亦不見有單行本傳世，似乎已經佚失。在
　　　　明胡文煥所編《十牛圖頌》（《卍續藏》113冊，頁922。）中，收有廣印的頌，
　　　　是今所能見的少數資料之一。

賢代爲住持眞寂，〔註146〕元賢也因此在眞寂住了五年，直到崇禎十四年（1641）才離開。元賢放下鼓山，一住就是五年，〔註147〕還特別將難得的舍利，安置在眞寂，可見得他對廣印託付的重視。即便後來元賢回住鼓山，也時常往來於浙江、福建之間。

對於廣印能卓然獨立於窳劣的明末教界中，元賢相當的敬佩，〔註148〕並積極爭取廣印的入燈錄。〔註149〕在元賢的心目中，明末佛教界最值得他師法的，就是慧經、袾宏與廣印。他在〈雲棲壽昌眞寂三大師贊〉中說：「三師併出，日照昏衢，或禪或教，異路同趨，承前啓後，作眾良模。吾雖不敏，願學之而未能者乎？」〔註150〕元賢嗣法於慧經，他將袾宏與廣印和其師並論，可見得他對於二人的推崇。而從他「或禪或教，異路同趨」的認同，及「吾雖不敏，願學之而未能者乎」的言論，也可知袾宏、廣印對他的影響。廣印與元賢兩人雖然沒有師徒之名，但卻有師徒之實。因此元賢在正式開堂時，特別標舉自己「禪本壽昌，戒本眞寂」；〔註151〕崇禎十年（1637）元賢在祭拜廣印時，亦自稱爲「住福州鼓山湧泉禪寺稟戒弟子某」。〔註152〕在元賢的心目中，廣印的地位實與慧經等齊。

〔註146〕《廣錄》中收有〈爲聞谷大師起龕〉、〈爲聞谷大師掛眞〉、〈爲聞谷大師封塔〉等文。詳見卷8，頁487。

〔註147〕元賢居寶善期間，鼓山住持之位一直空虛著。崇禎十四年（1641）間雖有覺浪道盛入住，但只短暫住了半年。詳見清·黃任，《鼓山志》，收入《中國佛寺史志匯刊·第一輯》49冊，頁215。

〔註148〕元賢在〈眞寂聞谷大師塔銘并序〉中說道：「入明來，祖席荒涼，稀若晨星，加之，狂慧競張，濫觴已極，於此非有人，焉能爲之防橫決之波，迴旣倒之瀾，其如眾生何哉？吾於武林聞谷大師，……師雖洞透祖關，而懲世俗之弊，終不以悟自居。……其問答語句，則機辯自在，絕無定軌，然皆嚴誡不許錄，故知者鮮矣。大抵師之一言一行，無非力爲大法隄防。」（《廣錄》卷18，頁609～612）對於廣印力挽狂瀾、護持大法的精神，元賢是相當崇敬的。

〔註149〕元賢，《鼓山晚錄》（收入《近世漢籍叢刊·思想四編》（日本京都，中文出版社，1984年）第9冊），〈最後語·答三宜和尚書〉：「又《續略》（指遠門淨柱撰於崇禎十七年（1644）《五燈會元續略》，現收於收於《卍續藏》138冊）中，養庵、雪庭俱已收入，眞寂大師獨遺，不知何故？某謂大師不受龍池之囑，屢請不肯開堂，已是雲棲之後一人，其見地操履，豈養庵輩所可望其一二者乎？乞爲添入可也。」（頁7641）

〔註150〕《廣錄》卷21，頁641～642。

〔註151〕潘晉臺，〈永覺傳〉，《廣錄》卷30，頁790。

〔註152〕引自《廣錄》卷16，〈祭眞寂聞谷大師〉，頁584。而潘晉臺，〈永覺傳〉中也說他「禪本壽昌，戒本眞寂。」（頁790）

四、爲霖道霈

　　爲霖道霈（1615～1702），號旅泊、非家叟，俗姓丁，福建建安人。幼習儒業，年十四（1628）入白雲寺出家，研習經教。崇禎五年（1632）聞谷廣印入閩，住汾常寶善庵。道霈相當崇敬廣印，一聽說他入閩，高興的直說「古佛猶在耶？」〔註153〕並立刻辭別剃度師前往參謁。當時只有十八歲的道霈，初見廣印便以「出生死路頭」相問。廣印並沒有以禪法相授，而授與「念佛畢竟成佛」之說。道霈從此深信不疑，終生爲禪淨雙修的奉行者。〔註154〕

　　一日道霈陪侍廣印山行，廣印忽然回頭告訴他：「噫！子可教也。惜余老，不能成褫子。此去東谿荷山，有永覺靜主，眞善知識也。子能傾心事之，必有所得。」〔註155〕廣印不僅肯定了道霈，同時還爲他指引出參學的道路；對於元賢，道霈早已聽聞其名號，此時又有聞谷的舉薦，他豈有不欣然接受之理？隔日正當道霈準備拜別廣印往荷山之時，適巧元賢前來寶善，廣印於是將道霈囑託給元賢，兩人的師徒緣分也由此展開。而「爲霖道霈」的法名，也是由廣印與元賢共同命名，廣印命「爲霖」，元賢取「道霈」而成。〔註156〕

　　初接道霈，元賢命他參看「趙州柏樹子」話頭，並同時要道霈砍柴挑水，修行於勞動中。崇禎七年（1634），元賢正式入主鼓山，道霈隨之前往。在鼓山期間，道霈學習各種經典，並時常獲得元賢的指導。四年後，道霈有感於自己未能有突破性的進展，於是離開鼓山，到杭州學習義學。這段期間的學習，奠定了道霈台賢性相諸教學的基礎。崇禎九年（1636），廣印遷化，元賢住眞寂處理佛事，道霈前往參見。正當道霈欲報告這幾年鑽研教理的心得時，元賢劈頭就問他：「柏樹子話作麼生？」道霈茫然不知所答。道霈自幼修儒學，於義學上頗有天賦，再加上幾年來的潛心學習，對於各家經旨無不通貫。元賢深知道霈問題所在，因此告誡道霈，沈溺於經教文字中，就如在大海裡細數沙粒一般，永遠不會有超脫的時候。「趙州柏樹子」話，就是要人超越對待分別的見解，直取眼前就是的本來風光。由於元賢的接引，道霈苦思數月，終於在臨濟「無位

〔註153〕道霈，〈旅泊幻跡〉，《爲霖道霈禪師還山錄》（《卍續藏》125 冊）卷 4，頁 975。〈旅泊幻跡〉是道霈在七十四歲（康熙二十七年，1688）時，應信眾之請所作的自傳，是難得的第一手資料。本文關於道霈的生平事蹟，多是參考是文而得。

〔註154〕〈旅泊幻跡〉，《爲霖道霈禪師還山錄》卷 4，頁 975。

〔註155〕〈旅泊幻跡〉，《爲霖道霈禪師還山錄》卷 4，頁 975。

〔註156〕〈旅泊幻跡〉，《爲霖道霈禪師還山錄》卷 4，頁 974。

真人」之語上有所省悟，從此對諸家語錄再也無滯礙。這是他第一次參悟體驗。當道霈向元賢報告時，元賢以機鋒相對，告訴道霈要再努力參究，以求在悟境上更上層樓。自此道霈放棄講席，專心於禪修。〔註157〕

道霈離開元賢後，在密雲圓悟處參究了八個月，但心中的疑惑一直無法解答，於是他又回到真寂請示元賢。道霈告訴元賢自己所悟時，元賢回答他：「子已入門，但未升堂入室耳。」〔註158〕道霈接著在天目山修高峰妙原的生死關，一年後重回真寂受大戒，隨即回福建省親。從崇禎十二年（1639）到順治七年（1650）這段期間，道霈都在閩地的山林裡隱居，過著修行、寫作的生活。崇禎十五年（1642）元賢重回鼓山，道霈也因此有了更多請益的機會。

順治八年（1651）道霈回鼓山擔任維那一職。在擔任維那期間，道霈時常向元賢報告禪修心得，但是都得不到認可，這讓道霈感到非常的沮喪。直到有一次：

> 老和尚謂余曰：「子還知病之所在否？」余曰：「不知。」老和尚曰：「雲門云：『達得一切法空隱隱地，似有箇物。』豈非子之病耶？」余沈吟良久，曰：「正坐此耳。」老和尚曰：「無妨放下，便穩也。」余便禮拜。一日堂中靜坐，聞放生所中，群鵝噪鳴于耳根中，三真實法，一時現前，動靜二相，了然不生。〔註159〕

道霈將所得告訴元賢，元賢告訴他：「前皆識境，此智境也，宜善保護。」〔註160〕至於道霈真正的徹悟，則要待下次的機緣。一日元賢舉馬祖接引龐居士的悟道機緣問大眾：

> 「諸人各能為馬祖出氣，老僧看來，馬祖語亦只得八成，還有道得十成語者麼？」余下語不契，被老和尚呵出，歸堂一夜不安。將抽解，捲簾出堂，正迷悶，不覺撞破石門，乃廓然開解，泮然冰釋。〔註161〕

道霈於天明向元賢呈偈，元賢微笑認可，並囑咐他：「此事高而無頂，深而無底，不可以限量心入無限量法，須于一切處及得淨盡，始可保任。」〔註162〕

〔註157〕道霈〈祭文〉中言：「一日因讀臨濟語有省，和尚欣然撫之曰：『子已入門矣，宜加精進，勿怠！』道霈益激屬，於是即棄講席。」（《為霖道霈秉拂語錄》卷下，頁812。）

〔註158〕道霈，〈旅泊幻跡〉，《為霖道霈禪師還山錄》卷4，頁976。

〔註159〕道霈，〈旅泊幻跡〉，《為霖道霈禪師還山錄》卷4，頁976。

〔註160〕道霈，〈旅泊幻跡〉，《為霖道霈禪師還山錄》卷4，頁976。

〔註161〕道霈，〈旅泊幻跡〉，《為霖道霈禪師還山錄》卷4，頁977。

〔註162〕道霈，〈旅泊幻跡〉，《為霖道霈禪師還山錄》卷4，頁977。

是年道霈三十八歲。

在道霈幾次的禪悟體驗中，元賢都扮演著關鍵的接引角色，並且不斷提醒他向上提升與保任的重要，即便在他大徹大悟之後亦然。因此道霈便在隔年（順治十年，1653）離開湧泉，到建寧閉關三年自我鍛鍊。在這期間，元賢與道霈時有書信往來。元賢並期勉道霈，末法之世不應只是獨善其身，更要為振興法運而努力才是。道霈在順治十二年（1655）出關，重回鼓山湧泉寺。元賢欣喜相迎，並要他歸堂。道霈於是常住鼓山，他自言這段期間：「（元賢）日加淘煉，深資智證。」〔註163〕順治十三年（1657）正月，元賢將袈裟與拂塵交給道霈，正式付囑源流。元賢一生謹慎，對於法脈的傳承更是慎重。他開堂三十年，從未輕許過任何一個人，直到八十歲時，才將衣缽付囑給道霈，可見得他對道霈的肯定。付法後，元賢即不再上堂，由道霈代師秉拂說法。對於道霈的說法，元賢給予了極高的評價。是年十月元賢入滅，隔年（順治十四年，1658）正月，道霈正式接掌鼓山。

元賢入滅後，道霈為他處理一切的佛事，並撰寫了〈先和尚歸真記〉、〈最後語序〉、〈祭文一〉、〈祭文二〉、〈塔誌〉、〈起龕告文〉、〈封塔告文〉等七篇文章，集為《鵠林哀悃》，〔註164〕文中充分表達了道霈對於元賢的敬佩與感念。三年後（順治十六年，1659），道霈整理元賢相關著作，編輯成《永覺元賢廣錄》三十卷，以發揚師道。

道霈兩度住持鼓山，第一次是順治十四年（1658）至康熙十年（1671），〔註165〕第二次是康熙二十三年（1684）至康熙四十一年（1702），前後共住持三十三年。元賢付拂塵時，曾經期勉道霈「逆風把舵千鈞力，方能永定太平基」，〔註166〕道霈果然沒有令元賢失望。道霈住持期間「禪教兼行，淨律並開，福緣廣大，撰述豐富，一時法門之盛，人稱古佛再世」。〔註167〕

和元賢一樣，道霈相當重視經教的功用，因此佛典的疏通與刊刻，成為

〔註163〕道霈，〈旅泊幻跡〉，《為霖道霈禪師還山錄》卷4，頁977。

〔註164〕收入道霈《為霖道霈禪師秉拂語錄》卷下，頁810～815。

〔註165〕道霈離開鼓山的原因，乃是因為覺浪道盛的法嗣石潮大寧覬覦住持之位，硬是把道霈趕離鼓山。然而大寧並沒有如願獲得住持之位，因為信眾根本不支持他。鼓山住持也就因此空虛下來。道霈最後才在鼓山僧眾不斷延請下，重回鼓山掌住持之職。參見莊崑木，〈為霖道霈的生平與著作〉，《正觀雜誌》2002年9月25日，頁132～136。

〔註166〕道霈，〈旅泊幻跡〉，《為霖道霈禪師還山錄》卷4，頁977。

〔註167〕《鼓山志》，頁216。

他佛教事業的重要部分。他一生著作宏富,有《秉拂語錄》、《禪海十珍》、《淨業常課》、《八十八佛懺》、《華嚴疏論纂要》、《聖箭堂述古》等二十八種,共一百九十六卷。〔註168〕道霈主張會通禪教、嚴守戒律、雙修禪淨、並行儒釋,同時也重視懺法和佛事儀規,使佛法廣被各種不同根器的眾生。道霈繼承元賢的衣缽,廣開各種法門,他的眼界是當時無人能及的。由於道霈的經營,使鼓山成為包羅佛教一切法門的派別,為近代禪宗奠下發展的基本雛形。

日僧連山交易曾評論元賢與道霈:「無此父無此子也。嗚呼!父子道契,針戒相投。盛德大業,無以為喻。」〔註169〕師徒兩人戒行圓滿、高風亮節,不僅大興曹洞宗風,也為鼓山奠下永世的基礎,可以說是子承父業、克紹箕裘的最好典範。

第四節　小結——元賢生平述評

一、關於生平

元賢出生於福建建陽,這是一個位於中國東南隅的小鎮,離政治中心有千里之遙。但是自從南宋以後,文化中心逐漸南移,到明末時東南一帶,已成為陽明學與禪學最興盛的地方。黃宗羲在《明儒學案》中,將明代學術分成八個部分論述,其中東南地區就佔了大半,而內容更佔全書的百分之七十以上。特別是明中晚期以後,東南更取代中原,成為文化中心。〔註170〕在禪學方面,「萬曆而后,宗風復振,東南為盛」〔註171〕、「竺乾一時尊宿,盡在東南。」〔註172〕根據釋聖嚴的統計,明末一百一十七位禪者中,生於東南者就有七十三人,佔

〔註168〕根據莊崑木的研究,道霈的著作,不包括編輯類、重編及單篇文章,共計有二十六種。(詳〈為霖道霈的生平與著作〉,頁147~176)邱高興在《一枝獨秀:清代禪宗隆興》(瀋陽:遼寧人民出版社,1997年)一書中,則言有二十三種。(頁180)

〔註169〕收入《為霖道霈禪師秉拂語錄》卷下,頁815。

〔註170〕黃宗羲將明代的學術分成:崇仁、白沙、河東、三原、姚江、浙中、江右、南中、楚中、北方王門、粵閩王門、止修、泰州等八個學案,大部分都在東南地區。而晚明盛行的泰州學派,亦是以江南為主要的流傳地。參見《明儒學案》收入《黃宗羲全集》第七、八集,江蘇:浙江古籍出版社,1992年。

〔註171〕《明末滇黔佛教考》,〈序〉,頁1。

〔註172〕明‧沈德符,《萬曆野獲編》(收入《筆記小說大觀》第15編)卷27,〈釋道〉,頁693。

百分之六十二以上，而光是浙江與福建兩地，就有四十二人。〔註173〕足見這一帶文化的興盛。因此元賢雖然一生未離開浙閩等地，〔註174〕但卻足以獲得充分的文化刺激。再者，滿清入關以後，舊明帝室受到壓迫，不斷地向南遷；最後清兵與鄭成功戰於福建沿海、遺民以廣東爲反清據點，這又使閩粵成爲軍事要地。故元賢雖然身處隅地，卻不是遺世獨立，而是與時代有著密切的互動。

元賢自幼接受良好的教育，更躋身邑生之列，但是他卻出走於儒學，這除了是個人氣質外，也與當時的學風與科舉制度有關。以八股取士的明代科舉，不僅規定論文的形式，內容也限定在朱註的範圍。科舉制度的朱學，早已失去道德實踐的意義，成爲士子干祿的工具。僵化的選才制度、粥多僧少的激烈競爭，再加上明末惡質的官場文化，使得功名利祿的角逐，成爲一種病態。明末清初的章回小說《儒林外史》即對這一現象，作了深刻的描繪與嘲諷。年少即對性命之學特別感興趣的元賢，自然會對如此惡質競爭的干祿之學，產生強烈的疏離、排斥感，他就曾經有「儒重功名眞已喪」〔註175〕的感慨。元賢正式受教育在萬曆十二年（1584）前後，此時正是陽明後學最活躍的時期。陽明學的開放性質，拉近了儒佛之間的距離，儒生出入佛老成爲一種常態；如此的學術氛圍，爲元賢提供了由儒入釋的契機。雖然儒學無法安頓元賢的生命，但是年少時期的儒學教育，使他具有深厚的文化根底。元賢出家後，得以深入佛教哲理、會通儒釋、著書立說，不得不歸功於在家期間所受的教育。〔註176〕而由他出家後對於孝道、忠友的提倡，自許以「救儒禪」爲職志等，都不難看出四十年儒者生涯對他的影響。

在當時的叢林，僧侶剃度的年齡，普遍在二十歲左右。〔註177〕元賢出家時已年屆四十，甚至早已過了開悟的黃金時間。〔註178〕人到中年才出家，世

〔註173〕參見釋聖嚴，《明末佛教研究》，頁21～24。

〔註174〕元賢除了在江西博山能仁寺待過三年外，其他活動範圍都不出浙江與福建兩省；若就今日的地理劃分而論，也只及浙、閩、粵三地。

〔註175〕《廣錄》卷24，〈病中示眾〉，頁667。

〔註176〕元賢出家前所受的教育，對他出家後的發展有其正面的意義。就如釋聖嚴在詮釋明末佛教時曾說：「明末禪宗的隆盛，與當時禪僧的教育程度，有密切的關係。」（《明末中國佛教研究》，頁46。）

〔註177〕明末的僧侶出家的年紀多在二十歲上下，蓮池袾宏三十一、紫柏眞可十七、憨山德清十九、無異元來十六、密雲圓悟二十九、天隱圓修二十四、漢月法藏十五。元賢遲至二十五歲才參拜慧經，四十歲才出家，較其他僧侶爲晚。

〔註178〕根據釋聖嚴的研究，明末出家僧侶開悟多在「二十歲至四十歲間，尤其是二十歲至三十歲的十年期間，是特別重要的黃金時代。」（《明末佛教研究》，頁

俗的種種習氣已經養成，若非深根厚器，很難不隨波逐流。〔註179〕但審視元賢出家後的參悟歷程，其道心之堅固、用功之勇猛，實有過人的決心與毅力。

元賢在初參慧經時，已經二十六歲，當時他具有弟子員的身份，又在此前一年對於《楞嚴》等經用力過一段時間，因此有相當的自信。但是對於禪，他全然無所入，因此慧經才會要他參「南泉斬貓」話，此話的重點在於截斷參學者有、無相對之執見。〔註180〕但是元賢還是不能有所領悟，因此慧經又要他學默照。默照意味著放下，要修行者拋開一切尋求、執著、期望，摘下所有忙亂和分別思想，讓心恢復到原本的自然澄淨。〔註181〕元賢在出家之後，慧經以禪機相接，並要他在悟境上的不斷翻升，即便真正開悟也要再深入經藏。這個由文字入，到枯木禪、看話禪，又回到文字的參修歷程，對於元賢的禪法思想，不論是心性論、禪修理論，都造成極大的影響。就這個層面而言，元賢的禪法是以切身的經驗為根據，因此實踐意味相當的濃厚。

元賢在正式依止慧經之後的第二年（萬曆四十六年，1618），慧經就示寂了。跟隨在慧經身邊的日子，元賢雖然有所得，但是尚未到見性的境地。他真正的徹悟是在天啟三年（1623），距離慧經遷化已經有將近五年的時間。依照禪宗的譜系，慧經的嗣法有：無異元來、晦臺元鏡、見如元謐、永覺元賢等四人。而其中慧經公開印可的只有無異元來一人。晦臺元鏡被印可於萬曆三十八年（1610），根據覺浪道盛〈武夷第一代禪祖東苑鏡公大師塔銘并序〉的記載，時元鏡參悟有所得，赴壽昌呈偈，獲得慧經的印可。慧經並特別囑咐：「子從此深隱去，自有機緣成就。若強出為人，便可惜也。」〔註182〕因此元鏡低調行事，並未誇稱源流、開堂說法。見如元謐則是「先和尚臨終，以衲衣付予。」〔註183〕至於元賢則是在他出家不久、慧經示寂前，曾密受心印。〔註184〕由於三人的付

70。）

〔註179〕參見釋聖嚴《律制生活》（臺北：東初出版社，1993年11月），頁3。

〔註180〕根據圜悟克勤的評唱，此話的意義在：「此事軒知，如此分明，不在情塵意見上討。若向情塵意見上討，則辜負南泉去。但向當鋒劍刃上看，是有也得，無也得，不有不無也得。」（宋・重顯頌古、克勤評，《佛果圜悟禪師碧嚴錄》（《大正藏》48冊）卷7，頁194c）。

〔註181〕參照釋聖嚴、丹・史蒂文生著，梁永安譯，《牛的印跡》（臺北：商周出版社，2002年10月），頁220～232。

〔註182〕收入《見如元謐禪師語錄》（《卍續藏》125冊），頁91。

〔註183〕引自元謐〈行實〉，由元謐口述弟子記載。收入《見如謐禪師語錄》，頁108。

〔註184〕語出元賢七十五歲時的自述。詳見《廣錄》卷18，〈壽塔銘有序〉，頁617。又《鼓山志》有「（元賢）禮無明壽昌和尚出家，密受心印。」（頁214）。

法，並非透過公開的儀式，這使得他們的嗣法身分受到質疑，《五燈嚴統》即以他們未承付囑，而將他們摒除在慧經門下。〔註185〕雖然元賢等人的身分在《嚴統》中受到質疑，但這只是《嚴統》的立場，其他的燈錄僧史，都以三人爲慧經嗣法。因此在禪宗史上，元賢的付法地位是受肯定的。

二、關於著作

　　元賢的著作相當豐富，即便是在文字盛行的明末，也是相當的可觀，在禪宗史上是更是特殊。〔註186〕元賢著作的多產，除了與他儒士出身的背景有關外，另一方面也可是視爲他對當時禪風的一種回應。細審元賢的作品，可以發現，除了《洞上古轍》的發揮曹洞宗旨外，其他相關著作如《律學發軔》、《金剛略疏》、《心經指掌》之類，都是些都是淺顯易懂的入門書籍。可見元賢的注經疏解，目的乃是在於普及佛學思想，而非自身哲學理論的建構。畢竟眾生並非人人都是利根之器，基礎佛學的素養，方才是眞參實修的第一步。因此，元賢特別重視僧伽的教育與基礎佛書的印行。

　　元賢的著作中，份量佔最多者，莫過於燈錄和寺志。在他二十種八十餘卷的著作中，關於燈錄寺志的部分，就有六種近三十卷，佔其著作的三分之一以上。元賢對於史料的收集與編修，可謂不遺餘力。關於史傳燈錄的部分，他著有《建州弘釋錄》、《繼燈錄》、《補燈錄》等三部，共計十卷。《補燈錄》今已遺佚，難以窺知內容。但由《建州弘釋錄》與《繼燈錄》二書的內容，就可以得知，元賢特重福建一地相關釋教人事資料的收集。《建州弘釋錄》是一地的佛史傳記，自是針對建州所立，無須贅言，然而即便是在《繼燈錄》中，亦是如此。《繼燈錄》在書成之前，《五燈續略》已先出，於是元賢取《續略》，相互參校、補輯成書。雖然如此，元賢的《繼燈錄》仍有與《五燈續略》並存的價值。原因就在於他對福建地區衲僧資料的輯錄，補足了《五燈續略》的缺漏。且其中有許多資料，都是初見於燈錄中，對於福建佛教史料的保存具有重要的意義。

〔註185〕《五燈嚴統》〈凡例〉言：「壽昌嗣法，僅者博山元來。如元鏡、元謐、元賢等，未成付囑，諸方共聞。茲刻也原以嚴覈統系，塞近代濫觴之門，何敢私順人情，開後來借竊之實？不輕載筆者，蓋慎之也。」（《卍續藏》，139 冊，頁 7）。《五燈嚴統》爲臨濟僧費隱通融所作，是書不按史實、壓抑曹洞，在當時即引起很大的爭論。

〔註186〕明末禪師們的著作，較之前代爲多。但是如元賢著作之數目之豐、種類之廣，在明末正統宗門中居冠。

在寺志方面，元賢前後編修過《開元寺志》、《鼓山寺志》、《靈光北禪事蹟合刻》三書。三部寺志雖然篇幅長短不一，但是對於該寺的歷史沿革、山形地勢、名勝古蹟、寺田山產、石刻文藝等都有記載，篇幅長者豐富、短者精要，都完整的收集保存了寺院相關的文史資料。開元、鼓山、靈光、北禪四寺都位於福建，元賢諸寺志的編修，記錄了福建一地寺院的發展，具有相當的價值與意義。此外由元賢對於寺志的重視，也可一窺其對於寺院歷史傳承與永續經營的重視。

史傳寺志的編修是件繁重枯燥的工作，元賢何以會置入如此多的心思？因為他希望透過寺院沿革的記載，讓一寺的歷史得以永久流傳，並藉此喚起後人永續經營的使命感。僧傳的編修的目的，則是在於為後人樹立起效法的典範，喚醒後人起而效尤的動力。因此元賢對於文史的重視，實是他宗教復興事業的一環。

三、關於師承

慧經、元來、廣印這三人對於元賢的影響是不言可喻的，這在前文已經提及。而在這一部份所要討論的是：元賢與這些師友的互動情形，以及這些人的共同特質；並與明末佛教環境相互結合討論，作一扼要的比較，以凸顯慧經這一系，特別是鼓山禪一脈相承的特色。

慧經、元來、廣印三人，他們有某些共同特質是值得提出的。首先這三人都是遍訪諸師，再經過長時間的參究話頭而悟。因此他們都認為所謂的「禪」、「真理」不是可以用言語、思想分別而來，契入真理的方法就「參話頭」。而話頭的參究，是必須以對生死的迫切作為前提，從話頭上用力參究。他們一律強調真參實究的重要，因此對於當時流行的評唱、頌古都不表認可，更遑論如優人戲子般的棒喝狂禪。因此他們的禪法，特別的強調基本工夫的落實。

有鑑於明末佛門自詡嫡傳宗師、爭相開山建寺的窳敗風氣，慧經等人對於「出世」、「住持」都自覺性的低調。雖然三人在當時都極富聲望，信眾數以千計，但是他們並沒有藉此擴張勢力。特別是慧經和廣印：慧經不作佛事、不趨從顯貴；廣印終生不以悟自居，對於開堂說法的延請，也總是委婉拒絕。他們刻意與世俗保持一定的距離，此與明末一些汲汲營營的僧眾，形成強烈的對比。

由於真參實修的強調、對叢林趨營走辦風氣的不恥，因此不論是慧經、元來，或是廣印，對於名位的追求、權力的爭取，都顯得極為淡薄。慧經獲

常忠印可後，隱居峨峰二十四年，後才應諸方之請，住持寶方寺。元來與元賢為法門昆仲，彼此之間並沒有權勢傾軋的鬥爭，有的是作為法門道侶的相互提攜。至於廣印更是以謙讓自持，以當時叢林耆老對他的賞識，若要獲得權位易如反掌，但他卻在當下遠走深山，隱居修行。廣印在遇到元賢之後，更沒有「同行相忌」的情結。雖說元賢師出別門，但廣印卻大加的讚賞；僧俗二眾有問道者，他每以自身老邁無法接引，而要信眾轉請益於元賢。反觀當時的叢林，姑且不論一般的愚凡僧眾，就是臨濟宗門內部，也是師徒諍訟、兄弟鬩牆。〔註187〕相對於明末佛門爭權奪利、相互謾罵的普遍現象，慧經等人的行止，更是可敬可佩。

　　雖說慧經等人的行事風格相當低調，但是並不表示他們對於世事冷漠不聞。相反的，面對明末叢林的窳爛，他們有著強烈的危機意識。除了真參實修的強調之外，他們各自提出了不同的方法，希望能夠遏止禪風的疏狂。慧經主張農禪合一，透過勞動將禪法落實在生活中，使禪不再陷於心性的空談。元來不從公案、評唱著手，而轉對禪修的進路、禪病、境界等歷程的詳細論述；透過禪修方法的解說，使後學有途徑可依循，避免空說頓悟的疏狂。廣印自己是由話頭的參究而徹悟，但有見於晚明社會風氣的暴戾，他對於念佛放生的強調，反而超過了對看話頭的提倡。他以慈心培養為第一步，希望藉此改善風氣。此外，他還特別重視戒律，希望透過外在的規範以啟發內在的善良。對於禪法，慧經等人都不高談禪悟、空談見性，他們看到了當時人根基的薄弱與習氣的濁重，因此特別注重基礎工夫的落實。雖然三人所強調的重點不盡相同，但是對於明末佛教弊病的觀察是一致的，從事改革禪風的目標也是一致的。

　　再者，就是慧經等人對於法脈傳承的看法。在明末叢林中，對於法派有著兩極化的意見。基本上臨濟宗師最重宗門嫡傳的意義，強調唯有透過親稟面授、師師相承的傳法過程，才能確保宗門的純正性。而曹洞常潤系下的湛然圓澄，雖有「悟後不一定求人印證」與「無師不妨修證」〔註188〕的言論，但是從他批評紫柏真可的罹難，是因沒有源流而受佛祖的懲罰，就可以知道他對於法派傳承的重視。〔註189〕至於尊宿則普遍認為徒具形式的嗣法關係，

〔註187〕相關的諍訟可參見陳垣〈清初僧諍記〉，《現代佛教學術叢刊》15冊，頁193～273。

〔註188〕詳見《湛然圓澄禪師語錄》（《卍續藏》126冊），頁322～323。

〔註189〕明‧圓澄，《湛然禪師宗門或問》：「故老人於戒定智慧曾無虧缺，獨絕師承損其行耳。……由是而觀，老人雖有超師之作焉，忍棄其源流也。其源流一絕

是沒有任何意義的。總而言之，正統宗門的禪師多重法派，而尊宿則傾向於嗣德不嗣法的態度。〔註190〕

廣印雖在當時叢林頗得耆老青眼，但是對於尋求正統宗門的認可他並不熱衷，他關心的是自己修悟境界的提升。慧經與元來雖然身爲正統宗門的禪師，但是對於確保佛法純正性的努力，遠高過於對僧團勢力擴張的關心。慧經嗣法只有四人，元來更明白的表示：「蓋宗乘門中事，貴在心髓相符，不獨在門庭相紹。……所以寧不得人，勿受非器。不得人者，嗣雖絕而道眞，自無傷於大法。」〔註191〕一個正統宗門的禪師，能以如此開闊的視野，論述宗派問題，可謂相當的有眼界。再反觀當時臨濟一系，他們再三強調嫡傳正宗的重要，〔註192〕但是單是圓悟就印可了十二人，也難怪會遭來「爛付非人」的批評。〔註193〕就正統宗門而言，臨濟圓悟一系與曹洞慧經一系對於法派的意見，孰是孰非，無庸贅言。畢竟眞參實修、開悟見性，才是禪門最終極的目標。

影響元賢最重要的三個人，他們對於明末叢林風氣的腐敗，有著自覺性的反省，有著改革的使命感。雖然重點不盡相同，表現的方法也不完全一樣，但都有強調眞參實修、力挽疏狂禪風、嚴守法門等共同特質。而這些特質，無疑的也傳承到元賢身上。

也，使後世邪慢之輩效學其疵，而佛法不滅則幾希矣。故佛祖不欲斷其血脈，於此特嚴其報應也。」(《卍續藏》126 冊，附錄，頁 349～350。)

〔註190〕有關尊宿對於法派的意見，詳見釋聖嚴《明末佛教研究》，頁 53～56。

〔註191〕《無異元來禪師廣錄》卷 23，頁 287～288。

〔註192〕有關臨濟一派對於法派的意見，詳見釋聖嚴《明末佛教研究》，頁 49～53。

〔註193〕唐元竑重訂〈天童密雲禪師年譜〉，收入《密圓禪師語錄》(《嘉興藏》10 冊)卷 13，頁 82。

第三章　永覺元賢的宗教志業

第一節　明末清初的佛教環境

一、明末清初佛教的興盛

（一）帝王的崇信與庶民的信仰

　　明太祖朱元璋相當重視宗教政策，因此在立國之初，就大規模的進行宗教整頓，訂定了許多的清教政策。〔註1〕在加強對僧團統治的同時，明太祖也肯定宗教教化人心的功能。所以除了制約政策外，又有懷柔禮遇的措施；他自己亦以護教者的身份自居。〔註2〕佛教「暗助王綱」的地位，在明朝建國之初就獲得了確立。大抵而言，有明一代的帝王，對於佛教大多相當的崇敬。〔註3〕佛教在明代的發展，並沒有受到太大的限制。而且許多宗教的限制政策，在太祖後就逐漸的放寬；隨著政策的日漸鬆弛，佛教的發展空間也就日益增大。〔註4〕

〔註1〕有關明太祖的佛教政策，詳見明・幻輪《釋氏稽古錄續集》（《卍續藏》133
　　　　冊）卷2，頁244～260。
〔註2〕參見釋見曄，〈明太祖的佛教政策及其因由之探討〉，《東方宗教研究》1993
　　　　年10月，頁68～101。
〔註3〕明世宗（1522～1566）是唯一的例外。世宗信奉道教，企求長生不老，自封
　　　　為真人、帝君。由於崇道，他極力的排佛，更有毀佛像、焚佛骨的激烈舉動。
　　　　詳見明・沈德符，《萬曆野獲編》（《筆記小說大觀》15編）卷27，〈釋教盛衰〉，
　　　　頁679；明・沈朝陽，《皇明嘉隆兩朝見聞錄》（臺北：臺灣學生書局，1985
　　　　年11月），頁444。
〔註4〕僧人的遊方限令與限田政策，在成祖時就已經廢除。（詳見《釋氏稽古錄續集》

　　特別是在萬曆以後，由於神宗皇帝的放任，佛教更是快速的發展起來。相較於對政事的冷淡，〔註5〕神宗對於佛教有著高度的熱情。不論是寺院建築的興修、僧侶禪師的封賞、大型法會的舉辦、佛典經藏的刊刻等等，朝廷都有相當程度的參與。皇帝、太后〔註6〕更親自抄經誦經，並時延請高僧入宮說法。〔註7〕萬曆一朝除了有帝室的支持外，又有內外環境的相互配合，〔註8〕使得佛教蓬勃快速的發展起來，史稱「萬曆佛教」；而所謂的明末佛教，也是由這個時期開始發展起來的。

　　神宗之後的諸帝，對於佛教也大都採取支持的態度。思宗雖然在初期喜好天主教與道教，對佛教採取較嚴屬的措施；但是由於崇禎朝內外交困，並沒有太多的餘力可以關注在宗教整頓上，改革的政策並沒有全面的落實，故不致於對佛教發展造成太大的影響。更何況思宗在崇禎十三年（1640）後，還改變了他原有的排佛態度，轉為信奉佛教。〔註9〕總而言之，明末萬曆、天啟、崇禎三朝，對於佛教都算是相當的禮遇。

　　甲申鼎革，滿人入主中原，成為中國的統治者。雖然滿人的原始信仰是薩滿教，但是在入關之前，佛教早已流行於滿州各部族。〔註10〕對於入關後

卷3，頁267；《明史》卷150，〈虞謙傳〉，頁4167）。雖然在文獻上，也時見大臣力陳限制僧道、整頓教團的建言，但大都只是一時的政策，並沒有徹底的執行，因此有明一朝的僧道人數，不斷地增加。

〔註5〕 大抵在萬曆二十年（1952）後，神宗即不再上朝。不僅如此，傳入宮中的奏章，不論是國防軍備、財經政策、朝中大小事情，一概都置之不理。他是明朝在位最久、朝政怠忽最嚴重的皇帝。（詳見《明史》卷20、21，〈神宗本紀〉，頁271～295。）

〔註6〕 神宗的母親慈聖皇太后，對佛教亦有著高度的熱忱，更自封為佛，號「九蓮菩薩」。見《明史》卷120，〈諸王傳‧悼靈王慈煥傳〉，頁3659。

〔註7〕 關於萬曆朝帝室的崇佛，可參見陳玉女，〈明萬曆時期慈聖皇太后的崇佛〉，《歷史學報》1997年12月，頁195～245。

〔註8〕 萬曆十年（1582）首輔張居正過世，神宗與太后失去了制約，於是可以毫無忌憚的為所欲為。再者，政治控制力的減弱、陽明學的興盛、商業經濟的發達、文化事業的勃興等因素，都促成了佛教的興盛。

〔註9〕 對於佛教，思宗不僅較前朝嚴屬，甚至曾大肆破壞宮中的佛像、佛典。然而在禎十三年（1640）時，皇五子悼靈王慈煥病危，指稱九蓮菩薩現身在空中，並歷數皇室毀壞三寶和刻薄外戚的罪行，說完立即暴斃。思宗大為驚懼，從此改信奉佛教。詳見《明史》卷120，〈諸王傳‧悼靈王慈煥傳〉，頁3658～3659。

〔註10〕 有關滿人入關前的佛教信仰，可參見釋聖空，《清世宗與佛教》（臺北：中華佛研所碩士論文，2000年8月），附錄一〈清初三朝與西藏佛教的關係〉一文，頁213～241。

的清政府而言，佛教並非是一個全然陌生的異族宗教；再加上清廷對漢地文化採取容受的態度，因此明末佛教得以在清初繼續發展。雖然在《大清律例》也有些限制性的措施，但是對於一般僧團的影響並不大。〔註11〕不管是作為統治思想或是個人精神寄託，清初諸帝對佛教均表達了高度的興趣。世祖不僅親近喇嘛，對於臨濟諸僧亦相當禮遇，〔註12〕甚至曾考慮棄位出家。之後的聖祖康熙特別喜愛參訪佛寺，對於隱居的高僧，更不遺餘力的將之延請入京。繼後的世宗雍正對於佛教更是投入，不僅是政策上的提倡，更親自「深入經藏」，傳有《御選語錄》及《揀魔辨異錄》等書，並自號為圓明居士。由於清初諸帝的禮遇，佛教的發展環境，並沒有因為朝代鼎革，而有太大的改變。在明清朝廷正面態度的支持下，佛教獲得了充分的發展空間。

明末清初的佛教，並不僅只是執政者統治教化的工具，它實已深入民間，成為廣大中國民眾的基礎信仰。庶民參與佛教的方式，不同於知識份子，大多數民眾的佛教信仰，多是透過經懺法事等媒介而建立的。明太祖在立國之初，就將佛教分為禪、講、教三類，要求僧尼各依專業而行事。禪指禪宗，講指華嚴、天台諸宗，教則是指專門從事瑜珈法事的僧侶。〔註13〕教僧所舉辦的各種經懺佛事，被認可為具有安定人心、穩定社會的功能。教寺、教僧的獨立於禪講之外，在一定程度上反映出當時社會大眾，對於佛教各類法事有相當的需求，也可說是佛教深入民間、日益大眾化的表現。雖然庶民佛教並非正統佛教，甚至含有迷信化、低俗化的意識。但是由於其容受各種教義、接受各種實踐方法，救濟對象廣泛，最是符合佛教拯救生靈、普渡眾生的慈悲本懷。〔註14〕庶民佛教的發展，代表了佛教在中國社會的全面生根。

〔註11〕清朝的佛教政策大抵都依循明代舊制而來。雖然在《大清律例》中有不許私建寺院、私度僧尼、嚴屬制裁淫亂僧尼等規定，但其作用只在制止無業遊民進入僧團而已。對於佛教的整體發展，並沒有太多的限制政策。參見日‧鐮田茂雄著、關世謙譯，《中國佛教史》，頁247。

〔註12〕在順治十四年到十七年（1657～1660）間，世宗先後召憨璞性聰（1610～1666）、玉琳通琇（1614～1675）、木陳道忞（1596～1674）等禪師入內廷說法、賜號，並封玉琳通琇為國師。參見郭朋，《中國佛教思想史》下，頁470～472。

〔註13〕明‧幻輪，《釋氏稽古錄續集》卷2：「教者，演佛利濟之法，消一切現造之業，滌死者宿作之愆，以訓世人。」、「瑜伽顯密法事儀式，及諸真言密咒，盡行考較穩當，可為一定成規，行於天下諸山寺院，永遠遵守。為孝子順孫、慎終追遠之道，人民州里之間，祈禳伸請之用。」（頁246、248）

〔註14〕參見日‧中村元，《中國佛教發展史》上（臺北：天華出版社，1984年5月），

由於擁有廣大的信眾作為基礎，因此明末佛寺林立。根據統計，萬曆二十一年（1953）時，光是京城宛平縣境內，寺廟道觀就有五百七十五處之多。〔註15〕明代後期，南京寺院數量也高達六百處以上。〔註16〕由佛教寺宇數量之多、密度之高，就可知當時的佛教，已成為人民生活中不可或缺的一部份。〔註17〕這樣的盛況到一直持續到入清後，不僅浴佛會、盂蘭盆會、水陸法會、念佛會、放生會、受戒會等活動的經常舉辦，地獄輪迴、因果報應等思想，也普遍流行於民間。其實透過明末清初的小說，如《金瓶梅》、《西廂記》、《紅樓夢》等，即可窺見當時「家家阿彌陀，戶戶觀世音」的盛況。

佛教同時和道教、民間信仰取得了一定程度的協調，與人民生活更密切的聯繫在一起。佛教不僅鋪陳出死後的美好世界、為人民現世的苦難做出了解釋，同時還滿足了人民現世利益的要求。〔註18〕人們樂於參與各種佛教活動，以實際行動護持寺院、僧團，不論在金錢或物資上都有所貢獻。佛教有庶民的信仰作為後盾，信眾基礎更為厚實，發展也更加快速。〔註19〕

（二）士人的禪悅與高僧的輩出

明末佛教的興盛，心學思潮亦起了決定性的影響。陽明學起於明代中葉，雖然在張居正主政時，發展曾一度受阻。但隨著張居正的病逝與王陽明的入祀，心學便蓬勃發展成為晚明思想主流。〔註20〕儘管王陽明的學說是否為禪？

頁 476 對於庶民佛教的解釋。

〔註15〕 明・沈榜，《苑署雜記》（北京：北京古籍出版，1980 年）卷 19，〈言字・僧道〉，頁 223。

〔註16〕 詳見何孝榮，《明代南京寺院研究》（北京：中國社會科學出版，2000 年 12 月）一書的考證。（頁 142～154）

〔註17〕 明・謝肇淛在《五雜組》中就記錄了當時佛教流行的盛況：「今之釋教，殆遍天下。琳宇梵宮，盛於黌舍，諷誦咒唄，囂於弦歌。上自王宮貴人，下至婦人女子，每談禪拜佛，無不灑然色喜者。」（臺北：新興書局，1971 年版，卷 8，頁 658）；出於清乾隆年間彭紹升的《居士傳》也說：「上自冕旒簪貂，下及販夫婦孺，往往能響應玄言，刃游妙道。」（《卍續藏》149 冊，卷 40，〈陸與繩傳〉，頁 937）。

〔註18〕 參見日・中村元，《中國佛教發展史》上，頁 462；日・鐮田茂雄著、關世謙譯，《中國佛教史》，頁 241。

〔註19〕 明清佛教的興盛，庶民佛教的普及是不可或缺的一環。因此日籍學者中村元就將將明代佛教，直接標章為「庶民佛教」。參見《中國佛教發展史》上，頁 458。

〔註20〕 參見左東嶺，《王學與中晚期士人心態》（北京：人民文學出版社，2000 年 4 月），第四章〈陽明心學與晚明士人心態〉，頁 493～764。

學界仍有著不同的見解，但是他對於佛教理論方法的攫取與吸收，已是個不爭的事實。雖然陽明始終對禪保持著一定的距離與戒心，但隨著心學的發展，陽明後學越來越向佛教靠攏。到了泰州學派，幾乎人人皆涉佛，更不避諱談佛。其實不只是泰州學派，晚明時期東南的心學家，幾乎都與佛教有密切的關係。〔註21〕帶領學術發展的士大夫，人人爭相談禪論佛，帶動了禪風的興盛。由於士大夫間的禪悅之風大盛，參禪問道成為一種雅致、一種風氣。因此明末只要是稍具名氣的高僧大德，其座下弟子上百人、問道者上千人，都是非常普遍的現象。雲棲袾宏與俗弟子往來的信有二百多封，其中有四分之一的人有官品；〔註22〕而憨山德清與士大夫亦有密切的交往；〔註23〕眞可「無論宰官居士，望影歸心，見形折節者，不可億計」；〔註24〕元賢也是「問道受戒，不啻數萬人」。〔註25〕雖然億、萬可能只是個形容詞，但也足以說明士人對於禪佛的熱衷。

　　明末清初儒學界人才濟濟，佛教界也是高僧輩出。根據釋聖嚴的統計，光是明末到清初的二百年間，〔註26〕就出現了十四種燈錄，比任何一個時期所出的燈錄都多。燈錄的作者在編輯時，對於入籍的僧侶資料必有所捨；故可推知，當時禪林的盛況，應遠遠超過燈錄的呈現。明清時期的禪者，普遍擁有一定的文化水準，因此具有編輯、著述的能力。在這段期間，相關的禪宗典籍大量出現，單是從一五九五至一六五三年間，就出現了五十種，平均不到十四個月就有一種新的禪籍問世。〔註27〕這僅是根據《卍續藏》的收書統計而來，就得出超過中國以往任何一個朝代倍數以上的資料；若再參就《嘉興大藏經》及一些不入藏著作的收羅，實際上的數量又遠大過於此，足見明末清初這一時期，禪宗人才的鼎盛。這些佛教高僧不僅熟悉內典，對於外籍

〔註21〕關於陽明心學與禪學的關係，以及陽明後學對於禪學的趨近，留待第七章第一節在作詳細的討論。

〔註22〕參見克里斯廷‧于‧格林布萊特著、王世安譯，〈袾宏和晚明居士佛教〉，《世界宗教研究》1982年第3期，頁39。

〔註23〕根據統計，《憨山老人夢遊全集》卷十四至十八中，德清光是與曹溪一地的士大夫，有書信往來者，就超過九十多人。參見郭朋，《明清佛教》（福州：福建人民出版社，1982年），頁224。

〔註24〕德清，〈紫柏老人集序〉，收入《紫柏尊者全集》（《卍續藏經》126冊）卷首，頁619。

〔註25〕潘晉臺，〈永覺傳〉，《廣錄》卷30，頁789。

〔註26〕萬曆二十三年（1595）年起，至乾隆年（1794）止。

〔註27〕參見釋聖嚴，《明末佛教研究》，頁2～5。

亦有涉入。這使他們具有與儒者對話的能力，於此開啓了儒佛溝通的機制，同時也推動了佛教事業的發展。明末清初的佛門高僧，不僅擁有相當的知識程度，同時還具有高度的反省力與批判力，對於教內外的種種現象，紛紛提出各種改革意見。他們更以廣闊的胸襟，積極投入於社會關懷與社會救助的工作，展現出佛教慈悲普渡的精神。〔註28〕

由於佛門龍象的積極入世，再加上大批傾向禪學的居士，僧俗間往來頻繁。陳援菴《明季滇黔佛教考》言：「萬曆而後，禪風浸盛，士大夫無不談禪，僧亦無不欲與士夫結納。」〔註29〕僧侶與士大夫以相交爲雅，彼此「聲氣相求，函蓋相合」，〔註30〕相互推波助瀾的結果，使得儒釋二教同時展現出生機活潑的氣象。明末佛教之盛，若就實際參與的僧俗二眾言，應爲佛教傳入中國以來的最高峰。入清以後，由於高僧的持續住世與遺民的入僧，以及清帝室政策性的提倡，佛教依舊處於鼎盛的狀態。

二、明末清初佛教發展的潛在危機

雖然明朝並沒有作過全國性的寺院普查與僧團人數的統計，但是由各項資料的記載可以知道，若就參與人數與涉及層面而言，明末應是佛教傳入中國以來，最興盛的時期。佛教在明末，上至王宮貴族，中至士人鄉紳，下至黎民百姓，都有大批信奉支持者。佛教已深入各個階層，變成中國文化不可分的一部份。但是在這興盛的背後，卻也隱藏著極大的危機。

（一）關於政治層面

明代帝王雖然大多崇信佛教，但是身爲世俗至高的領導者，帝王對佛教也擁有絕對的統治權。不論是僧團的建置、僧侶的分類、活動的規範等等，無不在帝王的統制範圍內。雖然朝廷設有僧官制度，但是僧官位卑言輕，只能受制於官僚體系，並無實質的權力。〔註31〕景泰五年（1454），又發生度牒

〔註28〕夏清瑕〈晚明佛教復興的特點及傾向〉言：「面對晚明眾多的信眾和士大夫居士，佛教界高僧成爲具有核心斡旋作用的人，他們既與士大夫學佛者頻繁商榷，疏導接引，又於思想及襟懷上備有充分的開放性及鍥入時代的特徵。」《五台山研究》2003年第1期，頁14。）

〔註29〕陳垣，《明季滇黔佛教考》卷3，〈士大夫禪悅及出家第十〉，頁129。

〔註30〕明・王元翰，《凝翠集》，〈尺牘・與野愚和尚書〉，頁34。

〔註31〕僧官中階位最高的僧錄司，也僅官居正六品，在整個行政體系中，並沒有太大的決策權。詳見明・幻輪，《釋氏稽古錄續集》卷2，頁244。

考試的舞弊事件，度牒的管理於是改由禮部全權負責。〔註32〕從此僧官的任用受制於官僚，不肖之徒於是可以藉由賄賂有司、囑託人情等各種方法謀得職位。僧官與住持的選拔，已非關道學德行，而是純靠個人人際關係的經營。〔註33〕要期待這些鑽營之徒，對佛教發展有任何貢獻，幾乎是不可能的事。僧官到此，已形同虛設。〔註34〕

　　雖然造成明末佛門敗壞的原因有很多，其中也不乏社會變遷及宗教發展的因素在內，〔註35〕但是最主要的原因，還是在於官方政策的失當。而這些政策中，影響最大者，又莫過於納費給牒制度的施行。明初以考試為發牒的標準，明中葉以後，官方賣空名度牒以賑災。代宗景泰二年（1451）為救濟飢荒，開始實行收費發牒制度，自此鬻牒賑災成為朝廷經常的手段；光是在景泰年間就以此法賑災五次，之後成化、正德時期，亦常以此法賑濟。〔註36〕嘉靖以後，賣牒不僅成為常態，更演變成非買不給的賣牒制度。〔註37〕這種作法無疑是飲鴆止渴，雖然暫時緩解了經濟的困窘，但是卻也使得社會秩序的維護與佛教僧團的管理，更加的困難。因為不論是任何人，只要依例納糧，就可以取得度牒，擁有合法僧侶的身分。佛門於是變成世人避禍躲難的地方，僧團成為龍蛇雜處的世界。萬曆後，由於神宗對私創寺院的容忍，更使得僧眾人數快速的膨脹，問題就更形嚴重了。雖然明末朝廷對於佛教的崇奉與放任，讓佛教有了發展的

〔註32〕 參見日・間野潛龍，《明代文化史研究》（京都：同朋舍，1979年），頁295～297。

〔註33〕 明・圓澄《慨古錄》（收入《卍續藏》第114冊）：「（各級僧官）非洞明道學，德行可推者，莫堪此職。奈何至柔之教，受制於儒者之門。……致使真正高賢，蔑視如介，棄而勿顧。不肖之徒，或上銀請納，或囑託人情，曾何知節義廉恥？乞尾哀憐，教聾模範，又何嘗諳宗律教乘？」（頁730）

〔註34〕 元賢認為鼓山之所以沒落，也是因為這個原因。詳見《廣錄》卷19，〈（鼓山）僧寶志論〉，頁622。

〔註35〕 有關宗教變遷與宗教發展對明末佛教造成的衝擊，可參見江燦騰，〈晚明佛教叢林衰微原因析論〉，《諦觀》1992年10月，頁130～217；釋見曄，〈以羅組為例管窺其對晚明佛教之衝擊〉，《東方宗教研究》1996年10月，頁115～135等文章的討論。

〔註36〕 代宗景泰二年（1451），因救濟飢荒，實行收費發牒制度。凡僧道納米五石者，便給予度牒。憲宗成化二年（1466），淮揚大飢，也以此法賑濟。成化九年（1473），為了賑濟山東，戶部又發出了空名度牒十萬道。嘉靖以後，度牒變成非賣不給。參見明・李東陽等撰、申時行等重修，《大明會典》卷104，〈禮部六十二・僧道〉，頁1756。

〔註37〕 關於有明一代鬻賣僧牒的情形，可參見何孝榮的整理。詳《明代南京寺院研究》，頁43～44。

新契機，但錯誤的宗教政策，卻也使得佛教一步步走向衰敗之地。

　　隨著明朝政治的紛亂與行政體系的逐步瓦解，國家的財政日益困窘。面對經濟的拮据，繼賣牒賑災後，政府又將矛頭指向寺院。對寺僧的嚴賦重稅，成為明中後期濟貧救窮的主要經費來源。〔註38〕隨著賦稅的日益加重，僧侶的生活也越加困難。政府既已要求僧眾納費買牒，又要求繳稅抽賦，理論上就應該盡到保護之責。然而對於俗家侵佔寺產等情事，政府又採取冷漠的態度。僧眾懼於豪強的惡勢力，也不敢張聲，只有任其妄為。〔註39〕其實何止是一般的豪強流棍，官府對於僧眾的壓榨也不遑多讓：「凡納度之後，有田當差，有人當丁。迎官接府、祈晴請雨、集儀拜牌，過於亭長」、「如點名不到，則罰同有祿，列二七祖」，也難怪會有「何更納牒耶？」〔註40〕的感慨。

　　在專制統治的時代，朝廷的政策決定了佛教發展，至少在制度面上是如此。明末佛門諸多弊病的產生，都與政府宗教政策的錯誤有直接的關係。因此即便僧侶對於佛教的現況，有著高度的危機意識，其所發起的自覺性改革，也只能是宗派內的事，甚至僅止於是寺風的建立而已，並無法做到全面性的宗教整頓。故對於明末佛教亂象毫不避諱、大膽揭示的湛然圓澄，在《慨古錄》中所提出的改革對策，都是從針對制度層面而言。〔註41〕圓澄期望透過國家體制的介入和運作，以抑止宗門的墮落、克服末法的危機，他認為這是改革佛教最根本的方法。〔註42〕然而，隨著明朝行政體系的支離崩解，以及入清後度牒制度的全面廢止，〔註43〕要期待專制政府挽救佛教發展的危機，似乎是不可能的事。

〔註38〕如萬曆年間，浙江十二省增收寺田賦稅，以補邊餉不足；崇禎時期，寺田起科，以征解充餉。詳見李國祥，《明實錄類纂》（武漢：武漢出版社，1995年），頁700～703。

〔註39〕圓澄在《慨古錄》中就曾感慨道：「田產為勢豪所佔，而官府不之究。僧為俗人所辱，而官府不之護。產罄寺廢，募緣度日，將何內牒。」（頁742）德清入廣東時也見曹溪：「見四方流棍，集於山門，開張屠沽，穢汙之甚，積弊百餘年矣。墳墓率占祖山，僧產多侵之。且勾合外棍挾騙，寺僧無敢正視者。」（《憨山老人自敘年譜》卷下〔臺北：新文豐出版社1987年〕，〈五十六歲條〉，頁78。）

〔註40〕以上引文參見《慨古錄》，頁739、743、742。

〔註41〕圓澄所提出的改革方案，包括了：定官制、擇寺院、考試度、制遊行，這些都是針對國家制度而言。（詳見《慨古錄》，頁729～730。）

〔註42〕參見日・荒木見悟著、周賢博譯，《近世中國佛教的曙光——雲棲袾宏之研究》，頁82～84。

〔註43〕度牒的廢止在清初即見討論的聲浪，正式全面的實施則是在乾隆年間。詳見《清史稿》卷115，〈職官志・僧道錄司〉，頁3331～3332。

「不依國主，則法事難立」〔註44〕帝制時代對於國主的依附，雖然有助於佛事的推行，但同樣也深藏著極大的風險。四大師中的紫柏眞可與憨山德清，他們在推動佛教事業時，都曾獲得神宗母子的贊助；但是同樣的，也因爲宮廷勢力的介入，使得眞可冤死獄中、德清被流放嶺南十餘年。入清以後，曹洞的覺浪道盛、宗寶道獨、祖心函可，與臨濟漢月門下的繼起弘儲、具德弘禮等人，都與遺民有密切的接觸，一起密謀反清復明的工作；而臨濟圓悟門下的木陳道忞、憨璞性聰，臨濟圓修門下的玉琳通琇、茚溪行森等人，則積極的靠攏清王朝。對於遺民入僧，清廷表面上雖然沒有大舉抑制的動作，但由後來清世宗的介入密漢諍訟，將漢月法藏一系逐出宗門，盡毀諸禪師語錄、著作之舉，其實多少也具有警告反清僧侶的意味。〔註45〕隨著清朝的穩定發展，反清宗派逐漸式微，擁清派則日益發達。雖然反清僧侶並未獲得最後的勝利，卻在禪宗史上寫下慷慨激昂、特殊的一章；然而僧人的參與政治，也難免蒙上世俗的色彩。臨濟密雲一系雖然因帝王的支持而得以獨盛一時，卻在禪宗史上留下仗勢欺人，難堪的一頁；最後也難逃遭唾棄驅逐的命運。〔註46〕

在帝王專制的時代裡，佛法與國法的距離、衲僧與帝王間的關係，如何拿捏掌握，對於佛教僧侶而言，是一大考驗、也是一大難題。

（二）關於庶民佛教

明清之際天災人禍不斷，又是飢饉蟲害、又是苛政戰亂。在現實世界中，飽嚐艱辛的黎民百姓，將精神寄託於宗教信仰，希冀能在宗教的世界中獲得身心的安頓。因此明末清初的人民，生活雖然不夠安穩、富足，但卻更樂於接受宗教信仰。庶民佛教的普遍流行，代表佛教已成爲中國文化不可分的一部份。就大乘佛教的觀點而言，信仰階層的廣泛有其絕對正面的意義，因爲

〔註44〕此爲晉道安之名言。引自梁·釋慧皎，《高僧傳》（《大正藏》50 冊）卷5，〈義解二·釋道安一〉，頁 352a。
〔註45〕清世宗撰有《揀魔辨異錄》一書，以批判漢月法藏一系。文中直斥法藏之說爲「魔說」、「邪說」，下令徹查徒眾，詳細審問；同時銷毀法藏一系的全部著作，並「盡削去支派，永不入祖庭」。（參見《卍續藏》114 冊，頁 379～385）世宗以帝王之威干預宗門內部之事，其態度之堅決、手段之強悍，不論是在帝王史或禪宗史上都是相當少見的。
〔註46〕有關木陳道忞、玉琳通琇的行徑，在當時便引起諸多人的不滿。參見陳垣〈清初僧諍記〉之〈新舊勢力之爭〉一文，收入《現代佛教學術叢刊》15 冊《明清佛教史篇》，頁 193～273。另外，郭朋對於兩人仗勢欺人、欺壓同儕的行爲，也有相當強烈的批評，參見《中國佛教思想史》下，頁 247～267。

唯有如此，佛法普渡眾生的精神才能被彰顯。然而在庶民佛教盛行的同時，卻也存在著佛教迷信化、低俗化與功利化的危機。

明清時期的國民教育，不如今日的普及，平民百姓的知識水準普遍低落，對於佛教教義的理解有限，能和禪師談禪說理者，畢竟是少數知識份子的事。因此雖說當時禪宗最爲興盛，但這僅是就僧侶佛教與士大夫佛教而言，大部分的民眾多是彌陀、觀音的信仰者。〔註 47〕在動盪的社會中，世人普遍有朝不保夕的危機感，淨土世界的莊嚴美好、因果循環的報應之說，很容易就能流傳開來，成爲民眾普遍的精神信仰。談禪說理對一般民眾而言太過深奧，大部分的百姓多是透過念佛、放生、受戒、齋戒等作爲佛教的實踐。其實民眾的觀音信仰，也非全然是淨土的嚮往。明清佛教有著極爲世俗化與利益化的傾向，觀音菩薩不再只是接引淨土、使人滅罪消愆，更多的是把注意力放到現世——現世人民的關懷與苦難的救助。整個佛教深深地扎根於民眾的現實生活之中，呼應著民眾「有求必應」的期許。〔註 48〕以現世利益爲導向的思考氛圍瀰漫在整個佛教界，這也是爲什麼明末大師在宣揚佛法時，不得不從現世利益作爲切入點的主要原因。〔註 49〕

在面對各種災難與不幸時，多數的民眾是藉由金錢的布施與法會的參與，以求得精神上的慰藉。由《金陵梵刹志》中，對各種法會誦經費用的詳細記載，〔註 50〕就可知各種法會在當時的流行。雖然經懺佛事並非佛制，但在佛教傳入中國後，誦經禮懺即獲得普遍的重視，六朝後更加入了各式消災薦亡的法會。由於誦經禮懺的功德不斷地被強調，進而成爲中國廣大民眾信仰、實踐佛教的主要部分。經懺法事本質具有弘揚佛法、自利利他的正面意義，但是過度的經懺卻也衍生出極大的弊病。〔註 51〕經懺佛事過度的世俗化

〔註 47〕日·道端秀良，《中國佛教史全集》第 1 卷（東京：株式會社書苑，1986 年），頁 333～339。

〔註 48〕參見鎌田茂雄著、關世謙譯，《中國佛教史》，頁 241；嚴耀中，《江南佛教史》（上海：人民出版社，2000 年），頁 255。

〔註 49〕例如紫柏眞可言：「五戒者，不殺則壽，不盜則泰，不淫則潔，不妄則信，不酒則智。」（明·紫柏眞可，《紫柏尊者全集》卷 7（收入《卍續藏》第 126 冊，〈示朱蚪安〉，頁 762）；憨山德清亦曾言：「戒殺生可以延年壽，寡婬慾可以卻疾病，……懺悔可以滅罪障，慈悲可以養臣民。」（明·憨山德清，《憨山大師夢遊全集》（收入《卍續藏》第 127 冊），卷 14，〈上山東德王〉，頁 399。）

〔註 50〕日·中村元，《中國佛教發展史》上，頁 490～491。

〔註 51〕參見釋聖嚴，〈論經懺佛事及其利弊得失〉，收入《律制生活》（臺北：法鼓出版社，頁 1993 年 11 月），頁 169～187。

與利益化後，民眾極盡鋪張之能事，花費大量的金錢在儀式的隆重上，以此作爲宗教的實踐。佛教緣起性空的教義完全無法彰顯、自力解脫的實踐精神也被湮沒在其中。從當時小說如《金瓶梅》、《西廂記》、《紅樓夢》、《官場現形記》中，都可以看到法會的普遍及其所產生的弊病。

（三）關於士人佛教

明末時期禪儒的界線已模糊，陽明後學因談禪而被斥者也幾乎不見，禪悅之風吹遍了整個心學界。將陽明學擴展開來的是泰州學派，泰州充滿了活力與創造力的學風，使心學風靡一時；但泰州講求頓悟的疏狂、對於名教的背棄，卻也將陽明學帶入偏激、淺薄的境地。〔註52〕陽明學因有泰州而風行天下，然而不斷向左傾的王學末流，卻也一步步將陽明學帶向衰敗之路。〔註53〕明末叢林的活絡與泰州的「躋陽明而爲禪」有一定的關係，但是左派王學的猖狂之氣，卻也跟著帶入禪門。〔註54〕佛門衲僧個個以無修無證爲常、人人以開悟見性自居，使得整個叢林瀰漫著一股疏狂之氣。明末清初禪者的復興工作，有許多就是爲矯正這股狂風而來。

晚明的社會雖然動盪，但商品經濟的發達，卻也使人們擁有從事文化教育事業的能力。〔註55〕從明代書院數量高達一千二百三十九所，是宋代的三倍之多，就可窺知當時教育普及率的提升。眾多的書院培育出大批的知識份子，這些激增的士子，使得科舉的錄取率大大的降低。〔註56〕對於出路問題的恐懼，不僅造成了角逐官場科舉的病態，同時也衝擊出一股離心的力量。〔註57〕這股

〔註52〕 詳見第七章第一節。

〔註53〕 參見翁紹軍，〈明代心學思潮由盛而衰的歷史境遇〉一文，收入《中國學術思潮興衰論》（上海：上海社會科學出版社，2001年12月），頁428～446。

〔註54〕 南禪者講頓悟成佛、講大機大用，基本上已具有「狂」的特質。然而明末所謂的「狂禪」並非是對禪者所發，而是針對泰州學派的儒者而言。（詳見嵇文甫，《晚明思想史論》，頁50～72。）然而這股風氣卻影響著禪學的發展，嚴耀中即認爲狂禪派如李贄、顏均、何心隱等人，實際上就代表著佛學發展的一個方向。詳見《江南佛教史》，頁205～206。

〔註55〕 參見王日根，〈論明清時期的商業發展與文化發展〉，頁86～92。

〔註56〕 根據《日知錄》的資料，明末生員數已達五十餘萬人，是宣德時期的十七倍，但是會試解額卻只增加了三點五倍。鄉試的錄取律也已降至百分之四以下。詳見劉曉東，〈三教合一思潮與三一教——晚明士人學術社團宗教化轉向的社會考察〉，《東北師大學報》（哲學社會科學版）2002年第1期，頁23。

〔註57〕 晚明士人的出路，已成爲一個重要的社會問題。相關研究詳見劉曉東，〈晚明士人生計與士風〉，《東北師大學報》（哲學社會科學版）2001年第1期，頁

離心力發展的方向，即是試圖從禪學中尋找慰藉，進而歸向佛門。〔註58〕

就明末的政治環境而言，不僅對外有女眞、倭寇之亂，內部除了天災不斷外，行政體系更是一團混亂，除了神宗的怠忽朝政、官員的解印離去外，還有至死方休的黨爭。士大夫階級不僅有事不可爲的感嘆，更有朝不保夕的危機。在如此動盪不安的氛圍中，儒學早已失去安身立命的作用，〔註59〕於是人們在世事無常、人生苦痛的佛教哲理中，找到生命的寄託。明末士人的傾心佛學，有許多實是建立在「逃禪」的基礎上。〔註60〕士大夫因「逃禪」而入，人生的態度難免消極，大乘佛教的精神很難被彰顯出來，仰仗諸佛菩薩的淨土往生，就成爲他們最大希冀。這也是爲什麼明清之際的佛教發展，最後整體趨向於淨土的主要原因之一。〔註61〕

士大夫的立場不同於一般的平民百姓，除了寄託生死於佛教外，對於佛教義理亦有涉入的能力。士大夫研究佛學，若缺乏解行相印，很容易將佛法導向長篇闊論、支離分析的純學術領域。就佛教的立場而言，佛法若缺乏實踐層面，一切都只不過是戲論而已。再者，這些士大夫極具觀察力與批判力，對於當時佛教各層面的問題，他們一方面表達了深切的關心，另一方面也提出了嚴厲的批判：大至宗門的傳承、教法，小至僧侶個人的言行、舉止，這些文人居士都毫不客氣的予以抨擊，「白衣不論緇衣是非」的觀念，已顯得淡薄。緇衣對於白衣，不再具有引領修行、善戒教誨的導師身份，〔註62〕僧伽的地位逐漸下降。

17～22。

〔註58〕 王家範，〈晚明江南士大夫的歷史命運〉，《史林》1987年第二期，頁29～38。

〔註59〕 明朝以《四書五經大全》作爲八股科舉取士的標準後，朱學早已成爲士子干祿的工具；而陽明禪朝向狂禪發展後，問題逐漸浮現，造成社會的不滿。因此不論是朱學或王學，對於士大夫而言，都已不具有安頓身心的作用了。

〔註60〕 參見夏清瑕，〈晚明佛教復興的特點及傾向〉，頁12～16。

〔註61〕 明清佛教後來的發展，由禪淨教並起，最後歸向淨土。其原因眾多而複雜，包括了高僧的提倡、帝王的鼓吹等等因素，而士大夫對於現世世界的失望，進而由禪轉向淨也是重要的原因之一。

〔註62〕 在佛教教團中，雖說是七眾（比丘、比丘尼、式叉摩、沙彌、沙彌尼、優婆塞、優婆夷）平等，但佛法的弘揚、教團的發展，主要還是以僧伽爲主導，尤其是以比丘及比丘尼僧爲主體。根據佛法，比丘雖然不即是導師的意思，但是出家而現僧相者，即爲僧寶，即是學佛者的師表，故經中每以師僧並稱。這也是爲什麼佛法僧並稱爲三寶、學佛首要的就是皈依佛法僧的原因。參見釋聖嚴《學佛知津》（臺北：東初出版社，1993年版），頁5；釋聖嚴《律制的生活》，頁22。

　　在行政體制下，世俗王權的統領佛教，充其量不過是制度面的干涉。而士
大夫以其深厚的文化基底、固有的立場，從事佛教典籍文獻的編修研究，對佛
教發展產生了本質性的影響。儒士甚至在一定的程度上，左右著禪門的發展。
〔註63〕教團逐漸失去領導地位，這就佛教而言，何嘗不是一種危機？〔註64〕

　　入清之後，部分的士大夫因不願剃髮滿服，而選擇落髮出家。〔註65〕這
些人雖然爲佛教僧團注入了一股新的勢力，但是這些長期接受儒家文化薰陶
的士大夫，出家只是表示他們效忠明朝的決心；若要他們徹底與世俗決裂，
從內心眞正出家、皈依佛法，實際上並不太可能。正因如此，這群入僧的遺
民，又爲清初佛教的發展，帶來不穩定的變異因素。〔註66〕

（四）關於僧侶佛教

　　明太祖的宗教政策，對於佛教而言，整頓限制的作用，實大於保護獎披
的意義。其中限制僧團發展的措施，包括了私創寺院的禁止、度牒制度的建
立、僧眾行爲的規範、寺院經濟的控制等等。這些政策雖然抑制了僧團的發
展，〔註67〕但是同樣也具有嚴格教規、純潔僧團的作用。〔註68〕然而這些政

〔註63〕參見麻天祥，《中國禪宗思想發展史》，頁323。
〔註64〕《法苑珠林》中對於佛入滅後的末法時代，有五亂之說：「佛涅槃後當有五亂，
　　　　一者當來比丘從白衣學法，世之一亂。二者白衣上坐比丘處下，世之二亂。
　　　　三者比丘說法不行承受，白衣說法以爲無上，世之三亂。四者魔家比丘自生
　　　　現在，於世間以爲眞道諦，佛法正典自爲不明，詐僞爲信，世之四亂。五者
　　　　當來比丘畜養妻子奴僕治生，但共諍訟，不承佛教，世之五亂。」（《大正藏》
　　　　第53冊，頁1005下）前三項都是針對緇、白衣位置的錯亂所言。明末佛教
　　　　士大夫所組成的居士團體，大有凌駕僧團、主導佛教發展的趨勢。
〔註65〕詳見陳垣《明季滇黔佛教考》，卷5〈遺民之逃禪〉、〈遺民之僧侶〉，頁200～
　　　　262。
〔註66〕潘桂明在論遺民禪時言：「他們雖遁跡空門，卻不免深懷故國幽思，思想情感
　　　　方面更接近於社會上層居士。從這個意義上講，居士佛教在明末清初有極強
　　　　的入世關懷和政治意涵。」（引自潘桂明，《中國居士佛教史》，（北京：中國
　　　　社會科學出版社，2000年9月，頁808）而這些所謂「極強的入世關懷和政
　　　　治意涵」，正是爲清初佛教發展帶來不安的最主要因素。又逃禪遺民的影響，
　　　　可參見廖肇亨，《明末清初遺民逃禪之風研究》（臺北：國立臺灣大學中國文
　　　　學研究所碩士論文，1994年5月），第七章〈影響與評價〉，頁154～167。
〔註67〕明太祖的僧俗隔離政策，使得高僧大德多隱居於山林；而廢寺併寺的結果，
　　　　佛教的發展也消沈了極長的時間。這些限制政策的實施，應該也是明初、中
　　　　期鮮少有高僧住世的原因之一。
〔註68〕江燦騰，《晚明佛教叢林改革與佛學諍辯之研究——以憨山德清的改革生涯
　　　　爲中心》，頁23～24。謝重光、白文固，《中國歷代僧官制度》（西寧：人民出

策，很多在成祖時就已遭到破壞，隨著宗教政策的不斷地鬆綁，寺院、僧侶的數量也就隨之不斷地增加。

　　爲了防止佛教勢力過度的擴張，明代中央的詔令中，時見禁止私創寺院的全國性政令，但都沒有眞正徹底的執行；再加上歷朝對於私創寺院的赦免，寺院的數量一代高過於一代。〔註69〕在僧侶人數的控制上也是一樣，儘管太祖以來，屢次的限制度僧，但是成效都不大。僧道人數過多，以及素質良莠不齊的問題，一直存在於明朝。〔註70〕而自納費給牒政策，取代中試發牒制度後，問題就更加嚴重了。空名度牒的發放，使得大量人口流入教團，爲佛教埋下了不安的因子。由於南方的寺院佔有大量的田園，累積了相當的財富，再加上僧侶擁有免除徭役的優待，許多社會低層者、生活不堪者、甚至作奸犯科者，或爲尋求溫飽、或爲避禍躲難，就進入寺院成爲僧尼。〔註71〕僧團的混亂與僧侶素質的低下，成爲了必然的結果。〔註72〕

　　由於僧團過度的膨脹，再加上宗教政策的改變，以及社會、經濟等因素的變遷，明末清初的佛教環境，起了莫大的變化。政府不再禮遇僧眾，納糧捐輸一樣都不能少，度牒的持有已不再是安心修道的保證，充其量只是身分的證明而已。〔註73〕在現實經濟的制約下，僧眾必須另謀出路，以尋求新的經濟來源。由於僧尼來源不純正，沒有持戒奉律的觀念，再加上資源有限，

版社，1990 年 8 月），頁 231～236。

〔註69〕關於明朝禁止私創寺院的禁令，可參見何孝榮的整理。詳見《明代南京寺院研究》，頁 13～16。

〔註70〕早在宣德年間，冒僧道避稅賦、著僧服蓄妻妾的問題就已出現。刑科給事鍾年富就曾上書道：「近年軍民之家，補逃規免稅徭，冒爲僧道累以萬計。不耕不織，坐食溫飽；或有擁妻妾於僧房，育子孫於道舍；敗倫傷化，莫此爲甚。乞敕禮部，令各處僧觀寺道，未度者悉遣復業，隱佔者逮問還俗。」（《明英宗實錄》卷 4，〈宣德十年四月丁卯〉，頁 95～96。）

〔註71〕《慨古錄》言：「古之考試爲僧，尚不能免其一二漏網。今之概無憑據，則漫不可究。故或爲打劫事露而爲僧者，或牢獄脫逃而爲僧者，或悖逆父母而爲僧者，或妻子鬥氣而爲僧者，或負債無還而爲僧者，或衣食所窘而爲僧者。或要（要疑爲妻）爲僧而天（天疑爲夫）戴髮者，或夫爲僧而妻戴髮者，謂之雙脩；或夫妻皆削髮，而共住庵廟，稱爲住持者；或男女路遇而同住者；以至姦盜詐僞，技藝百工，皆有僧在焉。」（頁 72）

〔註72〕日・道端秀良，《中國佛教史全集》第 1 卷，頁 333～337。

〔註73〕度牒的價格，由成化時期的十二兩，到嘉靖年間的十兩、六兩，以致於隆慶時期的五兩；一再下探的度牒價格，即是度牒利益不斷喪失的說明。有關度牒價格的變動，參見何孝榮在《明代南京寺院研究》中整理的「明朝鬻賣僧牒統計表」。（頁 43～44）

為求得供養，不惜一切手段，妖言惑眾、招搖撞騙、拜人為父母、跪街乞錢……各種花招盡出，寡廉鮮恥至極，引來僧俗二界強烈的不滿。〔註74〕

再者，明末清初的庶民，大多是彌陀淨土的信仰者，持齋念佛、法會的參與和布施，成為他們最主要的宗教實踐。為了配合民眾的需求，明末瑜伽僧數量快速的增加，而且還有了職業化的傾向。〔註75〕一般瑜伽僧的素質較低，因為只要學會了法事儀式和真言咒語即可；而從事經懺法事，又有可以快速的累積財富。於是只為名利的出家僧眾，就成為了瑜伽應付僧。這些來自社會底層的應付僧，對於佛教教義混然不知，再加上擁有較豐厚的經濟資源，僧人娶妻生子、錦衣玉食、喝酒吃肉、逢迎官府等等亂象也因此而生。由於僧尼自身醜態百出，社會大眾對於衲僧的尊敬，自然也跟著消失了。隨著經懺瑜伽的活絡，世人對於僧伽的睥睨與醜化更是有增無減；〔註76〕甚至將之與娼妓、乞丐之流並列。〔註77〕

雖然僧眾從事經懺，可以輕鬆獲利，但是若將法事視為謀生的工具，天天趕場應付、虛應塞責，不僅經懺普渡眾生的精神無法展現，就連禪衲威儀

〔註74〕《慨古錄》言：「嚴整法服，跪街乞錢，學者持樂吹打，不以為恥。」（頁 740）又：「今之流輩，毋論富貴貧賤，或妓女巧婦，或大士白衣，但有衣食可資，拜為父母。棄背至親，不願（疑為顧）廉恥，作忤逆罪。」（頁 737）；又言：「或私創山居，或神廟家祠，男女共住，或典貸民房，漫不可稽。」（頁 730）；明・余繼登輯《典故紀聞》言：「近年來，旱潦相仍，百姓艱食，其遊惰之人，或託為僧道遊食四方而愈盛矣。以在京觀之，寺觀動至千百，僧道不可數計，求財索食，沿街塞路，張掛天神佛像，擅言禍福，以蓋造寺觀為名，務圖肥己，飲食酒肉，夜宿娼妓，無所不為。」（收入《叢書集成》第 85 冊，頁 214。）；《官場現形記》（臺北：三民書局，1979 年）第三十八回〈丫姑爺乘龍充快婿，知客僧拉馬認乾娘〉中，眾僧為貪求供養，對於寶小姐阿諛奉承、極盡巴結之能事一喬段的描寫（頁 466～479）等等。

〔註75〕日・牧田諦亮，《中國近世佛教史研究》（京都：平樂寺書店，1957 年），頁 124。

〔註76〕參見陳玉女，〈明代瑜伽教僧的專職化及其經懺活動〉，《新世紀宗教研究》2004 年 9 月，頁 39～87。

〔註77〕明末文人謝肇淛就直接將僧侶等同於與宦官、妓女、娼妓，並稱為「遊食之徒」：「……故游食者眾。姑勿論其它，如京師閹豎、宮女、娼妓、僧道合之，已不啻十萬人矣。」（《五雜組》下冊，卷 8，頁 653～654。）其他諸如「無法子做和尚」、「和尚見錢經也賣」、「十個姑子九個娼，餘下一個是瘋狂」、「地獄門前僧道多」等諺語的出現，這些雖然不全是事實，但由此也可知，由於僧侶尼自身言行的墮落，世人睥睨之心也日重；僧侶地位於是日趨低下，甚至不如一般平民百姓。（參見日・野上俊靜等著、釋聖嚴譯，《中國佛教史概說》（臺北：臺灣商務印書館，1995 年），頁 223）。

也蕩然無存。只重儀節的執行而不重義理體悟的經懺法師，其實和巫師、祭師也沒什麼不同了。〔註78〕僧侶化外之民的清高形象不再，世人輕賤之心也就隨之生起了。

　　明末清初的教團，除了有大量社會底層的人湧入外，在鼎革之後，又有一股新的勢力注入。這些人大多是不願意剃髮、背棄漢人文化傳統的明遺民。〔註79〕遺民僧知識水平普遍不低，雖精進修行者也不少，但也有許多是爲了保存名節，甚至爲密謀反清復明而披僧袍、現僧相的。這些不願臣服於清廷而遁入佛門者，佛教並無法使他們獲得完全的精神寄託，心中難免流出悲憤不平之氣。〔註80〕尤其是那些反清僧侶，他們之中多的是轟轟烈烈、可歌可泣的抗清事蹟，「明之亡而未亡」的精神，也因這些人而彰顯。〔註81〕這些遺民僧忠孝節義的價值取向，絕對值得肯定。但是標榜超越世俗的宗教情懷，在他們身上就很難展現了。諸多動機不純正的遺民加入僧伽行列，不僅沒有提升僧侶的素質，反爲佛門帶來了更多不安的因素。就如同〈清初僧諍記〉所言，漢月法藏一系「門多忠義，亦易爲不喜者生嗔」。〔註81〕清廷介入法門諍訟，將法藏三峰派逐出宗門，藉機削去反清僧的勢力，就是最好的說明。

　　明末由於出家人數的過度膨脹，使得寺院、僧團四處林立。在佛教資源有限的情況下，爲取得更多資源，版圖勢力的擴張成爲必要的手段。於是人人爭著開堂、個個搶當宗師；就連師徒之間，也多是利益的結合。〔註82〕掌

〔註78〕釋聖嚴，《律制生活》，〈論經懺佛事及其利弊得失〉，頁178。

〔註79〕清・黃宗羲，《南雷文案》（收入《叢書集成》（臺北：新文豐出版社1986年），卷4）言：「近年以來士之志節者，多逃之釋氏。」（頁319）清・劭廷采，《思復堂文集》（臺北：華世出版社，1977年）〈明遺民・所知傳〉亦言：「明之季年，故臣莊士，往往避於浮屠，以貞厥志……僧之中多遺民，自明季始也。」（頁422）

〔註80〕參見嚴耀中，《江南佛教史》，頁371～374。

〔註81〕陳垣，《明季滇黔佛教考》卷5，〈遺民之禪侶第十五〉，頁238～262。

〔註81〕陳垣，〈清初僧諍記〉，《現代佛教學術叢刊》15《明清佛教史》，頁246。

〔註82〕《慨古錄》言：「繞出家來，苟圖聲譽，以爲己任，急急於名利之場。」（頁730）又：「今也不然，才德一無所有，道學有所未聞，世緣頗足，便名住持。致使叢林衰落，禮義絕聞。」（頁730）；《靈峰宗論》（《大藏經補編》23冊）卷五之三，〈法派稱呼辯〉言：「爲師者但貪眷屬，爲徒者專附勢利，遂以虛名相互羈繫，師資實義，掃地矣。」（頁658）；《神鼎雲外禪師擇語錄》（《嘉興大藏經》33冊）卷14，〈妄刻續燈諸錄〉言：「近代據師位者，……往往急於求嗣，效閭巷庸俗之所爲，以勢力相傾，名位相誘，物欲相勝，情妄相欺。」（頁324）

權奪力的事件在僧團不斷上演，不僅禪教間的爭鬥時有所聞，就連禪宗內部也是諍訟不斷。雖說諍訟可視爲法門興盛的一個指標，[註83]但是這些諍訟不是變成旁觀者的笑話，就是爲統治者所利用。教團宗門之間的傾軋，對於佛教發展造成了極大負面的影響。

第二節　元賢的困境與應世的態度

一、元賢論時代風氣

　　明末由於政府宗教政策的錯誤，使得投機人口大量擁入佛門。許多社會低層者，或爲避禍躲難、或爲鑽營謀生而進入僧團，叢林亂象也因此而生。對於當時佛教的情形，元賢有著深刻的觀察：「法當末運，魔風熾盛，人多懈怠，樂於放逸。營世緣，則百難而不厭；修正道，則三拜而猶煩。況復各懷輕薄之心，好逞無根之見，以貢高爲事，唇舌爭長，考實則半點全無。」[註84]由於僧侶來源不純正，勤修道行、了斷生死已不再是僧眾的主業，趨炎附勢、逐名求利反成爲首要。僧侶個個貢高我慢，動不動就起爭執、興諍訟，元賢對此相當的不以爲然。

　　再加上狂禪風氣的助長，使得人心膚淺且狂妄，修行稍稍有所得，就自詡悟入三摩地、得無礙大解脫門：「有等狂妄之徒，輕剽圓頓之糟粕，習成豁達之邪空，便謂：『我親見衲僧巴鼻，穿過佛祖髑髏。』」；[註85]狎著圓頓空見之說，便道：「我等本來是佛，識得便了，無功可用。本無迷悟，何用參禪。本無持犯，何用戒律？」[註86]此等狂妄之輩，不解佛法空性的眞意，以斷滅爲空，滅絕了一切的因緣果報，將佛法置於無修無證的孤危中。然而「是說佛法，則一切俱空見，世法則一切俱實」，[註87]在曠達圓融的藉口下，這些人視佛法戒律爲無物：「近世禪者，多是大言不慚。不守毗尼，每自居於曠達；不持名節，每藉口於圓融。迨一旦逐勢利，則如餓鬼覓唾；爭人我，則

[註83] 陳垣《明季滇黔佛教考》言：「慨法門之紛爭也。紛爭在法門爲不幸，而在考史者視之，則可見法門之盛。嘉隆以前，法門闃寂，求紛爭不得。」（〈法門之紛爭第五〉，頁48）

[註84] 《廣錄》卷10，〈示願浩寺禪堂大眾〉，頁512。

[註85] 《廣錄》卷5，〈普說上〉，頁457。

[註86] 《廣錄》卷6，〈普說下〉，頁467。

[註87] 《廣錄》卷6，〈普說下〉，頁467。

如惡犬護家，圓融曠達之謂何哉？」〔註88〕、「至於貪名奪利，有如狂狗；恃氣起爭，不啻猛虎。喪盡人心，無所不至。」〔註89〕由元賢以「狂狗」、「猛虎」來形容自家僧眾，甚至以「餓鬼覓唾」、「惡犬護家」來形容僧眾逐勢奪利的醜態，就可知道當時僧風的濁劣，以及他對這些人的不恥。

身為禪門中人，元賢最關心者莫過於宗門之事，法派傳承是他所關心的焦點之一。禪宗的重視法派傳授，本是希望透過印可付法的過程，以確保禪法的純正性，防止訛名濫冒。但是由於「近年以來，世運晦冥，而法運亦湮滅無存矣。以故諸方號為知識者，全無真實為人之心，祇圖門庭熱鬧，由此不問可否，亂付匪人。渠雖付至一千二百，總是破滅道法，玷辱宗風而已。」〔註90〕法派傳承成為了擴張門廷、壯大勢力的手段，夛瓜相印，以盲引盲，禪林風氣敗壞至極。元賢為此深感憂慮：「夛瓜印子付之，自誤誤他，甚至飲酒、博奕、戲笑、倡狂，自謂我宗下人，不受繩檢、不拘小節。」〔註91〕夛瓜印子相承的禪法，何以維繫佛法命脈？作為開悟證道的保證？

「曾見付拂之輩，有顛狂而死者、有罷道還俗者、有嘯聚山林劫掠為事者。他如縱恣險惡，為世俗所不齒者，在在有之。」〔註92〕所謂的「傳法宗師」竟是地方惡霸、竟會發狂而死，如此的付法，已經完全失去正法傳授的意義。故元賢言：「宗門中衣拂相傳，其來已久。但今昔勢殊，人心不一。昔以之而定統者，今以之而亂統。」〔註93〕滿街自稱開悟的瞎眼宗師，表現在外的言行舉止，竟是一派的荒誕，也無怪乎僧俗二道會對宗門的傳法提出強烈的質疑。對於這樣的亂象，身為宗門禪師的元賢，不禁要擔憂：「狐群猲隊，盡登祖席、傳祖燈，是所謂可為痛哭流涕、長太息者也」〔註94〕、「滅如來種族，必此輩也。嗚呼危哉！」〔註95〕眼見明末叢林窳爛至極，因此元賢有著極深的危機感，甚至有著法滅僧滅的恐懼。他說：「法門若此，詎能長久？吾恐十載之後，必有滅僧之禍。」〔註96〕、「當此魔羅競起之日，瓜印之徒，塵

〔註88〕《廣錄》卷30，〈續寱言〉，頁782。
〔註89〕《廣錄》卷6，〈普說下〉，頁467。
〔註90〕《廣錄》卷10，〈示寒輝禪人〉，頁517。
〔註91〕《廣錄》卷12，〈與張二水相國〉，頁530。
〔註92〕《廣錄》卷30，〈續寱言〉，頁783。
〔註93〕《鼓山晚錄》，〈最後語〉卷下，頁7638。
〔註94〕《鼓山晚錄》卷下，〈答為霖靜主書〉，頁7639。
〔註95〕《廣錄》卷30，〈續寱言〉，頁783。
〔註96〕《鼓山晚錄》卷下，〈答為霖靜主書〉，頁7639。

沙蔽日，使無有力抗之者，將大地僧伽，盡化爲波旬孽子。」〔註97〕眼見正
法衰頹、僧風濁亂，元賢的末法思想油然而生。〔註98〕

二、元賢復興事業所必須面對的問題

明末佛門的窳爛是有目共睹的事實，隨著叢林問題的惡質化，以及社會環
境的急遽變遷，改革成爲最迫切的課題。然而禪門的弊病，並非是單一因素所
引起，其中包含了政治、經濟、社會、制度，以至於思想等各層面的問題。因
此對於推動佛教復興事業者而言，所必須處理的問題，就顯得多元而複雜。以
下試從各個層面，分析元賢從事佛教復興事業，所必須面對的種種問題。

（一）關於經濟層面的問題

雖說佛徒是化外之民，但畢竟是現世之人，不論是生活的必須、僧團的
經營、佛法的弘化，都要有一定的經濟來源。佛教可以運用的資源有限，但
在朝廷長期實施賣牒賑災的政策下，僧團湧入大量的人口，在僧多粥少的情
況下，使得原有的資源，已不足以供應所需。如何獲取穩定的經濟來源，使
佛法的改革成爲可能，是從事佛教事業所必須克服的問題。中國的佛教自百
丈懷海以後，農禪型態就一直是叢林主要的經營模式，寺田的經營向來是最
主要且穩固的經濟來源。但是在明清之際，由於僧團人數的快速成長，每僧
平均所持有的土地面積已大幅下降。不僅如此，許多寺院的寺田，都遭受到
不同程度的侵奪、盜賣。明末佛教復興工作者，如雲棲袾宏、紫柏眞可、湛
然圓澄等，都面臨寺產贖回購置、諍訟官司、放棄重建等問題。可知明末時
期，豪強侵佔寺產，是相當普遍的現象。

再者，明政府對於寺院田產，有一定數量的限制；多餘寺田的出賣，向
來是明朝國庫收入與救貧政策的一環。明末時期兵燹連年，政府爲解決財政
的困窘，對寺田開徵重稅。而其中徵期最長、稅賦最重者，又莫過於在福建
施行的「寺田四六充餉」政策。明代中葉，福建出現倭亂，嘉靖四十三年

〔註97〕《廣錄》卷18，〈博山無異大師衣缽塔名有序〉，頁614。
〔註98〕元賢屢次提到「末法」的概念，如《廣錄》卷10〈示願浩寺禪堂大眾〉言：「法
　　　　當末運，魔風熾盛。」（頁512）、卷23〈付戒——跬存禪人〉言：「鼓山妙
　　　　挾荅溪戒，末法堤防此最先。」（頁663）、卷25〈余自浙歸閩，寓寶善庵，
　　　　百拙法師以詩見訊，用韻奉酬〉言：「末法風澆學鮮眞，直鉤何處可求人。」
　　　　（頁689）等等。

（1564），福建巡按譚綸建議抽取寺租以當軍餉，提出「各寺田產扣除迷失崩陷外，每實田十畝抽六畝以充餉、四畝以歸僧」〔註101〕的寺租四六法政策，巡撫汪道昆於嘉靖四十四年（1565）繼之。然而早在嘉靖八年（1529）時，政府就已經取消僧道免納糧當差的特權，寺院有田產者都必須納糧服役，等同於一般里甲民戶。〔註102〕再加上四六之法的施行，使得寺院所必須承受的賦稅率，高達百分之六十以上。本來寺田四六之法只是一個「軍興權宜之策」，〔註103〕但後來卻成為地方政府的重要財政來源。因此倭患雖平，但是寺田四六徵收的政策卻一直沿用，直到清乾隆元年（1763）年才廢止。倭亂已經使得福州一帶，大部分的寺院形同草莽，接下來的嚴稅重賦，寺僧根本無力應付，終至賣田逃亡。也難怪會有「此（四六稅法）僧所以告困也，田鬻寺廢，比比然矣」〔註104〕之說。在這樣的政策下，致使福建地方有一半以上的佛寺荒廢，〔註105〕有些地方甚至「存者百無一二」。〔註106〕

在這樣的環境下，以福建湧泉為復興基地的元賢，要如何處理寺田的問題？被侵佔是否要興訟取得？在四六政策下，寺田的持有是否是正確的經濟之道？如果放棄寺田的取得與經營，寺院要如何維持穩定的發展？這些都是元賢所必須思考的問題。

在這種種不利的因素下，寺院光靠寺田的收入，實已不足以維繫日常生活所需。僧侶在面對是否重新擁有寺田的同題時，還必須另尋出路，以尋求新的經濟來源。這意味著寺僧已無法全然過著隱居清修的農禪生活，必須與世俗有更頻繁的互動，甚至調整宗教型態以迎合世人的宗教需求，才能獲取更多的經濟資源。

除了寺田的收入，「化募」亦是佛教獲取資源的基本方法之一，佛陀時代，僧團幾乎都是靠托缽維生。晚明時期，一般的民眾收入並不豐厚，能夠為僧團

〔註101〕清・顧炎武，《天下郡國利病書》（臺北：老古出版社，1981年）卷91，〈福建一・興化府〉，頁10。

〔註102〕參見日・竺沙雅章，《中國佛教社會史》，頁183～184。

〔註103〕清・顧炎武，《天下郡國利病書》卷91，〈福建一・興化府〉，頁10。

〔註104〕清・顧炎武，《天下郡國利病書》卷91，〈福建一・興化府〉，頁10。

〔註105〕在倭亂中，閩地的白塔寺、黃檗寺、建善寺、法華寺等興盛一時的大寺院，都難逃劫難，更遑論其他小寺院了。參見王國榮，《福建佛教史》（福州：廈門大學出版社，1997年9月），頁297～298。

〔註106〕轉引自林國平等著，《福建民間信仰》（福州：福建人民出版社，1993年12月），頁13。

提供大量經濟來源者，莫過於朝廷的賜予、官僚的捐贈，或地主、商人的供養；於是朝廷的攀附、權貴的結交、商賈的應酬就有一定的必要性。〔註107〕然而在「重點集資」的化募中，特別是在明清鼎革之際，僧團就難免蒙上擁清或復明的政治色彩；況且對於單一施主的過度依賴，也不免使僧團的運作失去獨立性。如果轉向對一般社會的廣募勸化，不僅資源有限，而且穩定性度也不夠。再者，僧團派出大批的僧眾出入市集，僧俗接觸密切，如果沒有一定的規範，僧眾失當的行為必定會招致社會的反感。〔註108〕如何運用這佛教傳統的資源募集方法，以為宗教發展帶來正面的效益，成為主事者的一大考驗。

　　再者，明末庶民佛教盛行，對於一般的平民百姓而言，佛教法會的參與是他們主要的宗教實踐方法。再加上時局的動盪，人們更是希望透過宗教儀式，使幽冥兩界都可獲得安慰。於是經懺法會的需求，大量增加。對於僧眾而言，從事經懺法事，無疑是獲得財富最快捷的方法之一。應付僧從事瑜伽法事，並從中獲取金錢，這是理所當然的。但是反觀禪門，經懺雖然有普世濟民的正面意義，但是懺法的從事，實背離禪宗自力解脫的宗旨。這也是為什麼明末以前，禪師從事經懺者幾乎不得見的原因。然而寺院要生存，擴大其社會功能與信仰的普遍性，是非常重要的。在人民對現實生活極度絕望的亂世裡，禪門要如何引領廣大的民眾進入佛門？如何在標榜教外別傳、講求自證自悟的同時，面對大眾宗教需求的改變？禪門拒絕佛事，是否忽視了社會的需求？同時也放棄這項高效的經濟來源？但是同樣的，禪門如果從事經懺，無疑地是向世俗化趨近，在這過程中宗教的神聖性要如何被彰顯？禪法的精神是否會因此蕩然無存？又如何在經懺活動中維持僧團的形象？在創新與異化的十字路口，要如何才能不致於迷失？站在在經濟利益與普世濟民的觀點，在純潔佛法與維繫宗風的立場，叢林不禁陷入兩難。

　　此外，除了經營寺田、勸募化緣、從事經懺外，叢林是否有還有其他經濟來源的可能性？如何開拓新管道、取得新資源？使佛法的推動更順利、叢林的發展更安定，這是明末有志於佛教事業者，所必須積極思考的問題。

〔註107〕參見江燦騰，《晚明佛教叢林改革與學諍辯之研究──以憨山德清的改革生涯為中心》，頁63。

〔註108〕明末社會對於出家眾行為的不齒，很多都是因為僧尼營生不當所致。詳見林璀瑤，〈奸、邪、淫、盜：從明代公案小說看僧侶的形象〉，《歷史教育》2003年12月，頁143～167。

（二）關於法門維繫與應世態度的問題

明末佛教趁陽明心學而起，禪風大興，禪宗成爲最繁興的宗派。漫流於四方的禪者，爲了提高自己的身價，正宗的強調、開悟的自恃，成爲明末禪門的普遍現象。對於一般信眾而言，「嫡傳正宗」猶如金字招牌，具有一定的吸引力，於是自誇傳承者比比皆是。不僅弟子積極尋求印可，就連身爲宗師者，也急於授受法脈，以擴張門庭。「瞎眼宗師，只圖一時熱鬧，不顧遺害無窮。見學者稍具天資，如籠生鳥一般，生怕走了別人家去，……急忙付拂付卷，稱頌讚揚，互相欺瞞。」〔註109〕可見當時，法脈的授受，已成爲壯大門庭、擴張勢力的一種手段。

由於雞鳴狗盜之徒的訛冒，使得僧俗二界對於法脈傳承的意義，同感懷疑。〔註110〕對於當時的禪門，黃宗羲有如是的評論：「萬曆以前，宗風衰息。雲門、潙仰、法眼皆絕；曹洞之存，密室傳帕；臨濟亦若存若沒，什百爲偶，甲乙相授，類多墮窟之徒。眞可、憨山別樹法幢，過而唾之」、「有明自楚石以後，佛法中衰，得紫柏、憨山而再振」。〔註111〕他認爲明末的佛教因有尊宿的出世而振興，而所謂的曹溪正脈在他的眼中，臨濟不過是「墮窟之徒」、曹洞也是「密室傳帕」，言語中充滿了輕視與不信任。就連佛門教內人士對禪宗也多有不滿，一些證悟的大德，寧可別樹法幢，也不願入宗門。例如明末四大師中的紫柏眞可與憨山德清，兩人雖然都因參禪而開悟，但是對於入宗門法派，取得正統禪師地位一事，都表現得興趣缺缺。〔註112〕即便沒有嫡傳正

〔註109〕《神鼎雲外澤禪師語錄》卷14，〈妄刻續燈諸錄說〉，頁325。

〔註110〕憨山德清曾言：「其海內列刹如雲，在在僧徒，皆曰本出某宗某宗，但以字派爲嫡，而未聞以心印心。」（《憨山大師夢遊全集》卷20，〈焦山法系序〉，頁501）又言：「五十年來，師絃絕響。近則蒲團未穩，正眼未明，遂妄自尊稱『臨濟幾十幾代』。於戲，邪魔亂法，可不悲乎。」（《憨山大師夢遊全集》卷20，〈徑山達觀可禪師塔銘〉，頁595）以護教者自居的錢謙亦曾說：「末法陵夷，禪門瀾倒，妖尼魔魯，上堂示眾，流布語錄，皆一輩邪師瞽禪，公然印可。油頭粉面，爭拈錐拂，旃陀摩登，互作宗師。」（《牧齋有學集》（上海：上海古籍出版社，2003年）卷15，〈李孝貞傳序〉，頁726～727。）

〔註111〕清·黃宗羲，《南雷文案》卷2，〈蘇州三峰漢月藏禪師塔銘〉，頁310；《南雷文定·三集》（臺北：臺灣中華書局，1971年）卷2，〈清谿錢先生墓誌銘〉，頁5。

〔註112〕紫柏眞可強調嗣德不嗣法，透過經藏的回歸與眞參實修的強調，重新確立禪的神聖性。憨山德清的復興工作，直探曹溪源頭，以興復曹溪爲志，對臨濟的印可，表示出相當的淡漠。

脈作為支持，仍然無法掩蓋尊宿們的熠熠光彩，他們高深的禪悟、卓越的貢獻，讓燈錄的編輯者也無法忽略他們的存在，特別將他們收入在「未詳法嗣」之中。各燈錄「未詳法嗣」的編入，說明了尊宿在明末清初佛教的地位，同時也暗示了嫡傳正脈並非唯一開悟的保證。

即使是傳承授受，也不代表心心相印。自修開悟的漢月法藏、求嗣若渴的密雲圓悟，兩人因對法脈傳承的堅持，而相互妥協達成嗣法的關係。但這印可並無法達兩人對「臨濟宗旨」的基本共識，最後演變成雙方反目，相互攻訐的難堪場面。由真可、德清的別樹法幢、三峰宗派的出走臨濟，都可以說是對宗門正脈的不信任，臨濟正宗、曹洞源流已經無法是禪法純正的證明。

嫡傳正脈不再是禪法精神的確立與開悟的保證，宗門要如何重新自我定位？如何挽救世人對於宗門的不信任？如何在法脈傳承與門庭擴充間取得平衡？對於具有正統宗門身分的禪師而言，每一個問題都值得深思。

禪門除了必須面對教內外對法脈傳承意義的質疑外，還必須承受宗門內部大小不斷的諍訟──除了不同派系間的爭鬥外，就是同一門庭內也不得安寧。有臨濟與曹洞的《五燈嚴統》之爭；入清後禪門新舊勢力的角逐；天童門下密雲圓悟與雪嶠圓信師兄弟間，至死不休的門庭角力。〔註113〕而漢月法藏的三峰宗派與密雲圓悟一系的諍訟，更延宕了近百年之久，形成禪史上相當特殊的僧諍事件。這些論辯若是為學說宗旨而爭，就禪宗的發展而言，何嘗不是一件好事。然而偏偏卻多是些門戶派系、意氣勢力之爭，甚至是寺院田產之爭，都是些等而下之的諍訟。〔註114〕宗門內部紛爭不斷，彼此咆哮謾罵、手段用盡，禪門清修悟道、與世無爭的形象不再。《萬曆野獲編》即言：「至如近日宗門諸名下，爭以壇坫自高，相駁相嘲，以至相妒相詈，真一解不如一解。」〔註115〕也難怪當時的人會說，儘管「脫得朝中朋黨累，法門依舊有矛盾。」〔註116〕雖說諍訟可視為法門興盛的一個指標，〔註117〕但是這些

〔註113〕參見廖肇亨，〈第一等偷懶沙門──雪嶠圓信與明末清初的禪宗〉，《東華漢學》2003 年 2 月，頁 229～259。

〔註114〕相關的諍訟可參見陳垣《明季滇黔佛教考》，〈法門之紛爭第五〉，頁 48～67；〈清初僧諍記〉，《現代佛學學術叢刊》15《明清佛教史》，頁 193～273。

〔註115〕《萬曆野獲編》卷 27，〈釋道〉，頁 649。

〔註116〕引自陳垣，《明季滇黔佛教考》，〈法門之紛爭第五〉，頁 48。

〔註117〕陳垣《明季滇黔佛教考》言：「慨法門之紛爭也。紛爭在法門為不幸，而在考史者視之，則可見法門之盛。嘉隆以前，法門闃寂，求紛爭不得。」（〈法門之紛爭第五〉，頁 48。）

諍訟不是變成旁觀者的笑話，就是爲統治者所利用。這些沸沸揚揚無有止息的諍訟，爲宗門的發展帶來了相當負面的影響。

宗教要發展不能只是隱居在山林，它必須走入人群，透過與群眾的不斷對話，命脈才能得以延續。從事明末佛教復興者，都看到了佛教世俗化的必要性。於是他們積極走入人群，關心世事，將佛教進一步的大眾化、普及化。雲棲袾宏的濟物利生、紫柏眞可的停罷礦稅，都是最好的說明。然而入世態度的拿捏，卻是一大學問。僧伽對於世事太過積極，難免招來非議；太過消極，又難以展現大乘精神。宗教入世是必要的，然而太過於世俗化的結果，又勢必有庸俗化與醜陋化的危機。而處在時代變遷的明清之際，入世的同時又牽涉到擁清與反清的政治立場，問題更顯複雜。

如何明確的掌握入世分寸？如何拿捏應世的態度？如何在發揮佛教入世功能的同時，降低世俗化的傷害？是否應該要有明確的政治立場，以獲取更多的資源？面對層出不窮的諍訟事件，應該是站在火線、積極爲眞理而辯？還是應該要轉身沈默以對、和諧僧團？處在多事之秋的明清，出世與應世，實在是個相當難題。

以下章節將透過元賢對於鼓山的經營及其應世態度的研究，以明元賢面對上述諸端問題的處理方式。而他所持的經營策略、所用的方法、所持的態度，是否爲穩固叢林經濟的具體作爲？是否爲改革佛教弊病的有效方法？又是否爲佛教復興事業的推動帶來正面的效果？這些將一併作討論。

三、元賢應世的基本態度

明末天災人禍不斷，不僅征戰連年、人民生活痛苦，社會在轉型的過程中，亦呈現出一派的亂象。政治的鼎革、社會的變遷、教界的混亂，這一切對於佛教徒而言，確實是個末法時代。身爲佛門禪衲，元賢如何看待這絕望性的危機？

> 蓋以人知世運之變，其苦爲甚，而不知法運之變，其苦爲尤甚。世
> 運之變，苦在一時，法運之變，苦在萬劫。一時之苦，禍止殺身，
> 萬劫之苦禍極三途。以此較彼，豈百千萬億，能及其一哉？〔註118〕

元賢以爲世道的衰微，是由於法運凋零所造成。而且世運與法運兩者在本質上是有差異的，世運衰微的痛苦是短暫的，但法運凋零的痛苦，卻是三途萬

〔註118〕《廣錄》卷14，〈四分戒本約義序〉，頁554。

劫不可窮盡的。〔註 119〕雖然世法二運都陷入極大的危機，但元賢並沒有因此而絕望，也沒有停留在末法的感慨中，他認為：

> 佛入滅後，正法像法，各一千年，末法一萬年，此但言其大概也。
> 若細論之，正法中亦有末法，末法中亦有正法。……況佛法無時不
> 圓明超絕，豈可得有汙隆哉？有志之士應當取法乎上，毋自墮於卑
> 下。〔註 120〕

元賢以為「正法中亦有末法」──面對末法亂象，他的態度是樂觀且積極的。況且「治亂固由天命，天命實本人心。故人心者，治亂之源也。」〔註 121〕在他的觀點中，世、法二運的末法危機，是可以被克服的，而其關鍵就在於人心。人心是一切的根源，只要改變人心，就能改變亂象，進而改變天命。因此他勉人「大抵天命人力，功實相參，故君子必修身以俟之。」〔註 122〕這是相當正面且積極的看法，元賢從因地著手，以逆緣為增上，完全沒有一切委之宿命、委之果報的悲觀消極。因此面對法運的頹喪、僧風的窳劣，元賢認為必須要「防之」〔註 123〕、「力抗之」，〔註 124〕以挽救佛法於存亡之際。故他並不是一個遺世獨立的隱居者，而是尋求改革之道、積極於法運重振的入世者。

面對時代危機，元賢有著極高的敏銳度，但他並不僅止於亂象的批評，還進一步的以挽救頹勢為使命。對於「應世」，元賢的態度是相當謹慎的。除了堅持僧侶不應過份介入世俗的紛爭外，他還強調入世要虛靜以待、要量力而為，不可過份強求、過份攀緣：

> 古人應世之法，必靜以守之，漸以需之，量力以行之。使我之力量
> 常有餘，則不困不窮，事乃克濟。若好大喜功，急於有為，則力小
> 而任重，鮮不仆矣，勢必廣求苦索以應之。至於廣求苦索，又何暇
> 顧其他哉？勢必遺任雜遝。因果弗論，委屈攀緣，廉恥喪盡，毋論

〔註 119〕參見荒木見悟著、周賢博譯，《近世中國佛教的曙光》（臺北：慧明文化事業
　　　　有限公司，2001 年 12 月），頁 84～85。
〔註 120〕《廣錄》卷 30，〈續寱言〉，頁 781～782。
〔註 121〕《廣錄》卷 14，〈合人王護國經序〉，頁 555。
〔註 122〕《廣錄》卷 30，〈續寱言〉，頁 779。
〔註 123〕《廣錄》：「自天啟以來，耆德凋喪，晚進日趨日下，如狂瀾之莫迴。且又妄
　　　　逞空見，弁髦戒律，不有防之，後將安極？」（卷 14，〈四分戒本約義〉，頁
　　　　554。）
〔註 124〕《廣錄》：「使無有力抗之者，將大地僧伽，盡化為波旬孽子。」（卷 18，〈博
　　　　山無異大師衣缽塔銘有序〉，頁 614。）

其求之弗得，即求之而得，已不勝其顏之厚矣，豈佛祖之道則然哉？
〔註125〕

在應世的態度上，元賢是保守且沈穩的。此點由他對明末三大師的評論亦可
得知：

> 末代弘法，魔事必多，貪進者必取辱，過侈者必招非。知此，即為
> 攝伏魔軍之第一策。如萬曆間，達觀、憨山二老，皆名震一時，以
> 不達此意，卒至罹禍，豈可曰無妄之災，而盡委之命乎？唯雲棲老
> 人，謹密儉約，一步弗苟，故雖享大名，而善始善終，絕無魔事，
> 真末法之良規也。〔註126〕

萬曆三大師同樣為振興法運而努力，同樣是以止息人間煩惱和社會混亂為目
標，但所表現出來的風格卻是迥然不同。紫柏真可與憨山德清是屬於激進派，
雲棲袾宏則是穩健派。〔註127〕紫柏真可最後因妖書事件的牽連而坐化獄中、德
清則被誣以私創寺院而流放嶺南，只有雲棲袾宏得以善始善終。元賢在論述三
大師的行事風格時，對於紫柏真可與憨山德清二大師的罹難，並沒有表示太多
的同情，但是這並不表示他看輕二大師。紫柏真可一肩扛起復興大法的重責，
積極於刻經、復寺，其威猛剛烈的人格特質、積極入世的悲心，元賢都深感佩
服。〔註128〕因此他並不是不認同二大師入世救世的直心熱血，只是面對日益複
雜的環境，元賢選擇追隨穩健派的雲棲袾宏的腳步。因此，不論是在世俗的對
應，或宗門問題的處理上，元賢都一貫的低調。

自明清鼎革後，遺民入僧者、擁清仗勢者，讓法門問題不再單純，蒙上
濃厚的政治色彩。不論在地理位置、或者人際關係的脈絡上，元賢一直有成

〔註125〕《廣錄》卷30，〈續寱言〉，頁781。
〔註126〕《廣錄》卷30，〈續寱言〉，頁780～781。
〔註127〕激進、穩健的分類，乃是依荒木見悟之說。詳見日・荒木見悟著、周賢博譯，
《近世中國佛教的曙光》，頁70。
〔註128〕元賢相當崇敬紫柏真可，他在《廣錄》中不止一次提到真可：「老人激烈如二
公（指申包胥、諸葛亮），俗士徒知保身重，謾爾譏為亢位龍，進而不退良有
以，鞠躬盡瘁漢之忠。挑燈夜讀老人書，志弘大法早捐軀，一片苦心如赤日，
金光曦赫天東衢。」（卷24，〈讀紫柏老人集有感〉，頁673）、「紫柏如申包胥
號泣秦廷，苦心血淚，積數十年之久，始克就此（指刻印方冊藏一事。）（卷
15，〈請方冊藏經記〉，頁566）、「其骨若鋼，其氣如虹，肩荷大法，力振頹
風，如護君父，豈顧厥躬？雖罹其難，法門之忠。」（卷21，〈達觀大師贊〉，
頁641）此外在卷25中尚有〈寓秀水楞嚴寺，聞復創之緣，賦以志慨〉五言
古詩（頁668），以記紫柏復寺的艱辛。

爲反清領袖的機會。福建是明末清初重要的抗清據點；反清名僧宗寶道獨、
祖心函可師徒，〔註129〕以「火」、「怨」禪法著稱的覺浪道盛，〔註130〕都是慧
經的法孫——道獨是無異元來的弟子，而道盛出自晦臺元鏡。這些人均是元
賢的法門姪輩，且都以東南爲復興基地，頻繁往來於福建、廣東等地，元賢
非常有機會參與反清復明的活動。但是他始終與政治保持著一定的距離，既
不從事抗清的活動，也非清廷的擁護者。元賢認爲面對亂世，收斂身心、低
調以對才是正確之道。他就曾感慨的說：「余自甲申之變，每見知友，必勸其
斂戢身心，度茲厄會，不可因風妄動，自取禍患。後竟無一人信者，多至家
破身亡，而不可救，其倖而免者，亦寡矣。名利之牽人也如此。」〔註131〕對
於政治不加涉入，保持一定距離，是元賢的基本原則。

　　至於宗門以源流付法，作爲壯大門庭的手段，元賢更是不以爲然。他說：
「近日宗風掃地，魔鬼興妖，到處妄稱知識，冬瓜印子，妄相印可，互相牽
引入無間獄。」〔註132〕、「明興以來，斯道益晦，所在登華王座，稱善知識者，
輒以野干之鳴，混爛獅吼，鹵莽之甚，莫有今日」〔註133〕元賢認爲宗門的熱
鬧，並不代表法門的興盛，相反的，這些妄稱開悟證道、混爛獅吼者，乃是
魔鬼入宗門，勢必將佛教帶入毀滅的境地。〔註134〕因此他認同元來「嗣絕而
道眞」的理念，〔註135〕冬瓜相印的付法，雖然可以綿延法脈，甚至壯大門庭
勢力，但已失去純潔佛法的意義，法派雖存而實亡；相反的，確保住禪法的
純正性，法門雖於一時不傳，但待他日因緣具足，終究可以再延續。〔註136〕

〔註129〕清初之際，元來門下已成爲遺民的大本營，宗寶道獨、祖新函可、天然函昰
　　　　等人都是反清名僧。參見清・孫靜菴，《明遺民錄》（杭州：古籍出版社，1985
　　　　年）卷47，頁358～359。
〔註130〕參見日・荒木見悟著、廖肇亨譯，〈覺浪道盛初探〉，《中國文哲研究通訊》1999
　　　　年12月，頁77～94。
〔註131〕《廣錄》卷30，〈續寱言〉，頁782。
〔註132〕《廣錄》卷9，〈示若水上人〉，頁503。
〔註133〕《廣錄》卷14，〈古梅禪師語錄跋〉，頁561。
〔註134〕《廣錄》卷30，〈續寱言〉：「昔龐向佛誓曰：『我今不奈你何，待末法，入你
　　　　門、著你衣、喫你飯、稱你弟子，以壞你法。』佛曰：『如壞但自壞，吾法不
　　　　壞也。』今日自壞之狀，靡所不有。雖曰法不可壞，而法門破矣！化儀滅矣！」
　　　　（頁781。）
〔註135〕《廣錄》卷30，〈續寱言〉，頁783。
〔註136〕元賢在寫給爲霖道霈的書信上，也曾提到此看法。詳見《鼓山晚錄》卷下，〈答
　　　　爲霖靜主書〉，頁7639。

因此對於法脈傳承一事，元賢相當的謹慎：「遂禁上堂結制，亦甘心絕嗣，不敢輕付非人。蓋以老僧緣薄力綿，不能回天挽日，只得慎重法門，不敢與敝惡之輩，同步而趨。」〔註137〕元賢希望透過法門的謹守，以確保法脈的傳承具有純正禪法的實質意義；也唯有如此，才能挽救世人對於宗門的不信任。因此元賢一生未嘗輕許過任何人，直到八十歲才將拂塵付囑爲霖道霈。在擴充勢力與嚴守法門間，元賢選擇了純正宗風。

又見當時法門諍訟不斷，使僧侶形象嚴重受損，元賢深感憂慮，並以此爲滅法之兆。〔註138〕他認爲僧眾既已出家爲佛子，當以修忍辱爲第一，因「勤修戒定慧，息滅貪嗔癡，故名爲沙門。」〔註139〕與人起衝突、爭高下，著實嚴重違背了衲僧本色。故當他處理法門衝突時，顯得較圓融而含蓄。明清之際，臨濟與曹洞二宗的爭執，吵得沸沸揚揚。〔註140〕元賢是當時曹洞一宗輩分最高的禪師，是最具資格代表曹洞發言者。但是面對臨濟攻擊性的言論，元賢並沒有反唇相譏，他甚至還提出：「予三十年前學臨濟、三十年後學曹洞，自從胡亂後，始知法無異味」，〔註141〕試圖消弭門戶之見、調和二家紛爭。因爲元賢認爲「五宗存則俱存，滅則俱滅」，〔註142〕他不作無謂的爭論，以和諧宗門爲第一。對於禪宗利益的維護、法門形象的護持，元賢可謂不遺餘力。

身爲佛門人士，眼見社會大眾對於僧尼的看輕、醜化，不啻是一件最沈痛的事。然而僧尼爲爭名奪利，醜態百出不一而足，社會大眾看在眼裡，如何能有敬重之意？元賢對此就相當的感慨：「建城諸僧，見士大夫之禮，反在庶民之下，此法滅之兆也。」〔註143〕、「自此以往，愈趨愈下，法門消滅，跬步可待。」〔註144〕僧侶地位的日益低下，元賢認爲此乃滅法之兆。要如何克服這法滅的危機？元賢以爲僧人喪失原有的地位，以致末法亂象叢生，歸咎根本原因，皆因僧侶本身道德的淪喪。他說：「蓋以僧德歷代而遞衰，故待僧

〔註137〕《廣錄》卷12，〈答嚴沖涵比部〉，頁535。
〔註138〕元賢曾言：「及法門鬥諍之風，大爲流俗所譏訶。……只顧黨護己私，不肯平心觀理，的是波旬之徒，藉我門庭，破我道法，正所謂法滅之兆也。」（《廣錄》卷12，〈答嚴沖涵比部〉，頁535。）
〔註139〕《四分戒本約義》（《卍續藏》63冊）卷4，頁321。
〔註140〕詳見第五章第三節第二目。
〔註141〕《廣錄》卷16，〈三玄考〉，頁586。
〔註142〕《鼓山晚錄》卷下，〈答爲霖靜主書〉，頁7638。
〔註143〕《廣錄》卷14，〈與朱葵心茂才〉，頁525。
〔註144〕《廣錄》卷30，〈續寱言〉，頁779～780。

之禮，亦歷代而遞降，此勢之不得不然也。」〔註145〕因此若要逆轉末法的危機，最根本的方法就是僧伽本身的自覺——自覺的提升道德意識。圓澄希冀從制度面來抑制宗門的窳爛，因此他對政府有著相當的期待。元賢則著力於僧團的整頓，以提升衲僧素質、重建衲僧形象。對於佛教的復興，元賢對僧團本身的期許，超過於對教外的期待。

由於元賢對僧侶形象的重視，故他不贊成居士受三衣，因為三衣乃是僧俗重要的區別。〔註146〕同時他也反對僧侶入伍，他認為既已身披袈裟，日夜所思所想盡是殺戮征戰，有何慈悲、有何威儀可言？禪衲的形象又何在？〔註147〕對於「菩薩大戒，殺有時而許開」的說法，元賢也作出解釋，他以為這是針對在家眾而言，因為職責所在，或為保護家國、或為抵禦賊寇，不得已而做。僧侶既已身為佛子，就不得再有殺戮的行為了。更何況大多數的人都是為貪求名利才入伍的，哪裡是僧家的作為？〔註148〕元賢認為既已身著衲衣，就應該作自己本分之事，不應逾界過份干預世俗之事。「僧家寄跡寰中，棲身物表，於一切塵氛，尚當謝絕，況可貪祿位乎？」〔註149〕元賢自己經營寺院的風格即是：「所居一任外緣，如不事事，絕無喜巧之念、貪營之思……雖歷主四剎，而足不入俗」〔註150〕、「凡歷主四剎，所至深居丈室，澹然無營，若不事事」。〔註151〕謹守衲僧化外之民的身份，可以說是元賢應世的最基本堅持。

對於佛教的改革、佛法的復興，元賢的態度是積極且樂觀的，但是對於世事的處理，沈著低調是他的基本原則。

第三節　鼓山的經營

寺院是佛教存在的支撐點，也是佛教外在型態的主要表現，民眾多是通過寺院來認識佛教、進而信仰佛教。〔註152〕因此明末僧侶在從事復興工作時，像紫柏真可般一生行腳不住寺的較少，大多是以一個道場為核心，以發展佛

〔註145〕《廣錄》卷30，〈續寱言〉，頁779。
〔註146〕詳見《廣錄》卷12，〈復方子凡孝廉〉，頁531～532。
〔註147〕《廣錄》卷24，〈僧兵嘆〉，頁676。
〔註148〕《廣錄》卷30，〈續寱言〉，頁779。
〔註149〕《廣錄》卷30，〈續寱言〉，頁779。
〔註150〕曹谷，〈禪餘內集序〉，《廣錄》卷首，頁402。
〔註151〕林之蕃，〈行業曲記〉、潘晉臺，〈永覺傳〉，《廣錄》卷30，頁786、791。
〔註152〕參見嚴耀中，《江南佛教史》，頁260。

教志業、實踐宗教理念。如：蓮池袾宏住雲棲寺、無明慧經住壽昌寺、密雲圓悟住天童寺、無異元來住博山寺、湛然圓澄住顯聖寺等；而元賢則是以鼓山湧泉寺爲主要道場。

元賢曾自述生平到：「一日因謁聞谷大師，力勉出世。遂推主福之鼓山。……繼而歷主泉之開元、杭之眞寂、劍之寶善，後復歸鼓山。」〔註153〕在《永覺元賢禪師廣錄》中，有〈住福州鼓山湧泉寺語錄〉、〈住泉州開元禪寺語錄〉、〈住杭州眞寂禪院語錄〉、〈住劍州寶善庵語錄〉、〈再住鼓山語錄〉，故可知元賢住持過的四道場爲鼓山湧泉寺、泉州開元禪寺、杭州眞寂禪院，以及劍州寶善庵。另外根據元賢《靈光北禪事蹟合刻》一書的〈序〉文中可知，他亦曾是靈光北禪寺的住持。〔註154〕湧泉寺在福州城東，兩寺距離不遠，歷來湧泉寺住持多兼北禪而住。〔註155〕元賢在順治七年（1651）重復靈光，並兼任住持。或許靈光北禪寺規模較小，或者同時元賢已爲鼓山湧泉住持，故傳記資料上說「四坐道場」，而不言「五坐道場」。雖然歷主數道場，但元賢在鼓山的時間最長。崇禎十五年（1642）後，元賢就以鼓山爲常住，直到順治十四年（1657）他遷化爲止，前後住持鼓山十五年之久。（表3-1）鼓山是元賢最主要的道場，也是他經營最久、用力最多的地方，他更自標禪法爲「鼓山禪」。〔註156〕故本節將以《鼓山志》爲主，輔以其他相關資料，以明元賢寺院經營的風格。

一、寺院建築的興修

鼓山位在福建福州東郊，閩江的北岸，山勢綿延十七公里，山上有巨石，下雨時聲若打鼓，因此稱作鼓山。鼓山風景優美，歷史悠久，名勝眾多。早

〔註153〕《廣錄》卷18，〈壽塔銘〉，頁617。爲霖道霈在元賢《最後語》的〈序〉中言：「（元賢）二十餘年間，四坐道場。」（《廣錄》卷首，頁404）曹谷〈禪餘內集序〉、林之蕃〈行業曲記〉、潘晉臺〈永覺傳〉也都稱元賢「歷主四刹。」（《廣錄》卷首，頁402；卷30，頁786、791）。

〔註154〕元賢在〈靈光北禪事蹟合刻序〉中提到：「歲在順治辛卯（八年）仲秋，於茲寺之復」，又落款作「順治十三年歲次丙申端陽後三日現住靈光寺比丘釋元賢謹識」（《靈光北禪事蹟合刻》，頁28～29）。元賢遷化於十四年，在同年才付法道霈，交付鼓山住持之職。故推知元賢在順治八年後至遷化前，曾同時住持湧泉與靈光二寺。

〔註155〕參照《鼓山志》與《靈光北禪事蹟合刻》二書，可知其中多位住持，如興聖神宴、圓照用明、虛庵普淨、雪關智誾等，都曾同爲二寺的住持。

〔註156〕元賢曾言：「『鼓山禪』與諸方大不相同。」（《廣錄》卷10，〈示善侍者〉，頁513。）

在唐建中四年（783）時，鼓山就已建寺，時名爲華嚴寺。後梁開平二年（908），閩主王審知重建名爲「鼓山湧泉禪寺」，並請雪峰義存之法嗣神晏駐錫。宋時眞宗賜額「鼓山白雲峰湧泉禪院」，明永樂五年（1407）改禪院爲「寺」。嘉靖二十一年（1541），湧泉燬於大火，僧眾遷居下院，萬曆年間，僧月江等人營靜室而居。直到天啓七年（1627），僧道瑞、曹學佺等人重新興造，請無異元來前來住持，才開啓湧泉復興之機。〔註157〕

　　根據《鼓山志》〔註158〕的記載，第六十代住持爲翁簡文丐禪師，第六十一代爲無異元來禪師；翁簡文丐遷化於天順元年（1457），無異元來於天啓七年（1627）來山，兩代之間相隔了一百七十年之間；由法席的凋零，可知鼓山在這段期間的沒落。〔註159〕無異元來雖然重開了鼓山，但是他主要的道場在江西博山寺，他住錫鼓山只有半年左右，時間並不長。繼元來而住的是其弟子雪關道誾，道誾於崇禎五年（1632）入住，但在隔年就離開了，住山時間亦不到一年。

　　崇禎七年（1634）元賢受廣印推薦初次住山，當時鼓山虛席已久，湧泉寺大半都已淹沒於草莽之中。因此元賢在住山第一年，就陸續興修鼓山建物。崇禎十年（1637）至十五年（1642）間，元賢受廣印遺命住持眞寂禪院，此間鼓山法席一直虛空著。雖然曹學佺等人也曾於崇禎十四年（1641）時，延請覺浪道盛住持，但道盛於同年秋末就離開了。〔註160〕鼓山自天啓年間重開山以來，雖有元來、道誾、道盛等德高望重的僧侶來住，但是時間都過於短暫；當他們住山時，僧眾聚集、檀家護持，然而只要他們一離開，信眾也就隨之星散了。因此雖有曹學佺等人的力復，但是缺少一位德行足以服眾、能力足以領眾的住持，一直是鼓山最大的問題。鼓山眞正的重興，乃是在元賢常住之後。

〔註157〕清・黃任，《鼓山志》卷2，〈寺院〉，頁120～121。

〔註158〕不論是方志或寺志，後世的續修都是以前志爲基礎，再加以去謬、增補，故在資料的收羅上較爲詳盡豐富。因此在文獻的使用慣例上，多會以後志爲主、以前志爲輔。本文關於《鼓山志》的使用亦同，沒有特別標明時，《鼓山志》係指黃任所撰新志，元賢編修者則稱爲《鼓山舊志》。

〔註159〕釋虛雲在編《增校鼓山列祖聯芳集》（福州：鼓山湧泉寺版，不著出版年月）時，遍求山中各處塔墓，以及碑記載籍，才補齊文丐到元來之間的空白，定元來爲第九十二代住持，此後依序排列。然而由元賢與黃任先、後《志》對於這段歷史的付之闕如，也可知鼓山在這段期間的沒落。

〔註160〕《鼓山志》卷4，〈沙門〉，頁215。

　　崇禎十五年（1642）元賢二次入住，當時鼓山不僅法席凋零，寺宇建築也多傾頹──大殿的殿角經海風吹蝕崩落滿地，就連殿內佛像的金漆也已剝蝕。崇禎十六年（1643），元賢開始了復興鼓山的工作。首先他重建了大殿，重修月臺及大庭石；移正了天王殿，並在其左右兩側增建十方堂。十七年（1644）在大殿左右增建遊廊通向法堂，改舊禪堂爲梵行堂，用以安置來寺的行腳僧；在大殿左側建伽藍、閩王二祠、右側建祖師壽昌二堂。同年，邵捷春爲之建禪堂。順治二年（1645）改齋堂爲南向，在堂前設白雲庵以待來客，並在庵東設小客堂以居檀家；同時增建香積廚六間。四年（1647）塑三寶、天王等佛像。七年（1650）時又陸續興建了淨業堂、華嚴堂、碓磨坊等，十年（1653）重建山門。這是元賢在〈重建鼓山湧泉寺禪寺碑〉中，自述鼓山在他住持十五年間，陸續興修的情形。〔註161〕其實元賢對鼓山的重建工作，並不僅止於此，他在住山期間幾乎年年有工程，建設的腳步一天也沒停過。（表 3-2）元賢任內的修建工程，大小至少有三十餘起，其所需投入的精神、人力、物力之龐大，可想而知。在元賢次第的整治修建下，鼓山逐漸興復，規模也日益擴大。至清末，鼓山即有「閩刹之冠」的美稱，其主體建築，甚至整體的佈局、設計，都是在元賢時期奠下基礎的，至今許多建築都還保存著清初元賢整建時的樣貌。

表 3-1　元賢住持任內鼓山興修一覽表

興修項目	時　　間	內　容	主事者	附註說明	資料頁碼
天王殿	崇禎七年	增建	曹學佺	增建三間	124
藏經堂	崇禎九年	興建	曹學佺		125
東際橋	崇禎十一年	復健	曹學佺		136
佛心才大師塔	崇禎十五年	改葬		原在歷代塔西北改葬香爐鋒前	141
寒巖道升禪師塔	崇禎十五年	重修		舊塔久廢	141
無異大師衣鉢塔	崇禎十五年	興建			142～143
大雄殿	崇禎十六年	重建		並重修月臺及大庭	122
天王殿	崇禎十六年	增建		左右各翼一間以爲十方堂	124
雜物寮	崇禎十七年	興建			128
伽藍閩王二祠	崇禎十七年	興建			126
祖師壽昌二堂	崇禎十七年	興建			126

〔註161〕《鼓山志》卷 7，〈重建鼓山湧泉禪寺碑〉，頁 344～349。

梵行堂	崇禎十七年	改建		改舊禪堂以居行僧	125～126
浴堂	崇禎十七年	興建			128
雜物寮	崇禎十七年	興建			128
禪堂	崇禎十七年	興建	邵捷春		舊747
蹴鼇橋	崇禎十七年	重建	申紹芳		135
般若庵	崇禎間	興建		以居耕種	131
湧泉禪寺	順治初	重修			121
白雲堂	順治二年	興建		以館賓客	舊747
小客堂	順治二年	改建		改舊觀音堂爲之	128
齋堂	順治二年	改建		改西向爲南向	125
香積廚	順治二年	興建		六間	128
山門	順治三年	重建	鄧文美		129
佛像	順治四年	重塑		塑三寶天王諸大像	348
鼓碕莊	順治六年	購置		買民基創莊佃田	134～135
華嚴堂	順治七年	興建	佟撫台		126
無諍居	順治七年	興建	僧道宗		134
旦過樓	順治八年	興建			128
淨業樓	順治八年	改建		改建東庵易今名	126
山堂僧洵禪師塔	順治八年	重修		舊塔傾廢	141
壽塔	順治八年	興建	陳白庵	在湧泉寺西畬因元賢老病而建	602
瑞巖扣水古佛塔	順治九年	重修			140
檜堂祖鑒禪師塔	順治九年	重修			142
碓磨坊	順治九年	興建			129
平楚庵	順治九年	重建	僧道霈		133
報親塔	順治九年	興建	僧道上 陳寂知	以藏諸僧父母	143～144
山門	順治十年	重建			348
戒月寮	順治十年	興建		以居來受戒者	128
合珪亭	順治十年	重建	楊宏材 鄧文美		136
吸江蘭若	順治十二年	興建	僧成源 羅等法		132

資料來源：《鼓山志》、《鼓山舊志》。

在元賢的興修工程中，除了寺院、山門等基本建物的興修、以及佛像塑造外，有幾項特色是值得提出的。

首先是諸塔與祖師、壽昌二堂的興建。元賢在任內總共興修重建了五座祖塔，並在大殿的右邊建祖師、壽昌堂。在宋代的寺院中，法堂的右邊是祖師堂，

左邊是伽藍堂。〔註162〕元賢於祖師堂旁加建壽昌堂，用意在於標舉鼓山出於曹溪、傳於壽昌，可見得他對法脈傳承的重視。

其次是伽藍、閩王二祠的興建。原來禪院的建築中就有伽藍堂，元賢特別在伽藍堂旁加建閩王祠。閩王是指五代時王廷鈞，王氏從北方入主福建，爲鞏固統治，大力提倡文教。信奉佛教的閩王，不僅大量度僧，對田產也多有貢獻，使得福建成爲當時全國寺產最多的地方，閩王時代可以說是福建佛教發展的黃金時期。由於閩王對福州貢獻甚多，遂成爲福州的保護神，備受民眾崇拜。〔註163〕鼓山在當時亦多得於閩王的貢獻，〔註164〕於是元賢特別在伽藍堂旁增建閩王祠。伽藍堂本是禪院的土地堂，堂內安置伽藍守護神；閩王在福建的信仰中亦爲保護神，故元賢將兩者並立而建。元賢閩王祠的增建，不僅結合了地方文化，同時也擴展了佛教的信仰基礎。

再者是關於客堂的興建，元賢在入主鼓山的隔年就大興土木，將原來的禪堂改建爲梵行堂，並於堂旁增建衛浴設施，共計有十二間之多。梵行堂的主要功用在招待雲遊的行腳僧，雖然各禪院都有雲水堂，以供遊方僧掛單，但是如此規模龐大的設計則較少見。鼓山當時百廢待興，而元賢於翌年就著手於梵行堂的興建，可知他在住山之初，就將鼓山湧泉定位爲十方道場，而非少數僧眾的私家修行場所。這樣的經營立場一直沒有改變，元賢晚年興復靈光禪寺時，在新定的〈戒壇規約〉中特別提到：「外客新到，不論早晚，一餐一宿，治客者應盡禮接待，不得稍存簡慢」。〔註165〕〈戒壇規約〉內容相當的簡要，只有十條，而其中竟有關於招待來僧的規定，可見得元賢對於四方行僧的禮遇。除了四方僧眾的接待外，元賢對於俗家檀越的接待亦頗重視。順治二年（1645）時，白雲堂、香積廚的興建，以及小客堂、齋堂的改

〔註162〕《佛光大辭典》「伽藍堂」一條言：「（伽藍堂）安置伽藍守護神之堂宇。在宋代之寺院中，伽藍堂與祖師堂分建於法堂左右兩側，伽藍堂內安置伽藍守護神；或謂伽藍堂即是「土地堂」，此蓋以土地神爲伽藍守護神而祭祀之，故稱土地堂。」（佛光山宗務委員會編，臺北：佛光文化事業有限公司，1997 年光碟版。）

〔註163〕陳支平主編，《福建宗教史》，第五篇〈福建宗教的文化特徵〉，頁 460～461。

〔註164〕《鼓山志》卷2，〈寺院〉：「鼓山白雲湧泉禪寺……閩王審知塡其壇爲寺，請僧神晏居之。」（頁 120）；卷 4，〈沙門〉：「梁開平二年，閩王奏立鼓山湧泉禪寺。」（頁 158）；卷 5，〈田賦〉：「閩忠懿王施僧田至八萬四千畝。」（頁 256）

〔註165〕《靈光北禪事蹟合刻》，〈戒壇規約〉，頁 45～46。

建，都是爲招待、安置四方信眾。從元賢對於寺院的興修，可得知他欲領導鼓山朝十方道場的方向發展，而不是遠離塵囂、遺世而居的阿蘭若。〔註166〕

二、寺院經濟的維持

（一）寺田的開墾

對於寺院經濟的維持，元賢相當讚許其師慧經所倡導的農禪生活。因爲農禪的經營模式，不僅可以降低寺院對社會布施的依賴，透過親力親爲的勞作，還可以使大眾不失散、不違戒，進而穩定宗門的發展。雖然元賢對於農禪生活的嚮往，但是他所面對的環境，卻不允許他單純以農禪模式經營。

元賢所住持的寺院中，寺產最多的應是開元寺。開元寺原有土地一百八十三頃三十五畝，到元賢崇禎十五年（1642）作《開元寺志》時，只剩四十八頃五十七畝，不到原來的四分之一。（表 3-3）大部分的寺產，不是依例變賣，就是爲豪強所奪。而且官府抽稅高達八成以上，因此雖有近五十頃的寺田，開元寺僧的生活上仍顯窮困。〔註167〕然而這已經是元賢所有住持的寺院中，情況最好的一個了。

表 3-3　開元寺寺產表

所在地	原　　有	現　　存
晉江縣	95 頃 8 畝 3 分	11 頃 6 畝 8 分
南安縣	90 頃 15 畝 2 分	31 頃 49 畝 0 分
惠安縣	36 頃 16 畝 0 分	9 頃 85 畝 6 分
同安縣	44 畝 0 分 4 厘 1 毫	44 畝 0 分 4 厘 1 毫
安溪縣	16 頃 73 畝 6 分	不存
永春縣	10 頃 29 畝 5 分	2 頃 52 畝 0 分
僊遊縣	15 頃 56 畝 5 分	4 頃 27 畝 4 分 3 厘

〔註166〕在岑學呂編，《虛雲和尚年譜·法彙增定本》（臺北：大乘精舍，1982 年）中記載到：「在一九二九年的時代，鼓山完全變了樣，從十方所有變成子孫，由盛旺變爲衰敗。」（頁 98）亦可作爲元賢建立鼓山爲十方道場的旁證。

〔註167〕元賢〈溫林開元寺志論·田賦論〉言：「至於近世，謂僧非民且耗國，忍爲變賣之議及請給之謀。非獨無以施之，且扼而奪之，產已失十之五矣。至嘉靖間，防倭事起，當道抽其六餉軍，巡撫金公，且徵其八。至於今日，軍已撤而餉不減，又有加焉。如之何僧不窮且竄也？」（《廣錄》卷 19，頁 624。）

莆田縣	3 頃 76 畝 3 分	不存
永春縣	5 頃 24 畝	不存
總　計	183 頃 35 畝 1 分 4 厘 1 毫	48 頃 57 畝 4 分 7 厘 1 毫

資料來源：元賢《開元寺志》，〈田賦志〉，頁 175～180。

　　相對於開元寺，鼓山湧泉寺與靈光北禪寺的寺產就更微薄了。根據元賢《靈光北禪寺事蹟合刻》的記載，靈光北禪的寺田共有一頃二畝二分九釐，且必須納銀二十七錢七分四釐、納糧九斗六升五合。〔註168〕相較於雲棲、顯聖、天童等寺，寺田動則上千畝，又有「徭役賜免」、「止輸正糧」的待遇；〔註169〕靈光北禪區區一百多畝的寺田，不僅得納銀、還得納糧，可見其經營之困難。而更艱困的是湧泉寺，湧泉興盛時，曾經擁有寺田八萬四千多畝，然而隨著豪強的掠奪、朝廷的重抽軍餉、以田入學，到了崇禎年間竟已片田無存。〔註170〕《鼓山志》言：「嘉靖初寺僧尚數千指，二十七年勢豪奪其大洲田二千五百畝，住持僧訟之累年不決。乃以田入儒學，於是僧眾稍稍散去。而解京黃冊，猶屬鼓山舊管地也。既而奉朝旨，四六寺田，四供香燈，六徵其租餉軍，租畝銀六分。萬曆丁酉（25，1597），巡撫金公復用軍興，以其八餉軍，又倍增其租，於是僧益困，寺田幾盡歸豪家矣。」〔註171〕以田入儒學時，鼓山已無法維持正常的運作，才會有僧眾散去的情形出現。然而在寺田幾已散盡的情況下，朝廷為抗流寇，又實施寺田四六之法。僧眾除了必須繳納六成寺田收入作為軍餉外，每畝還得納銀六分，稅賦之重令人咋舌。有些寺田已被豪強所奪，但是資料上又登記在鼓山下，鼓山無田還得納糧繳稅，寺僧生活之艱困可想而知。但是接著竟是八成軍餉，加倍納銀，寺田九成以上的收入都入了公庫。在繳交不出賦稅的情況下，只好賣寺鬻田以完稅。積年累月下來，不斷的剝削，千萬畝的田產也蕩然無存了。然而官府豪強並沒有因此罷休，元賢在崇禎年間來到鼓山，所看到的是「見廢院僧，盡其歲之所歛，尚不足以完官。鞭笞既急，日夜唯豪家之鏹是求，其不至於產盡僧亡不止也」。〔註172〕鼓山在入明後的急遽沒落，與寺

〔註168〕相關數字係依《靈光北禪寺事蹟合刻》（頁 61～68）的紀錄統計而來。

〔註169〕參見徐一智，《明末浙江地區佛教寺院經濟之研究 —— 以雲棲袾宏、湛然圓澄、密雲圓悟為中心》，頁 157～159、167～172、176～180。

〔註170〕《鼓山志》言：「閩忠懿王施僧田至八萬四千畝，遺冊猶存。至宋時已去其七，元明以後寖以侵削。……問其故業已蕩然無復存矣。」（頁 256）

〔註171〕《鼓山志》，頁 250～251。

〔註172〕《廣錄》卷 19，〈鼓山寺志論・田賦志論〉，頁 622。

田的不斷流失、及稅賦的沈重負擔，有絕對的關係。

　　鼓山寺無恆產的情形，一直到順治初都沒有太大的改善，故元賢在修《鼓山志》時，並沒有立〈田賦志〉，因爲「寺田產半入學官、半入豪右，今無存，故不志」。〔註173〕寺田是明末寺院經濟最穩固、可靠的來源，除了僧侶親耕用以供養四眾外，其他的土地亦可用於承租收佃，多餘的作物還可作爲販賣。然而鼓山卻是片田全無，要如何復興？如何永續經營？也難怪元賢在面對半隱於草莽的鼓山時，一種無法勝任的恐懼感會油然而生。〔註174〕

　　然而寺田畢竟是明清寺院最基礎的經濟來源，因此元賢入主鼓山後，還是帶領僧眾開荒闢田，維持基本的農禪生活模式。〔註175〕元賢在〈示初度沙彌〉中有言：「壽昌在日硬如鐵，懶向人前曲脊求」、「壽昌衲子盡開田，老漢扶犁自向前。雖然不識開田義，也免閻羅算飯錢。」〔註176〕慧經一系在明末以農禪著稱，元賢有意識的繼承此風，因此他鼓勵壽昌衲子要努力開田闢荒。元賢認爲僧侶躬耕耒耜有其好處，除了免向人低頭勸化、取得經濟自主外，就因果的立場而言，自食其力還可以免除惡業果報。更何況僧眾衣食無虞、無所事事，對於修道而言，並不是一件好事：「如今飽食不須憂，百事無營正好休。怎奈閒中閒不得，百非造起積愆尤。」〔註177〕日常生活過於閒適，易造業生非；透過作務，反倒有益於身心的修養。因此他鼓勵寺僧自食其力，並親自帶領著寺僧耕種。

　　在土地的運用上，鼓山的寺田主要是用來栽種稻米，以供寺院齋糧之用。除了種植稻米之外，較貧瘠的土地則栽種雜菜、薯豆、水果等作物，山坡地也有用來種茶者。〔註178〕飲茶在明末已成爲普遍的習慣，寺僧種茶不僅可以自己飲用，同時也可以用來招待十方賓客，更況且福建自古就是以產茶聞名。至於僧侶無法親耕的土地，則承租給當地的農家耕作，以收取租金，購買寺院所需物品。但不論是鼓山湧泉寺或靈光北禪寺，寺田的面積都不大，收穫

〔註173〕《鼓山舊志》，〈凡例〉，頁742。
〔註174〕元賢〈重建鼓山湧泉禪寺碑〉言：「余時徘徊四顧，凜然有弗勝之懼。」(《鼓山志》卷7，〈藝文一〉，頁346。)
〔註175〕清黃任編《鼓山志》時有言：「至今可紀者僅餘百畝，然皆山僧續墾磽确與募緣所購。問其故業，已蕩然無復存矣。」(頁256)可知鼓山寺所擁有的寺田，都是在元賢入主後，寺僧陸續開墾、募購而來。
〔註176〕《廣錄》卷22，〈示初度沙彌〉八首之四、之五，頁652。
〔註177〕《廣錄》卷22，〈示初度沙彌〉八首之六，頁652。
〔註178〕元賢《廣錄》中有〈採茶〉四首。參見《廣錄》卷26，頁700～701。

主要應該還是提供寺僧自己食用,農作物的販賣不大可能,即便有,相信數量上也相當有限。寺田的承租只是就靈光北禪寺而言,鼓山僅地數十畝,應該都是寺僧親耕親為才是。〔註179〕故可推知,元賢住持鼓山時,寺田所獲得的收益,並無法應付一寺日常所需。

　　雖然元賢倡導農禪生活,但是他對於寺田的化募、買進,並不十分的積極。總計到康熙年間,鼓山寺產總共只有一百八十七畝,且多非元賢任內所置。〔註180〕元賢住持時,鼓山寺田最多只有八十畝左右。元賢在明末清初極具聲望,若要聚積田產應該不會太困難。但是在他任內並不見有購置土地或化田勸募的記錄,〔註181〕這和他治理寺產的理念有著密切的關係。他曾說:

> 膳僧必以田,居田必以德。德之所在,田必隨之。田之所在,害必伏之。……今俗僧率營厚殖,以遺子孫者,其請問之鼓山。〔註182〕
>
> 昔紫雲高僧,有弘則者,王公與之膏腴,謝不納。有棲霞者,州牧王繼勳,為廣其居,殖其糧,固辭曰:「毋為子孫累!」有禹昌者,人施其膏腴,則曰:「有是,吾子孫其不免狼虎矣!」今日觀之,三師真偉人哉!〔註183〕

元賢眼見田多產厚者,多遭世俗覬覦,反而遺害後世子孫;曾經多產的鼓山就是最好的例子。「田之所在,害必伏之!」因此,他盛讚拒絕檀越施田的高僧為「真偉人哉!」故元賢雖然提倡農禪,但並不積極於土地的購置,對已被侵佔、賣斷的寺田,也不見有興訟或贖回的紀錄。鼓山大部分的寺田都是由寺僧墾荒闢地而來,且持有的土地面積也不大。因此,在鼓山的開發上,寺田的擴增並非經營的主軸。

(二)大眾的募化

　　除了寺田墾殖的收入,勸募與化緣亦是鼓山經濟的重要來源。元賢對其

〔註179〕有關寺田的運用情形,參見《靈光北禪寺合刻》,頁61～68。

〔註180〕根據《鼓山寺志》的記載,湧泉寺購置寺田最大的兩筆紀錄是康熙四十三年(1704)寺僧圈田五十九畝一釐一毫;及雍正十三年(1735)制府郝公倡緣官買民田充香燈的五十三畝。(頁240、232。)

〔註181〕元賢唯一只寫過一篇〈化田疏〉,是文為代化文字,並非為鼓山募田而作。詳見《廣錄》卷17,頁599～600。

〔註182〕《廣錄》卷19,〈鼓山寺志論‧田賦志論〉,頁622。

〔註183〕《廣錄》卷19,〈溫陵開元寺志論‧田賦志論〉,頁624。

師慧經「歷主三刹，皆不發化主，不扳外緣，任其自至」〔註184〕的道場經營
風格，相當的崇敬。但是他所面對的環境，卻不容許他追隨其師的腳步。元
賢入主鼓山時，湧泉幾乎已形同廢墟。龐大的重建費用，再加上寺僧日常生
活所需，沒有寺田作為後盾的鼓山，其經營之困難可想而知。在這樣的環境
下，鼓山只好向外界化募。在元賢的《廣錄》中，勸募疏文共計有二十四篇，
其中有大半屬於代募文字。與鼓山相關的勸募文字中，募化項目包括了鑄鐘、
誦經、募米、修寺、啓建法會等。〔註185〕啓建法會、鑄鐘、修寺等重大事件，
需要外界的幫助在所難免；然而就連米糧這種寺僧日常生活所需，都必須要
向外募化，〔註186〕就可知鼓山當時經濟的困窘。

　　「勸募」是明末佛教復興工作，經費籌措的重要來源之一。明末諸大師
多得十方大眾的資助，復興事業才得以推動。在勸化方式上，相較於當時其
他僧侶，元賢的「托缽行乞」是較特出的。佛陀時代僧團都是以托缽乞食維
持基本生計，然而由於風俗民情的不同，中國對於乞食者多半存有鄙視的心
態，佛教僧尼也一直逃不過排佛論者「不耕而食不織而衣」的批判。因此自
百丈懷海建立「一日不作，一日不食」的農禪生活型態後，僧團多半都已不
托缽乞食了。在明末的僧侶中，除了雲遊行腳的遊方僧外，極少有托缽化緣
等相關情事的記載。然而托缽卻是元賢經營鼓山的方法之一，資料上記載到：
「今歲干戈甫定，乃仍遣僧人行乞。」〔註187〕由引文中用「乃『仍』遣僧人
行乞」，可以推知，托缽行乞應是鼓山經常性的募化活動。

　　元賢不僅時常遣寺僧行乞，他自己也親自托缽化緣。〔註188〕元賢認為托
缽符合佛教的精髓，且益處甚多。他在《律學發軔》中，就分別以「四意」、
「四分」、「十利」與「十法」說明乞食的意義：

　　　　乞食四意：一福利眾生，二折伏憍慢，三知身有苦，四除去滯著。

　　　　乞食四分：一奉同梵行者，二與窮乞人，三與諸神鬼，四自食。

　　　　乞食十利：一自用活命，自偶不屬他；二施我者命住三寶，然後當

〔註184〕《廣錄》卷15，〈無明和尚行業記〉，頁577。

〔註185〕詳見《廣錄》卷17，頁600～609。

〔註186〕元賢的〈鼓山募米疏〉就是最好的說明。（收入《廣錄》卷17，頁602～603。）

〔註187〕《廣錄》卷17，〈重建鼓山湧泉禪寺疏〉，頁605。

〔註188〕元賢〈乞食〉一詩言：「持缽入王城，幾回還自顧，歸來雨忽暴，溪漲不能度。」
　　　　（《廣錄》，卷26，頁693。）又〈鐵鐺行〉言：「鐵板雖掛舊堂前，托缽空回
　　　　烹白水。僧徒鳥散無可棲，暫見朝遷暮又徙。」（《廣錄》，卷24，頁676。）

食；三長生悲心；四隨順佛教；五易滿易養；六破憍慢法；七無見
頂善根；八見我乞食，餘者效我；九不與男女大小有諸事故；十次
第乞食，生平等心。

乞食十法：一為攝受諸有情，二次第，三不疲厭，四知足，五為分
佈，六不耽嗜，七知量，八為善品現前，九為善根圓滿，十為離我
執。〔註189〕

元賢認為乞食有諸多的利益，不論是對僧侶正命、正業、去除我執傲慢，或
對結緣眾生而言，都有極大的好處。然而在當時，世人對於僧侶不織不耕的
批評時有所見，再加上叢林僧侶普遍的自恃與高傲，元賢要推動「托缽行乞」，
相信有一定的困難。僧團內部應當有不同的意見出現，因此他才會在《律學
發軔》中，不斷重申乞食的意義。由元賢對於乞食意義的彰顯，可以看出「托
缽行乞」對鼓山而言，不僅是寺院經濟的維持，更是僧團教育的一個重要環
節。而身為住持的元賢，自己親身帶領寺僧托缽，無疑是最好的示範。

　　除了對於乞食義的闡揚外，行乞的方法、威儀的維護，也是元賢所重視
的。他不厭其煩地告誡弟子，何謂邪命食、何處不該遊，入俗眾屋舍應注意
的事項等等。〔註190〕鼓山對於僧眾的托缽行乞，不僅有一定的規範，同時
還視之為「戒律」的一部份。〔註191〕中國社會對出家眾的乞食，會產生強
烈反感的原因，除了固有的偏執外，僧眾不計手段的索討及生活的奢華，應
該也是招致不滿的主因。僧伽入眾行乞的方法與態度，嚴重影響著僧團的形
象，因此在佛陀時代就有相當的規定。鼓山將行乞的方法視為戒律的一部
份，並再三的強調，可見得元賢對於寺僧形象的重視。鼓山寺僧的托缽，在
當時並沒有引發太大的反感與批判，僧團的規範與僧侶的自制，應是最主要
的原因。

（三）經懺的應接

　　湧泉寺位處福建福州，明清鼎革之際，這裡正是清朝與鄭成功決戰之地。
戰鼓喧闐、屍殍遍野，面對如此的人間煉獄，如何安慰生者？撫慰亡靈？如
何使幽冥兩界都得到安頓？透過宗教哲學的引導，使其能了知因緣果報，進
而超脫生死，無疑是最根本的方法。然而這畢竟屬於較高層次的思維，對於

〔註189〕《律學發軔》卷下，頁963、965。
〔註190〕詳見《律學發軔》卷下，頁962～964、965。
〔註191〕關於乞食托缽諸問題，元賢都是放在《律學發軔》中加以詮釋的。

廣大的黎民百姓而言，「經懺佛事」無疑是佛教可以給予最直接的安慰。更何況經懺法事，本來就是江南佛教的一大特色。〔註192〕

　　鼓山雖然承祧於正統宗門，但是也照顧到民眾的基本需求，因此鼓山是承接經懺佛事的。除了大型中元水陸法會的舉行外，〔註193〕鼓山所應接的佛事涵蓋面甚廣，從元賢《禪林疏語考證》一書中即可得知：彝典門、修因門、弭災門、祈恩門、薦悼門、附錄、續錄等類，除了彝典門與修因門是佛門法事，弭災門、祈恩門、薦悼門都是為一般民眾的消災、祈願、薦往所設，可見鼓山在經營上，是與民眾生活緊密結合的。

　　雖然明末佛教的窳爛與瑜伽僧脫離不了關係，但並無法從這點來否定經懺佛事所發揮的社會功能。明太祖將僧眾獨立出「教」，並特別允許教門的瑜伽僧可與大眾接觸，正說明了社會對於這類法會有一定程度的需求。再者，經懺的本質在於「懺以理為正，以事為助。……初機行人，未能卒與實相相應也，須藉外緣輔翼。《法華》謂：我以異方便助顯第一義是也。」〔註194〕誦經禮懺有積德消業的功用，是廣大佛教徒最常見、且最方便的修行方式。中下層的民眾，往往是透過經懺佛事而知道有佛教，進而接觸佛教的。這也正是為何雲棲袾宏反對佛事，而又廣作懺法、重訂水陸道場儀軌、修訂《瑜伽燄口施食要集詳註》的原因。他所反對的是應付僧為謀生餬口、虛應了事的世俗化、商業化、形式化的經懺佛事，而非對經懺功用的全面否定。〔註195〕

　　對於經懺佛事，禪門宗師幾乎是自覺性的反對，無明慧經、無異元來、湛然圓澄、密雲圓悟等人均是，只是程度不一。元賢雖受印於慧經，但是他的淨戒思想來自於廣印；廣印學承袾宏，袾宏特重水陸法會的舉行，幾乎年年啟建。或許受師承影響、或許是應當地民情的需求，〔註196〕元賢雖然具有

〔註192〕嚴耀中《江南佛教史》言：「經懺法事起於梁朝武帝之時，後日漸發展，成為江南佛教的一大特色。」（頁120）

〔註193〕在《廣錄》卷17，頁605，收有〈鼓山建中元廣薦會疏〉一文。

〔註194〕雲棲袾宏，《雲棲法彙》（《嘉興大藏經》32～33冊），〈竹窗隨筆・禮懺僧〉，頁35。

〔註195〕參見釋見曄，《明末佛教發展之研究──以晚明四大師為中心》，頁79～81。

〔註196〕嚴耀中《江南佛教史》言：「宗教事業離不開施主。從宗教的主觀方面說，施主的眾寡和所施的多少與其事業的成功與否有關；客觀上則是與其所處地域的經濟發達和社會習俗有關。也正因如此，宗教往往為了爭取施主而悄悄地調整自身。施主對宗教的影響是不可忽視的。」（頁271）而重祭祀、好神異、喜淨土正是江南佛教的特質，而這些特質都有益於經懺佛教的發展。

正統宗門禪師的地位，但是他並不排斥主持經懺佛事。元賢希望透過法會的舉行，可以弔死慰生，不僅祈求年豐民安，同時也希望眾生皆能脫離生死苦海、同證佛果。〔註197〕元賢的參與佛事，可以說是他積極入世、普渡眾生的表現。所以不論是爲地方祈雨求福、爲百姓誦經祈福、爲駕崩皇帝禮拜懺悔，〔註198〕他都不拒絕、甚至主動啓建法會。

經懺佛事對元賢而言，並非只是賺錢的工具、可以苟且應付的；也因此當他在面對舊文的因襲陳腐，無法苟同，而親自撰寫禪林疏語。〔註199〕元賢曾經告誡弟子不要販賣如來，〔註200〕相信在這樣的立場下，鼓山的經懺佛事，應該是和雲棲寺啓開水陸法會一樣由信眾自由捐輸，而不是形式化、商業化的經營。就如同雲棲寺一般，雲棲雖然不是經懺道場，但是水陸法會亦不失爲寺院重要經濟來源；〔註201〕鼓山雖然不是應付教寺，但是經懺佛事也是鼓山重要的經濟收入。〔註202〕

（四）經藏的刊印

福建地多丘陵，森林廣大，綠竹成海，不僅擁有豐富的刻板造紙原料，又出產印墨；〔註203〕在氣候上，四季溫和，終年不雪，相當適合印刷事業的經營。

〔註197〕〈鼓山建中元廣薦會疏〉言：「兵戈劫起，儘教血染青山，鯨浪禍生，忍見屍沉黑海？況疾疫繼至，每聞哭泣之聲，飢饉洊臻，難免溝壑之殍。下民無自活之計，鬼錄多枉死之冤。惟仗我佛之良猷，可解斯民之毒苦。」（《廣錄》卷17，頁605）；〈南禪寺結盂蘭盆會疏〉中言：「世俗之孝，在順其情；我佛之孝，在順其性。世俗之孝，在資其形；我佛之孝，在資其神。……兼修懺摩及瑜珈施食法，是俾其親神超冥漠之天，化移思議之表。……而資神之妙，唯我釋爲獨至也。」（《廣錄》卷17，頁597～598。）

〔註198〕《廣錄》中收有〈建州孫道台請祈雨疏〉、〈聞賊勢猖獗諷經護國疏〉、〈崇禎皇帝遐升禮懺疏〉、〈崇禎皇帝遐升禮懺表〉（卷17，頁606～608）等文。

〔註199〕元賢《禪林疏語考證》〈序〉言：「……但因襲陳文腐語，苟且應酬而已。予昔在眾日，每任是職，苦于無舊可因，故率多杜撰，應酬積之。既久，不覺成帙。」（《廣錄》卷14，頁559。）

〔註200〕元賢〈示初度沙彌〉言：「既然充作如來子，稗販如來罪更深。不若歸家重蓄髮，如來滴水莫相侵。」（《廣錄》卷22，頁652）。

〔註201〕參見徐一智，《明末江浙地區佛教寺院經濟之研究——以雲棲袾宏、湛然圓澄、密雲圓悟爲中心》，頁159～161。

〔註202〕「法久必衰」一項政策若是經過長時間的運作，必然會產生許多弊病。鼓山到後來也不免走向「經懺事煩」、「習氣濃厚」的弊病，但這已是元賢後三百多年的事了。參見岑學呂編，《虛雲和尚年譜・法彙增定本》，頁97。

〔註203〕陳力《中國圖書史》（臺北：文津出版社，1996年）言：「建陽成爲宋代刻書坊的中心之一，有諸多原因。福建地區盛產竹子，造紙業非常發達。據說建

從五代北方世族南遷後，福建的文化就日漸發展。宋代朱熹晚年長住建陽，更使得當地文風大盛，客觀上也促進了該地區刻書業的發展。在南宋時，建陽即與杭州、成都並稱，爲三大書籍刻印地之一。關於經藏的刊刻，雖然沒有直接證據證明五代已有佛經的開雕，但是至遲在宋代，福建已有東禪等覺院所的崇寧萬壽大藏、與開元禪寺的毘盧大藏經二部大藏的雕造。〔註204〕大藏刻印工程浩大，光是福州一地就有二部大藏的開雕，足見當地刻書事業的發達。到了明代，福建依然是刻書重地，光是建陽一地的書坊，就高達八十餘家。〔註205〕

　　湧泉寺雖不位在福建刻書中心建陽，但是亦從宋代開始刻經。鼓山的刻經事業，並沒有如雲棲寺般詳細的記載，〔註206〕但從鼓山於今尚存有一萬一千三百七十五塊的印經經版，就可知鼓山刻經事業的發達。〔註207〕鼓山的刻經雖然起於宋代，但是由於明初中期的沒落，刻經事業也顯得蕭條。元賢雖是禪師，但是他相當重視文教，因此在入主鼓山後不久後，就興建藏經閣，用以儲藏藏經和經版。〔註208〕在元賢的文集中，保留了許多刊印經書的序跋文，〔註209〕可以得知他除了撰述外，亦刊印了不少書籍。元賢自己的著作亦由鼓山所製版刊行。鼓山現存的經版中，就有許多元賢和道霈著作的刻板。雖然閩地的刻書——特別是建陽麻沙本，常被批評爲粗製濫造，甚至是眾版本中最下者；〔註210〕但是鼓山的刻經，卻是雕刻嚴謹，字跡清晰，版面清爽，

陽的北洛里和崇政里皆產竹紙，崇奉里產印書之墨。因此在這裡開辦印書業的物質條件很好。」（頁201）

〔註204〕東禪等覺院所的《崇寧萬壽大藏》印經活動自南宋至元朝至治、泰定（1327）之世，共達二百餘年之久，是中國已知第一部私刻漢文大藏經。開元禪寺的《毘盧大藏經》，約刊刻於南宋至元大德年間。參見釋道安，《中國大藏經雕刻史話》（臺北：中華大典編印會：1978年10月），頁90、93。

〔註205〕張秀民，《中國印刷史》（上海：人民出版社，1989年），頁87～92、377～389；陳力，《中國圖書史》，頁201～285。

〔註206〕在袾宏《雲棲共同住約》中，對於雲棲寺佛經刊刻出版的事宜，不論是刊印流程、雕版工資、經書售價等都有詳細的記載。詳見《蓮池大師全集》（臺北：中華佛教文化館，1983年）4，頁4914～4902。

〔註207〕陳錫璋，《鼓山湧泉寺掌故叢譚》，頁155。

〔註208〕鼓山的藏經堂興建於崇禎九年（1636），由曹學佺主其事。參見《鼓山志》，頁125。

〔註209〕詳見《廣錄》卷13、14，頁538～565。

〔註210〕由於建陽書坊的刻書以牟利爲目的，因此不僅雕版紙墨均差，句逗字畫亦是錯誤百出，甚至連卷數篇目也有短少的情形。在明清時期郎瑛、謝肇淛、胡應麟、周亮工等人，都曾對麻沙本提出嚴屬的批評。參見張秀民，《中國印刷史》，頁87～92、377～389；陳力，《中國圖書史》，頁201～285。

品質極高，在國內首屈一指。〔註211〕歷經元賢、道霈的持續經營，鼓山的刻經事業在康熙時期達到全盛。直到近代，鼓山湧泉仍以藏經豐富聞名，深受國內外學者所重。〔註212〕

雖然在文獻中，不論是元賢、道霈的著作、或是《鼓山志》裡，對於鼓山的刻經事業都沒有太多的著墨。然而在虛雲和尚的〈影印宋蹟砂版大藏經序〉中云：「每思前明永覺諸祖，所辦永通齋鋟板流通法寶事業，及羅致藏典，以普益後人之困難。」；〔註213〕又〈鼓山湧泉禪寺經版目錄序〉言：「昔為霖霈祖于清康熙年間，嘗有鼓山永通齋流通法寶畫一經目，刊行於世。迄今逾二百年，幣價相懸，奚翅天淵。」〔註214〕可知元賢和道霈，對於刻藏大業經營有加，不僅有「鼓山永通齋流通法寶事業」之名，更編製經藏目錄及流通價格表，可見當時刻經、印經規模之大。此外，由鼓山現存經版數量的龐大，以及品質的精良，都可推知，在元賢主持時，經藏的刊刻與出版，也是鼓山重要的經濟來源之一。

（五）戒資的收入

元賢有見於當時僧尼行為的不檢，他特別重視戒律的提倡。元賢在崇禎七年（1634）第一次入主鼓山時，即特別為四眾說戒；他在入世弘化之初，就積極於戒律的傳授。到明末清初時，鼓山已儼然成為東南佛教受戒重地；連隔海的臺灣僧侶也多來自於鼓山、或遊學受戒於鼓山，這種情形一直延續到民國初年。〔註215〕當時鼓山的傳戒，在每年農曆四月，以三年為一期。受戒的僧侶留

〔註211〕賴永海主編，《中國佛教百科全書名山名寺卷》（上海：上海古籍出版社，2000～2001年），頁183。

〔註212〕鼓山在近代以藏有豐富的藏經、雕版馳名國內外。有明代南北藏、清代龍藏、日本續藏等，共計三萬多冊；元賢、道霈等著述和其他翻刻，計七千五百多冊。此外尚存明清經版萬餘方，苦行僧刺血書寫的佛經六百七十五冊。民國十八年（1929）弘一大師倡緣刊印道霈禪師著作《華嚴經論纂要》，共一百二十卷，分裝四十八冊，十部贈送日本各禪院，引起日本佛教界對於鼓山的注意。日本著名的佛教研究學者，常盤大定、龍池清等人都曾先後來到鼓山研究藏經。參見陳錫璋，《鼓山湧泉寺掌故叢譚》，頁155～160；賴永海主編，《中國佛教百科全書‧名山名寺卷》，頁183；莊崑木，〈為霖道霈禪師的生平與著作〉，《正觀》2002年9月，頁185～186。

〔註213〕岑學呂編，《虛雲和尚年譜‧法彙增定本》，頁213。

〔註214〕岑學呂編，《虛雲和尚年譜‧法彙增定本》，頁212～213。

〔註215〕釋慧嚴，〈明末清初閩台佛教的互動〉，《中華佛學學報》1996年7月，頁223～230。

錫鼓山，第一年受沙彌戒，第二年受比丘戒，第三年成就菩薩戒，戒期七日，
每期必將同戒錄鎮重存案。若修行無過失，以一年一進階爲慣例。受戒費約四、
五十元，三年受戒滿者，可以退山，稱爲和尚；若想當大和尚者，必須再繳納
五百元的納金。〔註216〕可見鼓山的傳戒，到民初時已相當的制度化，不僅受戒
有一定的進程，就連受戒的日期、納金也都有一定的規定。鼓山傳戒如此的制
度化，甚至到後來的形式化，只要捐錢就可享有「首座」、「知客」的尊榮，以
致被批評爲有名無實、習氣深重，已是距離元賢三百年後的事了。〔註217〕

　　元賢住鼓山時，戒律的傳授應該還保有其眞意。如果一開始的傳戒，就已
如此的形式化，鼓山如何能成爲東南大法窟？如何能延續法脈至百年之久？元
賢在明末清初的傳戒，乃是以福慧圓滿、悲智具足聞名，也就是以其本身的人
格形象爲號召，感化鼓勵眾人受戒。〔註218〕他不僅傳戒於鼓山，還數度被邀請
至泉州開元、建州淨慈、寶善等地結制說戒。對於當時傳戒的情況，並沒有留
下很詳細的紀錄，但在〈元賢傳〉中稱：「問道受戒者，不啻幾萬人。」〔註219〕
可見在當時受戒於鼓山元賢，應已成爲明末清初東南佛教徒一種自清的風尚。

　　鼓山在清末民初時，對受戒戒子收取一定金額的納金，這在元賢當時是
否已成定規不得而知。但是戒子納付戒資，以作自己受戒期間的衣食費用，
是叢林慣例。〔註220〕不論鼓山是否有納金額度的規定，戒子多少都會有一定
的捐輸。元賢雖然非以戒律爲買賣，但是當時受戒於鼓山的緇素弟子眾多，
相信這對於鼓山的經濟，多少有所助益才是。

　　由以上的論述可以得知，元賢調整了傳統禪寺的經營方式，使得鼓山朝
多元化發展，不僅使得寺院更接近民眾，在經濟獲益的同時，也在一定程度
達到佛教弘法利生的目的。

第四節　僧團的整治

　　對於明末佛門所呈現的種種亂象，元賢有著甚深的感慨。他認爲在末法

〔註216〕臺灣總督府編，《臺灣宗教調查報告書》（臺北：小塚商店，1919 年），頁73。
〔註217〕參見岑學呂編，《虛雲和尚年譜・法彙增定本》，頁95～96。
〔註218〕詳見林之蕃，〈行業曲記〉，《廣錄》卷30，頁786～788。
〔註219〕林之蕃，〈行業曲記〉，《廣錄》卷30，頁788。
〔註220〕《黃檗清規》（《大正藏》82 冊）〈梵行章五〉：「欲受戒者當先就庫司納戒資，
　　　　次到書記寮報名，以便填牒。」（頁769。）

時代，滅如來種族者，不是外道異端，而是佛門子弟。那些身著僧衣、現出家相者，或爲衣食營辦、或爲爭名奪利，用盡一切手段，視佛教法紀爲無物，大壞佛教風氣。對於明末清初的佛教而言，所欠缺的不是寺院的建築宏偉，亦不在僧團人數的單薄，而是一份僧團的自知與自律。因此元賢在接掌鼓山後，若只用力於寺院建築的興修、僧團人數的擴大，並無法挽救日益衰頹的佛門，因此大規模的僧團整治，成爲他復興佛法的重點工作之一。

一、僧戒的提倡

佛教的最根本精神，在於佛弟子對於戒律的尊重與嚴守。然而明末佛教受左派心學的影響，禪門瀰漫著一股疏狂之風。僧侶狂傲自大，不僅視戒律爲無物，更以違戒背律爲曠達圓融。在這樣的風氣下，不肖之徒於是有了最佳的藉口，肆無忌憚的放縱享樂、不計手段的求名奪利。元賢認爲明末清初教界之所以如此的混亂，最主要的原因就在於僧侶對戒律的輕忽。因此他以爲身處在末法之世，唯有謹守戒律，才能不隨波逐流，才不忝爲佛們弟子。故元賢雖自標禪法爲鼓山禪，但他特別強調：「鼓山妙挾苕溪戒，末法堤防此最先。」〔註221〕同時視「淨戒」爲比丘五德之一。〔註222〕

元賢相當重視戒律，他不僅鼓勵佛子要清淨守戒，卓然獨立於末法亂世，同時強調唯有戒律的嚴持，一切的修行方才可能：「首弘戒光爲前導，廣引群生到覺場。」〔註223〕雖然雖身爲禪師，但他強調沒有戒律的修行是不存在，也因此鼓山禪法首重戒律的傳授。元賢第一次的公開說法，就是爲四眾說戒，而非登堂說禪。當他崇禎八年（1635）正式在泉州開元寺開堂時，特別禪戒雙舉，標明自己的源流：「禪本壽昌，戒本眞寂」；〔註224〕在他的生涯中，對於戒律的提倡與傳授，亦是不遺餘力。禪師首重傳戒而非傳禪，當時佛門風氣的窳敗，可想而知。

雖是正統宗門的禪師，但是有鑑於明末禪風的疏狂，身爲禪師的元賢，不僅提倡禪門中所傳，不見戒相、洞明自性、決了無疑的「禪戒」，〔註225〕

〔註221〕《廣錄》卷23，〈付戒——跬存禪人〉，頁663。
〔註222〕《律學發軔》：「比丘五德：一怖魔，二乞士，三淨戒，四淨命，五破惡。」（卷下，頁963。）
〔註223〕《廣錄》卷23，〈宗聖禪人〉，頁664。
〔註224〕潘晉臺〈永覺傳〉，《廣錄》卷30，頁790。
〔註225〕「禪戒」又稱一心戒，其以《梵網經》爲開端，《梵網經》（《大正藏》卷24）

更重視明白條列各種戒相的事戒。元賢除了傳戒說戒外，還有《四分戒本約義》、《律學發軔》兩部關於戒律的著作。對於元賢而言，戒律不僅只是他律的道德規範，還包含著發自內心的遵守規律。因此，透過律學相關著作的闡發，有助於學子瞭解戒律的真意。一個禪門宗師對於戒律如此的重視，甚至著力於律學的相關著述，這在禪宗史上是相當罕見的。〔註226〕

　　在元賢的倡導下，戒律逐漸被世人所重視，前來鼓山受戒者不啻萬人，不僅有僧俗二眾，更有外道前來受戒。在元賢的傳記中，還記載了多起因請元賢受戒而獲得利益的神異事蹟；由這些神異事蹟的傳播，也可證當時鼓山傳戒之興盛。〔註227〕

二、僧儀的要求與生活的規範

　　明末清初僧侶地位的不斷下降，與僧眾行為的脫序，有直接的關係。因此元賢除了要求僧團嚴守戒律外，更進一步要求僧儀的莊嚴。他說：「禪衲威儀，非是外修邊幅，蓋為內檢其心，必先外束其身，未有身既放逸，而心能靜一者也。……今有等妄人，任情縱恣，決裂禮法，反笑守律儀者為局曲，果何心哉？」〔註228〕由於僧團素質的低落，再加上狂禪的助長，僧眾苟且隨便、高傲自大的行為，使得世人對於佛教產生了極大的反感。禪宗唐末那種灑落不羈、不拘形式的表現方法，並不適合於明末清初，莊嚴拘謹的禪衲形象，反而較符合當時的社會期待。因此元賢除了僧戒的提倡外，對於僧侶的禪那威儀也相當的重視。他在入眾五法中提到：「一須慈敬尊重于人，二應自卑下如拭塵巾，三知坐起俯仰得時，四在彼僧中不為雜語，五不可忍事亦應默然。」〔註229〕此外元賢又提到入俗舍五法：「一入門小語，二攝身口意，三

卷下言：「金剛寶戒，是一切佛本源，一切眾生皆有佛性。……是一切眾生戒本源自性清淨。」（頁 1003）禪戒乃是以眾生之自性清淨為本。戒律原為一種道德規律，具有各種的戒相。禪戒是透過修習禪坐，以明心性本源，在自性清淨心中，安住不動，自然達到一戒不犯的境地。由於其不具戒相，故在《壇經》中慧能稱之為「無相戒」。

〔註226〕有關元賢的戒律思想，詳見第六章第一節。

〔註227〕林之蕃〈行業曲記〉，《廣錄》卷30，頁787；潘晉臺〈永覺傳〉，《廣錄》卷30，頁790。

〔註228〕《廣錄》卷30，〈續寱言〉，頁773。

〔註229〕《律學發軔》卷下，頁963～964。

卑躬，四善護諸根，五威儀詳序令人生喜。」〔註230〕由入眾五法與入俗舍五法中，可以歸納出重點為：禮讓謙遜、進退得宜，而這些特質正是針對明末的狂禪風氣所發。元賢相當重視衲僧的形象，不僅在外顯的言行態度上，他甚至還注意到「嚼楊枝」這樣的小細節。〔註231〕也唯有僧伽對於自己也行舉止的謹慎，衲僧的威儀形象，才能重新豎立。

再者，有見於明末僧眾散於四方，或出入官家豪門、或進出妓院屠家，逢迎拍馬、用盡一切手段，只為求得利益供養；使得僧侶超塵脫俗的清新形象不復存在。因此元賢在《律學發軔》中，特別提出僧侶不應遊於官家、酒家、屠家、妓院、惡人之家。〔註232〕酒家、徒家、妓院與惡人之家，僧眾本不應出入，但元賢卻將官家列於五不應遊處之首，可見當時僧人遊於官家風氣之盛。僧眾與官家的關係過份密切，難免遭人非議。因此元賢要僧侶遠離是非之地，以保全自身的形象。不僅如此，他特別提倡佛陀時期的「安居」，元賢認為安居可以離三過：「一無事遊行，妨修道業；二損傷物命，違慈實深；三所為既非，故遭世謗。」〔註233〕除了有專心修道、少傷物命的優點外，安居還有助於僧侶正面形象的建立，因此元賢是不鼓勵僧眾遊行的。這應該也是元賢常住於鼓山，極少離山的原因吧！

雖然元賢對於鼓山的管理，並沒有留下如同「雲棲共住規約」那麼詳細的資料，但是從《靈光北禪事蹟合刻》的「戒壇規約」中，大抵也可以一窺他對寺僧生活的管理。〔註234〕「戒壇規約」總共只有九條，規定寺僧必須持清淨齋、早晚誦經、學習禮儀，這是每日必行的功課，如果不能到者，必須要事先請假以備考核。僧眾以常住山寺為原則，若要出遊則必須經過報備核准。再者，有執事工作者，必須各依職責，盡忠職守，如有不適任或怠慢，則立即予以撤換。在飲食方面，寺僧一律日食二餐、遵守過午不食的規定。對於公共常住物，嚴格要求不得攜入房內；購買任何物品，都要登記立冊，

〔註230〕《律學發軔》卷下，頁964。

〔註231〕中國古代寺院向來有「嚼楊枝」的習慣，其作用相當於現在的刷牙。（參見林伯謙，〈論古代寺院的牙刷——楊枝〉，《東吳中文學報》1995年5月，頁79～101。）元賢的「嚼楊枝五利」、「不嚼楊枝五過」，詳見《律學發軔》卷下，頁964。

〔註232〕《律學發軔》：「五不應遊：一官家、二酒肆、三屠兒家、四婬女家、五旃茶羅家。」（卷下，頁963。）

〔註233〕《律學發軔》卷下，頁962。

〔註234〕《靈光北禪事蹟合刻》，頁45～47。

以便管理。若有僧眾違反規約，如有持齋不清、飲酒滋事、酗毆、破口爭罵等嚴重情事發生，一律要求遷單不得常住；至於情節較輕者，如誦經未到、僭越禮儀、私取常住物等，則是罰以跪香。元賢對於鼓山的管理並沒有承襲雲棲罰錢的寺規，仍是以傳統禪林跪香的處罰方式。可知鼓山在僧團的管理上，還是建立在信仰的基礎上，希望透過個人宗教信仰的體認，發為自我管理的強大力量。元賢在僧團的管理上，所強調的是僧眾道德意識的自覺。

　　由上述的規定可以知道，對於僧眾的日常生活作息，元賢有一定程度的要求：除了僧戒的要求外，寺僧必須過著規律的修行生活，誦經與習禮是每人每日必作的功課；此外還必須負責執事的工作，這些工作應當包括寺院的管理、信眾的接待、寺田的經營、經懺的承接、刻藏印經、勸募化緣等等。可知在元賢的管理下，鼓山寺僧的生活充實而忙碌。透過僧儀的要求與日常生活的規範，僧團方能建立起積極、正面的形象，在改變社會大眾對於佛教的負面觀感同時，佛法慧命也才能得以延續。

三、僧團的教育與僧德的期許

　　對於僧團的管理，元賢除了從外在戒律約束寺僧外，對於僧眾的教育與德行的啟發，他亦相當的重視。元賢要求僧眾必須持齋、守戒、過午不食，在《律學發軔》中就不厭其煩的解釋為何要持齋、為何要受戒，午後不食對身心的好處等等。他甚至不惜用世俗禍福利益的觀點來闡釋持齋的意義，強調受戒的種種功德。〔註235〕這樣的解釋，雖不免使佛教戒律蒙上世俗的色彩，但就中國廣大的佛教徒而言，無疑是一種善巧方便。再加上明末清初種種法會的盛行，功德利益的觀念深入人心，透過如此的詮釋，相信對於初入佛門的弟子而言，多少具有堅毅道心的鼓舞作用。關於戒律，元賢不僅只重視禁制的消極意義，同時他也透過教育的方式，鼓勵僧眾以嚴守戒律的方式，作為佛法的積極體現。

　　對於僧眾的教育，除了平日的禪法開示外，元賢尚有經注書籍，如《楞嚴略疏》、《金剛略疏》、《般若心經指掌》等著作。由書名的「略疏」、「指掌」就可知道，其內容精簡扼要，特別是《金剛略疏》、《般若心經指掌》二書，

〔註235〕元賢曾說持齋有五福、午後不食得五種福、持律七種功德、受菩薩戒獲五種利、二十五護戒神、不殺得十種功德、食肉十三種過。(《律學發軔》卷下，頁964〜966。)

各只有一卷之多，且用詞遣字都相當簡要淺白，沒有一般經注詰屈聱牙、晦澀難解的弊病。因為他著述的目的就是為了讓初學者可以一窺經典的堂奧。由元賢年近八十、老病纏身之際，還寫作《般若心經指掌》，即可知看出他對於佛學基礎教育的重視。

在僧團的整治中，元賢除了強調戒律的重要外，也期許僧眾自我道德的提升。他在鼓山東、西〈警語〉中，殷殷勸誡僧侶：

> 發言休可傷人，臨事尤宜觀理。惟寬必能得眾，惟儉方可養廉。亂世當善藏身，退而守默；薄福何由免悔，靜而寡營。要崇中正之標，宜親益友；思消邪僻之習，莫狎匪人。恭以與人，何往弗利；傲而恃氣，觸途難安。大言必自招尤，小心終是寡過。

> 時閱古聖之書，無非寶訓；確遵毗尼之軌，的是名師。恕字終身何行，孔言非謬；謙卦六爻皆吉，易教毋忘。莫妒他長，妒長則已終是短；莫護己短，護短則己終不長。言語輕浮，決非成器之士，步趨端謹，方是任道之資。禪風已頹，宜守固窮之節；世道久喪，休圖盛化之名。好大喜功之人，少成多壞；寡廉鮮恥之輩，雖得何榮？

> 寧可守己以隨緣，豈得忘身而徇物？〔註236〕

元賢鼓勵鼓山僧眾，在頹廢狂爛的禪風中，要謹守本分、堅持立場，不要隨波逐流。在警語中可以發現，元賢所提出的內容，多是儒道的修身理念──樸實穩重、謙退禮讓、謹言慎行；相對的佛教超越性修行目標的期許，反而不是警語的重點。從中可以看出，他對於僧眾老實修行的期許。佛教本來就很強調信條和規矩，佛陀時代便如是，道德倫理是佛教終極目標開悟解脫的前行、基礎。明末禪風的疏狂，即因基礎功夫的輕忽所致。元賢清楚的看到了明末佛教發展的危機，因此才會在警語中，不斷地強調立志守節的重要。畢竟能夠禪修頓悟的利根之人少，而道德修養的自我提升，卻是全體佛教弟子最基本的要求。

明末清初佛教的衰頹，其內部因素與僧伽對於戒律的輕忽有直接的關係。〔註237〕在教界一片混亂的同時，元賢期勉佛弟子要能自立自強，取法於高僧大德。這也是為什麼他編燈錄、寺志的主要原因之一。他希望藉由先賢事蹟，以

〔註236〕〈東警語〉、〈西警語〉均收錄《廣錄》卷11，頁519。
〔註237〕Chung-fang Yu, The Renewal of Buddhism in China:Chu-Hung and the Late Ming Synthesis p.172。

鼓勵來者後學見賢思齊。〔註238〕透過佛子對於宗教的認同及道德意識的覺醒，以捍衛佛法，改善教界風氣。因此他循循善誘，希望鼓山僧眾能在惡劣的僧風中卓然獨立，不僅是戒律的嚴守，同時也期許僧眾在道德修養上的自我提升。

　　對於法派的復興，元賢重視的不是僧團人數的擴張，而是僧眾素質的提升。他不僅注重僧伽的品德教育，其他還有著細如牛毛的儀態要求與生活規範，就是希望達到重建僧侶形象的目的。除了外在禮法的要求外，元賢還進一步提倡經教、教育僧團，並期許僧眾有一定的文化修養。元賢期望透過僧團的整治，改變僧眾的內在氣質與外在形象，進而達到抑制宗門墮落的目的。

第五節　入世的關懷

一、社會風氣的易善

　　明末是個不安的世代，不論是在政治、經濟、社會各層面，都處在劇烈的變動中。政治上，神宗的長期怠忽朝政，使得明朝的國運日趨衰敗。〔註239〕繼光宗後的熹宗、思宗，雖然都曾力圖振作，但朝廷黨爭內鬥甚囂塵上、地方官員腐敗貪汙嚴重、各地旱澇飢饉亦不曾斷絕，再加上環伺的強敵環日益坐大——天災人禍、內憂外患，朱明王朝國勢已去，主政者再也無力回天。在經濟層面上，由於賦稅的沈重與土地兼併的劇烈，農民不得不改變經營方式，這使得工商業在明中後期得到了空前的發展，繼而帶動了整體經濟結構的改變。〔註240〕由於商業的發展、經濟的繁榮，人民的生活水準也跟著提高，無論飲食、服飾、器用、住宅、娛樂等各方面都日益求精，隨之而起的是浮靡奢侈、僭越逾禮的社會風尚。這股風尚促成了社會意識的轉變，如情慾的被肯定、本末觀念的改變、重利輕義的合理性等，對於社會文化造成極大的

〔註238〕元賢亦曾經鼓勵後學：「為僧直要骨如鋼，苦行須知受用長。憶昔雪山修道者，多年歷盡幾風霜。」（《廣錄》卷22，〈示契宗上人〉，頁652。）

〔註239〕明神宗的怠荒朝政，是明代皇帝中程度最嚴重、且時間最長者。大抵在萬曆二十年以後，神宗即不再早朝，除了不上朝外，朝中不論國防軍備、經濟財政、大小事情，神宗都一概置之不理。因此趙翼說：「明之亡，不亡於崇禎而亡於萬曆。」（《二十二史箚記》（臺北：世界書局，不著出版年月）卷35，頁502。）

〔註240〕參見林金樹等著，《中國經濟史》（北京：人民出版社，1994年1月），頁149～160。

衝擊。〔註241〕雖然這些顛覆傳統的思想，對於明末社會的推動具有一定的積極意義，〔註242〕但是不可否認的，這些促成晚明社會轉型的「畸形因素」，卻也使得晚明社會瀰漫在一股「戾氣」當中。〔註243〕

　　雖然身爲「出家人」，但是元賢並不是個隱居深林、獨善其身的修行者，在末法亂世中，法運的維繫與叢林的改革是他終生的志業；同樣的，社會風氣的敗壞與人心的渙散，亦是他所關心的問題。他在的〈戒殺生〉與〈勸放生〉文中提到：

> 世風薄惡，競尚浮靡，窮極口腹之慾，羅盡水陸之珍。一餐之饌，至殺生靈數百命。其尤可痛者，居父母之喪，飲酒食肉，宛同吉宴，所殺生命，尤爲無數。……每有規之者，輒以世俗譏嫌爲辭。夫不懼聖制，不懼王法，不懼不仁不孝之實惡，而獨懼世俗之浮議，果何見哉？〔註244〕

> 慨自殺機一啓，慘毒廣行，百計搜羅，千方掩取。或緊閉籠檻之内、或生懸刀俎之間，膽落魂飛，母離子散。……即毋論其或爲未來諸佛、或是多生父母，但知覺是同，理必難忍。……況當草木之黃落，尚戚然而生悲。見雲霧之陰慘，猶凄然而失樂。驗知眞心必遍滿於十虛，至仁直流貫於萬彙。豈有血氣之屬，反無哀愍之誠哉？唯願常行捄贖。俾仁脈之恒流，廣喻朋儕，使慈風之普被。〔註245〕

對於當時社會的競奢浮誇、僭越禮儀，鄙棄正常人倫義理，以偏激背禮爲常態；不怕違背道德法律，只怕世俗譏笑的社會亂象，元賢有著深刻的觀察。雖然如

〔註241〕參見徐泓，〈明代社會風氣的轉變〉，《第二屆國際漢學會議輪文集》明清近代史組（臺北：中央研究院，1989 年），頁 137～159；林麗月，〈晚明「崇奢」思想隅論〉，《師大歷史學報》，1991 年，頁 215～234；李光福，〈明清之際世俗功利價值觀的盛行及其意義〉，《山西大學師範學院學報》2001 年第 1 期，頁 11～20。

〔註242〕劭金凱、郝宏桂，〈略論晚明社會風尚的變遷〉，《鹽城師苑學報》（人文社會科學版），2001 年 5 月，頁 58～62。

〔註243〕所謂的「畸形因素」、「戾氣」是指晚明社會中所呈現的競賒僭越、放縱思潮、重利輕義、殘酷麻木等失衡的社會心態。參見商傳，〈晚明社會轉型的畸形因素〉，《歷史月刊》1996 年 10 月，頁 89～96；趙園，〈說"戾氣"——明清之際士人對一種文化現象的反省與批判〉，《中國文化》1994 年 8 月，頁 190～201。

〔註244〕《廣錄》卷 15，〈戒殺生〉，頁 580～581。

〔註245〕《廣錄》卷 15，〈勸放生〉，頁 582。

此，對於人性的本善，他亦有著堅定的信心，因此希望透過仁心的喚醒，以促成整體社會風氣的改變。明末暴戾之氣橫流，不僅佛教有戒殺放生的提倡，儒家內部也有著相同的反省，萬物一體、尊重生命的思想也被提出。〔註246〕

　　在凡事以利益爲首要考量的社會中，仁義道德被摒棄在功利主義之後。在不背反利益的原則下，道德的遵從方成爲可能；若兩者相互違背，則所有的道德仁義均可拋諸腦後，斷義逐利成爲功利主義者行爲的準則。〔註247〕在這樣凡事以利益爲第一優先考量的社會風氣中，人與人之間的關係自然顯得淡薄，特別顯現在五倫最外倫的朋友關係上：

　　　　自世風既降，友道日衰，天下之稱友者，利與情而已。或利有時弗
　　　　得，情有時而偶乖，則怨尤起。或求之己者，約求之人者備。諱己
　　　　之所短，忌人之所常，則怨尤起，由是憤憤焉。〔註248〕

　　其實明末清初利字當先、麻木不仁的社會心態，還不止於「爲滿口腹之慾」以致「殺生靈數百命」，〔註249〕及自嘆「天下無良友」〔註250〕中，更殘酷的表現在「溺女嬰」的習以爲常上：

　　　　（溺女）而世俗不知怪，視以爲常，不亦異乎？……但觀其纔離母
　　　　胎，即拋死所，呼號不及，痛苦無訴，宛轉溪澗之中，路人不敢正
　　　　視。……揆厥所繇，不過習殺爲常，仁心漸滅，處流俗之皆同。欺
　　　　王法之無舉，徒便私家之計，罔畏鬼神之誅耳。〔註251〕

這樣的敘述令人驚心動魄，只因爲「女仕他門，無關於代老承祧」，〔註252〕所以女嬰剛出生就被溺斃，而且是公然投於谿壑之中，可見得當時社會風氣的敗壞。然而明末以習殺爲常的風氣，並沒有隨著入清而改變，反而有更變本加厲之勢，元賢在順治四年（1647）作《續寱言》時，還記載了閩中殺人而食、易子而食，甚至是母食其子的恐怖現象。〔註253〕

〔註246〕詳見日・荒木見悟，《陽明學の展開と仏教》（東京：研文出版社，1984年），
　　　　〈戒殺放生思想の發展〉，頁229～236。
〔註247〕李光福，〈明清之際世俗功利價值觀的盛行及其意義〉，頁16。
〔註248〕《廣錄》卷15，〈善友篇〉，頁583。
〔註249〕《廣錄》卷15，〈戒殺生〉，頁581。
〔註250〕《廣錄》卷15，〈善友篇〉，頁583。
〔註251〕《廣錄》卷15，〈戒溺女〉，頁581～582。
〔註252〕《廣錄》卷15，〈戒溺女〉，頁581～582。
〔註253〕《廣錄》卷30，〈續寱言〉：「殺人而食，江北嘗聞之，江南所未聞也，今已
　　　　見於閩中矣。易子而食，古語嘗聞之，未聞母食其子也，今亦見於閩中矣。」

　　面對當時民風的惡質，元賢曾經多次撰寫文章，希望藉此導正日益敗壞的社會風氣。〈戒殺生〉、〈戒溺女〉、〈勸放生〉、〈善友篇〉等，就是這類的作品。有見當時人心的嗜殺與麻木，元賢特別重視放生與念佛，這並非只是單純廣印衣缽的承繼與佛教淨土義理的推廣，尚含有匡正人心、改善風俗的社會關懷在其中。在元賢的觀念中，法運和世運是結合在一起的，而改變二者的觀念就在於人心。因此元賢希望能藉由念佛與放生的提倡，以心念的轉化與實際行動的參與，改變當時「恬然殺戮，不以爲怪」〔註254〕的社會風氣。元賢的戒殺勸善，不僅從佛家的因果報應觀點切入，亦融合了儒家萬物一體、天地好生之說，期望的就是整體社會風氣的轉變。元賢將佛教尊重生命的倫理觀，轉換成普世的教化概念，藉此喚醒民眾自覺性的行爲改變，無疑地擴大了佛教移風易俗的社會功能。〔註255〕

　　此外，元賢對於白衣受戒的鼓勵、基礎佛學書籍的撰寫、僧傳的編修，都可以說是教化人心工作的一環。〔註256〕

二、宗教慈善的投入

　　明末清初的僧侶，除了面對社會的轉型與時代思潮的變遷外，國運的日益衰頹，以至於甲申年間的「天崩地裂」，都是他們所無法逃避的現實困境。雖然元賢對於政治始終保持著一定的距離，但是面對時局的的變化，他並沒有置身事外。在明朝危急存亡之際，元賢作〈崇禎皇帝遷升禮懺疏〉、〈崇禎皇帝遷升禮懺表〉、〈聞賊勢猖獗諷經護國疏〉、〈又上佛疏〉等疏文。〔註257〕帶領僧眾舉辦法會、誦經禮懺，以祈求天地太和、國泰民安；並爲崇禎皇帝的晏駕，行梁皇寶懺。

　　面對連年的征戰、飢饉旱潦的交迫，身爲方外之人，但是元賢無法隱居修行、視而不見，他曾經說：「莫道披緇萬事休，流離滿目孰無憂？」〔註258〕也因此不論是求雨祈晴、超渡祈福之事，只要有利於眾生，雖是身爲禪師，

　　　　（頁782）

〔註254〕《廣錄》卷13，〈淨慈要語序〉，頁542。

〔註255〕有關元賢對於佛教戒律功能的擴大，詳見第六章第一節。

〔註256〕有關元賢的撰述目的，詳見第二章第二節第二目。

〔註257〕這些疏文收入於《禪林疏語考證》卷4，頁882～885。又前三篇《廣錄》（卷17，頁606～608）中亦有收入。

〔註258〕《廣錄》卷26，〈設粥賑饑〉，頁693。

他都不推辭。〔註259〕在元賢的傳記中，並記載了數次他以神通力慈悲接引眾生的事蹟。〔註260〕在明末苦難的時代裡，元賢以宗教的力量給予人們最直接、最深刻的安慰。

　　明清之際的戰火，雖然初期僅在北方，但是隨著清軍的南下、明王朝的節節敗退，戰事一路南下。順治十一、十二年（1654、1655）時，福建漳州、泉州等地，更成爲清廷與鄭成功的主要決戰場。烽火滿天、兵燹連日，四野哀嚎、屍首遍地，面對如此人間煉獄，元賢表達了深切的痛心與不忍。〔註261〕元賢的悲心，不僅止於文章筆墨間，更將之化爲具體的願行。十一年時，元賢與弟子遍尋荒野溝壑，收拾埋骸二千八百多具。十二年，興化、福興、長樂等地又是戰鼓頻催，流民大批擁入福州。元賢見災民處境困阨難堪，於是聚眾遣徒，一連五十日設粥賑災；並且備棺收屍，埋骨二千多具。〔註262〕正統宗門的禪師，以如此的菩薩道心從事社會的福利救助，元賢是其中僅少數者。

　　佛教要發展，社會功能的擴大是必須的。元賢的宗教事業，不僅著力於教內的整頓，亦重視於社會的關懷。無論是教化或慈善，〔註263〕他都有相當的投入。元賢的宗教事業，不僅呼應了時代的需求，而且照顧佛教發展的多個面向。

第六節　元賢的行事風格述評

一、元賢的個人風格

　　明末清初是個巨變的時代，不論是政局時勢、經濟結構、社會風俗等都產生了重大的變革。面對國運的多艱、社會的轉型、教界的紛亂，元賢表現出極大的敏感度，並將現實時運與叢林法運相結合，積極於佛教改革與社會混亂的止息。面對混亂的世代，元賢比別人多了些沈穩與內斂。遲至四十歲

〔註259〕林之蕃〈行業曲記〉，《廣錄》卷30，頁788；潘晉臺〈永覺傳〉，《廣錄》卷30，頁790。

〔註260〕林之蕃〈行業曲記〉，《廣錄》卷30，頁786～787；潘晉臺〈永覺傳〉，卷30，頁790～791。

〔註261〕元賢有詩〈重陽有感〉二首、〈設粥賑災〉二首、〈世難〉六首。（收入《廣錄》卷25、26，頁691、693、701～702）。

〔註262〕《廣錄》卷30，林之蕃〈行業曲記〉，頁786；潘晉臺〈永覺傳〉，頁791。

〔註263〕嚴耀中在《江南佛教史》中，對佛教的社會功能，即將之分成「教化」與「慈善」兩大類。（頁276）

才出家的他，已具有相當的定性，不易爲世俗所誘惑；〔註264〕出世較晚，他看到了紫柏眞可的罹難、憨山德清的流放，也看到雲棲袾宏的謹密儉約，在同樣爲振興法運而努力的前輩中，他選擇追隨穩健派的雲棲袾宏的腳步。因此元賢不論是在處理宗門事物或接應世俗上，都顯得較低調而圓融。

面對佛門弊病叢出，元賢甚感憂慮，甚至有著法破僧滅的危機意識。但是對於佛門的人事，他從來不指名道姓的批評，以和諧宗門爲第一。〔註265〕即便如費隱通融以排斥曹洞爲「嚴統」，摒慧經一系於正統宗門外，他仍能平心以對，並試圖消弭洞濟間的對立。相對於明末清初禪門間的諍訟，僧眾往往利用世俗資源壯大勢力、不顧一切手段以求爭勝的作法，元賢能以佛教整體命運作爲思考，以禪宗利益爲優先，避免宗門內部的衝突，實具有相當的胸襟。畢竟「法門以無諍爲宗，行道當先忘我見」。〔註266〕佛門內部紛爭不斷，只是讓世俗更看輕僧伽而已。

對於政治，元賢更是一貫的淡漠，儘管慧經門下是清初反清僧侶的大本營，但他卓然獨立於外，不參與任何政治性的活動。雖然如道忞、通琇的巴結清朝、仗勢欺人，自是不可取；但是在反清僧侶的身上，宗教的超越情懷也難以展現。〔註267〕既已出家爲僧侶，實不宜過份的涉入現實政治。雖然與政治勢力維繫良好的關係，對於佛教事業的推動有一定的幫助，但是「帝力果足續佛慧命乎？續佛慧命果賴於帝力乎？」〔註268〕僧團自覺性的與政治保持一定的距離，才能展現出宗教超越的精神，也較合乎社會大眾的普遍觀點。

元賢應世態度的低調，不僅表現在佛門紛爭與政治問題的處理上，即便是面對一般社會大眾亦如是。元賢是大儒之後，出身世家，自己又曾爲士子，因此與地方耆老都相當的熟識。然而相較於明末諸大師與士大夫間來往的密

〔註264〕釋聖嚴認爲中年後才出家，雖然有習氣沈重的弊病，但是同時也有不易被誘惑的優點。參見釋聖嚴《律制生活》，頁3。

〔註265〕其實元賢對於當時臨濟的亂付匪人，相當不以爲然，但他從不公開批評，只在給道霈的信件中提過。詳見《鼓山晚錄》卷下，〈答爲霖靜主書〉，頁7639。《鼓山晚錄》中收入了數篇元賢論時事的私人書信。然而這些書信《廣錄》都無收入，想是爲避免再起紛爭之故。

〔註266〕陳援庵，〈清初僧諍記〉，頁268。

〔註267〕嚴耀中《江南佛教史》言：「僧侶們如果參與政治，那他們就不可能從標榜超越現世的宗教中，而只能在現實意識形態裡找到精神支柱，因此也只有由現實政治力量的對比來決定他們的命運。包括所謂名聲在內的他們精神遺產，亦只能由世俗標準，而不是宗教標準來評價。」（頁374）

〔註268〕陳援庵，〈清初僧諍記〉，頁267。

切，元賢與居士的關係，顯得較爲淡薄。《廣錄》中所收他與世俗往來的書信，僅有二卷三十餘封而已，且內容多是和經教禪法有關，極少涉及時事的評論。再者，元賢在世時，發生許多神異事蹟，世人皆稱奇異；但他都淡然處之，不以神通自居，並再三告誡弟子，不得向外宣傳；〔註269〕足見其性格的不事張揚。雖然元賢的應世態度十分低調，但是他的入世精神卻是相當積極。他不僅以改善社會風氣爲己任，更實際投入於設粥賑災、備棺收屍的救濟工作中，高度的發揮了宗教濟世救贖的社會功能。處在動盪征戰的時代，僧侶實際投入於社會救濟的工作中，不僅符合大眾對於宗教的期待，且呼應了人們現實的迫切需求，同時也發揮了大乘佛教積極入世的精神。

元賢曾經勸人身處末法亂世，應世要虛靜沈著、謹慎以對，不可攀緣強求、好大喜功，而他自己也是這些理念的實踐者。曹谷說他「雖歷主四刹，而足不入俗；雖日接顯貴，而語無阿順。」〔註270〕林之蕃亦說元賢「出世凡歷主四刹，所至深居丈室，澹然無營。」〔註271〕處在動盪的時代，元賢有著沈穩的以對，他踏著穩健的步伐積極於佛教的改革。

敦厚處事、遠離政治、慈悲救贖，元賢的應世與出世，將僧伽慈悲入世與超脫塵俗的形象展現無疑，爲叢林立下了良好的典範。

二、鼓山的經營特色

元賢入主鼓山時，正值明清鼎革之際。雖說在初時東南並未受到影響，但是隨著戰火一路延燒南下，中原各地無有倖免。四起的烽火，不僅將明末江南一帶繁興的工商業摧毀殆盡，更使人民的生活陷入水深火熱中。戰亂使商業發展停滯、人民經濟緊縮，人們對文教事業的投資亦趨於保守。寺院在這樣的環境下，經營更是不容易。故元賢在復興寺院的工作上，特別是經費的籌措上，相較於萬曆、天啓年間諸大師而言，其處境顯得更加困難；又和同期禪師相比，他既無新朝的支援，又無遺民的幫助，形勢更顯艱辛。

農禪的模式，是寺院最傳統的經營方式。寺田的擁有，可以說是僧伽辦道最安心的保障。這也是爲什麼寺田的恢復與重購，成爲明末佛教復興的重

〔註269〕《廣錄》卷 30，林之蕃〈行業曲記〉，頁 786～788；潘晉臺〈永覺傳〉，頁 790～791。

〔註270〕曹谷，〈禪餘內集序〉，收入《廣錄》卷1，頁 402。

〔註271〕林之蕃，〈行業曲記〉，《廣錄》卷 30，頁 786。潘晉臺亦有同樣的評述，詳見〈永覺傳〉，《廣錄》卷 30，頁 791。

點工作之一。然而元賢卻不以擁有大批的田產爲務,不僅不積極於田地的新購,對於被侵佔掠奪者也不興訟索回;僅由寺僧開拓貧瘠的山地,供應常住日常所需。如此的寺田經營策略,跳脫了傳統的思維模式,不僅免去了僧俗間田產諍訟的問題,在以小農爲主的社會裡,也排除了外界對於寺院田產的覬覦。更何況當時寺田四六抽稅的政策尚在,過多田產的擁有,實際的收益並不大,只會增加寺方的負擔,終非良策。分析當時的情形,元賢對於寺田問題的處理,可謂相當的有睿智。

元賢放棄了以寺田爲主的經營,那代表著僧團無法靠農禪模式自給自足,必定要有另外的經濟來源。於是他改變寺院單一經濟來源的型態,以多角化的方式經營鼓山。從歷史尋求經驗,鼓山寺僧恢復佛陀時代的托鉢;與自身重視文史的理念結合,刊印出版佛經;與民眾需求呼應,從事經懺佛事;而鼓山重戒成爲東南戒場,戒資也成爲鼓山經濟來源之一。相較於明末清初其他寺院所採取的單一的寺院經濟型態,〔註272〕鼓山採取的是多角化的經營方式。這樣的經營模式,顯然較符合近代佛寺的發展需求。而由鼓山日後的興盛,亦可證明元賢經營理念的正確。

關於鼓山的經營,特別值得再提出討論的是:大眾的勸募與經懺的承接。對於募化,鼓山以廣募代替重點集資。元賢並非不認識所謂的高官顯貴,在《廣錄》中他有書信往來者,多的是有功名官位者。〔註273〕但是鼓山在興復過程中,元賢對這些人並沒有過多的依賴。鼓山的經濟多是由各方廣募、十方貢獻而得。如此的募化方式,雖然有收益較少、來源不穩定的缺點,但是卻可以使道場更具獨立性格,而不會受制於某些特定人士。再者是經懺的從事。鼓山的應接佛事,一方面是對人民需求的回應,一方面亦有經濟收入的效益。在宗教世俗化與經濟利益下,要如何維持僧伽形象與禪寺宗風?殷鑑於明末瑜伽師對於經懺的應付及行爲的雜遝,元賢特重於禪衲威儀與形象的重建,並以謹慎的態度重新撰寫疏文,透過法事的莊嚴以維護僧伽的形象;此外,他還會在法會後升座演法,以宣說佛法義理、闡揚禪門宗旨,不讓佛教淪爲薩滿。〔註274〕

〔註272〕詳見徐一智,《明末浙江地區佛教寺院經濟之研究——以雲棲袾宏、湛然圓澄、密雲圓悟爲中心》,頁153~195。

〔註273〕與元賢書信來往者,有太守、司農、諫臺、鄉紳、太守、中丞、相國、方伯等。詳見《廣錄》卷11、12。

〔註274〕《廣錄》中記載有不少元賢在佛事後的開示,例如:「建州全城生命盡爲大兵

　　僧團組織的龐大與否，在一定的程度上反映了宗派的興盛與否。然而元賢深知明末佛門弊病所在，因此僧眾人數的多寡、宗派勢力的擴張，並非鼓山發展的重點。元賢積極於僧團的整治，提倡僧戒、注重僧儀，並進一步著手於僧伽的教育。他對法門經營、僧團素質的重視，遠勝於僧團組織的擴張。也因此元賢告誡初度沙彌，如果以出家爲職業，還不如重新蓄髮還俗。〔註275〕而他終其一生也只咐囑了爲霖道霈一人，不以法脈爲人情、不以印可爲擴充勢力的手段，是元賢對於純正禪法的堅持。

　　除了寺院的維繫與宗派的發展外，鼓山也相當重視宗教的社會功能，除了舉辦經懺佛事以滿足民眾的需求外，人心的勸善、社會的救助，亦是鼓山的工作重點。元賢不僅告誡緇衣弟子要嚴守戒律，同時也鼓勵白衣居士參與受戒，他期待透過戒律的提倡，以導正當時疏狂的人心。有見於當時世人普遍殘忍、嗜殺，元賢鼓勵念佛放生，以增長善良風氣。在鼎革之際，元賢設粥賑災、收屍埋骨，舉辦超薦法會，以接濟生者、安慰死者。元賢擴大了鼓山的社會功能與信仰的普遍性。

　　元賢經營鼓山，對於時代脈動有極高的敏感性。爲改善僧眾素質的低劣，元賢在建寺安僧的同時，積極於僧團素質的提升、禪衲形象的維護。爲矯正疏狂的禪風，鼓山雖傳承自禪宗正脈，但是不論是禪法、教法、戒律，在鼓山都同樣獲得重視。爲適應農禪環境的變遷，元賢改變寺院單一經濟來源，採多角化經營。爲回應社會的需求，鼓山從事經懺、提倡善良風氣、重視福利社會。不僅接引俗眾，鼓山也容受遊方僧眾，將鼓山朝向十方道場發展。由於鼓山經營方向的正確，元賢住持時「百廢俱興，其法席之盛，與興盛無異」，〔註276〕同時也爲鼓山奠下永續發展的基礎。

　　總而言之，僧團教育的重視、各種法門的容受、經濟來源的多樣、信眾

所屠，澤普禪人愍而薦之。仍請老僧升座演法。夫有生者必有死，此人之所共知。但未知生而未嘗生，死而未嘗死者，非水火之所能劫、刀兵之所能傷者也。譬如鏡影往來，而鏡體不動，海波起伏，而海體常安。答其常安不動之體，則超登彼岸。」（頁432）；「不遠禪人薦親請，上堂。……空手把鋤頭，步行騎水牛。人從橋上過，橋流水不流。若會得此意，則一切有情無情，一時成佛，又何父母之不度脫哉。」（頁433）；「徐爾昌居士報親請上堂。……今欲報盡有生之恩，須明無生之理。」（頁432）……等等。

〔註275〕《廣錄》卷22，〈示初度沙彌〉八之二：「既然充作如來子，禪販如來罪更深，不若歸家重蓄髮，如來滴水莫相侵。」（頁652）

〔註276〕《鼓山志》，頁214。

基礎的擴大、社會福利的重視、與時代互動的密切，都是鼓山經營的特色。
現代倡導人間佛教的寺院營運雛形，已然在其中。

第四章　永覺元賢的禪法思想

第一節　明末禪法的流弊與原因析探

由於眾多因素的積累，使得明末佛教的亂象叢生。若從宗教實踐層面上看來，佛法的無法落實，應該是問題的主因。因為僧徒如果失卻最原始、最終極的解脫目標，出家將只是另外一種世俗的生活形態而已。畢竟佛教是一個講究修行、解脫的宗教，如果喪失這個目標落實的可能性，佛法與世法也就沒有什麼大太的差別，佛教也將失去存在的意義。明末佛教以禪宗的勢力最大，但是此際的禪學，卻已喪失開悟證道的實踐意義，徒具禪法的框架與形式而已。明末禪學的流弊由此起，改革的意識也由此興。

本節將透過對於明末禪法流弊現象的提出，[註1] 進而討論流弊產生的原因，以作為研究元賢禪法思想的基礎。

一、明末禪法的流弊

明末的禪法，大多以公案的參究與棒喝的接引為主。這是晚唐以降禪門經常使用的方法，但是經過五、六百年的發展，這些祖師大德慣用的接引手法，已經大大的變質，進而成為禪學發展的阻礙。對於當時禪學的弊病，元賢將之總括成「支離」與「儱侗」兩大弊病。[註2] 所謂的「支離」，是指以

〔註1〕關於明末禪法弊病的提出，將以元賢的觀察為主，其他人的看法為輔，以元賢的觀察呈現問題所在。

〔註2〕《廣錄》卷10，〈示尼淨光〉：「禪學之弊，大都有二，一則失於儱侗，一則失

商量公案，逞口舌爲能的文字禪；至於「儱侗」則是指以狂慧爲恃，胡棒亂喝的狂禪。

關於文字禪的支離，元賢曾說：

> 失於支離者，逐件商量，用盡心力，批判益精，支離益甚。於本源中，依舊黑如漆桶，祇成箇鹽鐵判官。〔註3〕

參究公案爲禪門提供了入門的方便，但在明末，公案禪已非是「參究」，而是「商量」——將公案作支解式的分析，逐字逐句的討論，並一一評斷，分辨高下優越。〔註4〕公案的商量，是明末禪界極爲普遍的現象，學人更以善於分析講說者爲「善知識」。懷明禪師就說：「時人稱善知識者，始則把古人公案一一思維計較，望空穿鑿。或復以訛傳訛，遞相聾瞽。」〔註5〕禪本非言語思量可得，公案的分析更不可能造成開悟的結果。所以懷明說：「學語之流，競口舌是非者，祇益自勞，而於道實無毫末之益。」〔註6〕憨山德清也曾告誡學人：「切不可將古人公案，作自己知見，以資談柄。此一種病根最深，以正當說時，直圖爽快，全不知不是自己本分事。」〔註7〕公案的頌古與拈唱，原是禪師在悟道後，將自己對於古德境界的體會，轉換成語言文字，爲的是接引後人同入悟境。因此可以視爲禪師生命的展現，而非一般的文學創作，學人必須用生命方能體會其中眞義。

然而明末的禪風卻是：「今之少年蒲團未穩，就稱悟道，便逞口嘴、弄精魂，當作機鋒迅捷，想著幾句沒下落，胡言亂語，稱作『頌古』」〔註8〕、「卻又要學拈學頌、學上堂學小參。徒弟呈師覽，師父塗改，以此過日，謂之操宗。又有等人，祇在語言快便、機鋒圓活上留心，終日學問學答，驢唇馬舌，到處亂弄」。〔註9〕「口舌」並無法成「三昧」，〔註10〕以公案偈頌爲禪法的實

於支離，而吾道喪矣。」（頁510）
〔註3〕《廣錄》卷10，〈示尼淨光〉，頁511。
〔註4〕《廣錄》卷4，〈小參〉：「有等人，祇在公案上穿鑿，孰爲向上？孰爲向下？孰爲全提？孰爲半提？」（頁443）
〔註5〕明‧麥浪懷明《宗門設難》（《卍續藏》127冊），頁1003。
〔註6〕明‧麥浪懷明《宗門設難》，頁1003。
〔註7〕《憨山大師夢遊全集》卷9，〈示修六逸關主〉，頁331。
〔註8〕《憨山大師夢遊全集》卷6，〈示參禪切要〉，頁291。
〔註9〕《廣錄》卷4，〈小參〉，頁443。
〔註10〕《廣錄》卷4，〈小參〉：「後人根器既劣，偷心日重，雖說參話頭做工夫，而浮慕之心日分，爲道之心日澹。加之，狂慧競起，便爾隨俗流墮，師之所傳弟之所受，以口舌爲三昧，以偈頌爲正參。殊不知，你答話似趙州，偈頌過

踐，實際上所學到的是禪的形式，而非禪的內容。禪必須通過親身的體驗，而不是經由模仿、評論他人可得。然而開悟的自居、口舌的逞弄在明末禪界是很普遍的現象，紫柏眞可言：「即三尺豎子，掠取古德剩句，不知好惡。計爲己悟，僭竊公行。」〔註11〕在禪師的眼中，穿鑿附會的分析公案，簡直就是販賣如來、污衊佛祖慧命。故元賢言：「見敝惡之輩，冒據師席，浩浩說禪。學者承風，如狂如醉，眞所謂禪販如來者也。」〔註12〕漢月法藏也曾說：「甚至學語之流，變而爲講公案，東穿西鑿，把佛祖慧命都成狼籍，可惜許也。」〔註13〕也難怪元賢會毫不客氣的說這些「爭弄口鼓」的人，是「邪風入骨」、是「魔毒纏心」。〔註14〕在這樣的商量中，禪悟經驗付之闕如，嚴重的背離了禪宗明心見性的終極旨趣。

　　至於「儱侗」，元賢的觀察則是：

　　　　失於儱侗者，守著箇顢頇，佛性一味，虛驕逢人，則胡亂棒喝，強

　　　　作主宰，於差別門庭，全過不得，祇成箇擔板俗漢。〔註15〕

關於儱侗的禪病，首先要從明末禪界的「狂慧競張」〔註16〕說起。所謂的「狂慧」者是指「悟理不能生戒定」，〔註17〕其所表現出來的禪法型態，被謂之爲「狂禪」。對於「狂禪」袁宏道有如是的析論：

　　　　有一種狂禪，於本體上偶有所入，便一切討現成。故大慧語李漢老

　　　　云：此事極不容易，須生慚愧始得。往往利根上智者，得之不費力，

　　　　遂生容易心，便不修行，多被目前境界奪將去，作主宰不得。日久

　　　　月深，逃而不返，道力而不能勝業力，魔得其便，定爲魔所攝持，

　　　　臨命終時，亦不得力。……此病高明者，往往蹈之。〔註18〕

　　　　雪竇，總歸生死窟穴而已。」（頁450）

〔註11〕《紫柏尊者全集》卷14，〈重刻智證傳序〉，頁873。

〔註12〕《廣錄》卷15，〈翠雲菴記〉，頁570。

〔註13〕明・漢月法藏，《三峰藏和尚語錄》（臺北：新文豐出版社，1993年版），頁80。

〔註14〕《廣錄》卷5，〈普說上〉：「近日世風薄惡，祖道荒蕪，諸禪人邪風入骨，魔毒纏心，爭弄口鼓，全無實得。」（頁454）

〔註15〕《廣錄》卷10，〈示尼淨光〉，頁511。

〔註16〕《廣錄》卷18，〈眞寂聞谷大師塔銘并序〉：「入明來，祖席荒涼，希若晨星，加之，狂慧競張，濫觴已極。」（頁609）

〔註17〕清・彭繼清，《居士傳》（《卍續藏》149冊）卷46，〈袁伯修中郎小修傳〉，頁972。

〔註18〕明・黃蘗無念，《黃蘗無念禪師復問》（《中華大藏經》第二輯，40冊）卷5，

不論是狂慧或狂禪之說，都肯定了利根上智者的悟入。〔註19〕但是由於悟入太容易了，就以一切爲現成，對修行就產生了輕慢之心，認爲不需再守戒修定。然而無法生起戒定的空慧，並不是眞正徹底覺悟的境地，只是散亂的智慧，沒有照見眞理的作用。再加上狂禪者對於自身的體悟過渡膨脹，自恃狂傲的姿態，很輕易地就出現了。以曠達自居的狂禪者，生活形態是一派的恣意與荒唐，而棒喝則爲其禪法的主要表現。這還是就對禪理稍有悟入的利根上智而言，更多的是無修無證者，沒頭沒腦的胡亂棒喝。對於這些人的行徑，元賢有著深刻的描述：「或胡喝亂棒，或指馬呼牛，如發癲病相似。及夷考其行，則恣心所欲，恣身所行，毫無忌憚。乃謂：『我得無礙大解脫門。』」〔註20〕故元賢以「儱侗」、「顢頇」稱之。〔註21〕

　　相對於禪者以公案商量作爲禪修手段，棒喝的濫用，更是爲明末佛教復興者所撻伐。無異元來對於滿街都以棒喝爲用的現象，提出了強烈的質疑：「豈沿街遍戶，皆以棒喝爲應用耶？若不審來機，一概用打，是妄立門庭，便成戲論。」〔註22〕覺浪道盛也說：「如今之人用棒喝，是底也一棒喝、非底也一棒喝，更無展事投機、生殺與奪之妙。如此瞎亂相欺，則千古佛祖聖賢之大經大法，皆是一個儱侗冬瓜禪，盲瞽泥塊法。」〔註23〕棒喝的使用，必須以甚深的禪修三昧作爲基礎，才能展現靈活機用、達到接引度化的目的。徒具表象的胡棒亂喝，其實跟伶人戲子的舞台演出，其實也沒有太大的差別。棒喝是臨濟宗接化弟子最著名的方式，但就連承接臨濟法脈的漢月法藏，〔註24〕

〈袁宏道論禪〉，頁 32585a。

〔註19〕關於狂慧與狂禪的關係，可參見毛文芳，〈晚明「狂禪」探論〉，《漢學研究》，2001 年 12 月，頁 176～180 的討論。

〔註20〕《廣錄》卷 5，〈普說上〉，頁 457。

〔註21〕《廣錄》卷 4，〈小參〉：「又有等人，祇認著一箇無名無相非有非無的境界，以爲極則，到處亂截亂掃。殊不知，此乃儱侗。眞如宗門中，更有千聖不傳的一路在，未可顢頇去也。又有等人，祇認著一箇能見能聞處處具足的、執以爲眞，此正認奴作郎，顛倒知見。」（頁 443）

〔註22〕《無異元來禪師廣語》卷 23，〈宗教答響三〉，頁 288。

〔註23〕清·覺浪道盛，《天界覺浪道盛禪師全集》（《嘉興藏》34 冊）卷 33，〈靈山公衍〉，頁 790。

〔註24〕漢月法藏雖然後來出走臨濟成立三峰派，但畢竟曾經接受臨濟宗師密雲圓悟的付法。相關問題可參見連瑞枝，〈漢月法藏（1573～1635）與晚明三峰宗派的建立〉，《中華佛學學報》1996 年 07 月，頁 167～208；釋見一，《漢月法藏之禪法研究》（臺北：法鼓文化事業股份有限公司，2000 年 10 月），16～20。

也不贊成只是一味的棒喝，他認爲：「若師家大法不明，無從辯驗，則胡喝亂棒，群然而起，吾宗掃地矣！」〔註25〕

其實明末學人的東施效顰，何止於棒喝的濫用？元賢對於當時人的各種虛頭表現，就有如是的揭示：「如今有等人，祇弄虛頭，向古人公案上穿鑿，學頌、學拈、學答；話向人前，或喝、或棒、擎拳、豎指，從東過西、從西過東、拂袖便行、推倒禪床、轉身作女人拜、打箇筋斗出門去，此等雖是古人已用三昧，今日種種相襲，便成惡套了也。」〔註26〕禪風如此，禪林已和野臺戲場沒有什麼差別了。僧懷明深刻地道出了這個現象的內外原因：「終則裝大模樣，弄小聰明。不鑒來機利鈍，一味以大帽子蓋戴，使新學者傾心渴仰。及乎微細盤桓，則宗門教門，玄學義學，觸事面墙。」〔註27〕由於內在禪學素養與禪悟體會的不足，禪和只好以表面誇大的裝模作樣，以欺瞞學人、博取聲譽，而明末法門的流弊也由此而生。

二、明末禪法流弊的原因析探

關於明末禪法流弊四起的原因，可以從各種不同的角度作研究。〔註28〕本文將嘗試著藉由禪宗的歷史發展作爲研究進路，藉由禪法傳承的過程中，釐出明末禪學流弊的歷史根源。故以下先簡要論述有明一代禪宗的發展。

（一）明代禪宗的發展

佛教在明代雖然獲得大部分統治者的支持，但是太祖在立國之初，就實行大規模的清教政策，不僅首創佛門禪教講的三分，限定禪僧與講僧的行動，更嚴格要求僧俗的隔絕。〔註29〕佛教不僅在制度上受到限制，在思想上也得不到太大的發展空間。〔註30〕明初中期的禪門，即因此而衰頹不振。明末潭

〔註25〕明·潭吉弘忍，《五宗救》（《佛教大藏經》110 冊），頁 818。

〔註26〕《廣錄》卷 4，〈小參〉，頁 442。

〔註27〕明·麥浪懷明《宗門設難》，頁 1003

〔註28〕例如于君方就以以內外兩因素探究晚明佛教的衰頹，外在爲政治社會因素，內在爲：行持的墮落（abuses of Ch'an practice）、戒律的輕忽（neglect of disci-pline）和世俗化（secularization）三項。參見 Chun-Fang, The Renewal of Buddhism in China,p172。

〔註29〕參見釋見曄，〈明太祖的佛教政策及其因由之探討〉，《東方宗教研究》1993年 10 月，頁 68～101。

〔註30〕荒木見悟對於明太祖的佛教政策，曾有如下的評論：「（太祖）尊重三教，目的在『王化』，幫助朝廷統治教化，收攬民心而已。如修復南京三界寺等，可

吉弘忍在《闢妄救略說》中提到:「國家至今近三百年,僧行稠雜,祖宗之道,微亦極矣。雖有一、二大士,深韜巖穴,名聞未著,故其《語錄》無傳焉。」〔註31〕元賢也說:「入明以來,二百餘載,聖賢隱伏,法脈久湮,間有一二自稱得旨者,亦優孟之叔敖而已。」〔註32〕麥浪懷明說得更徹底:「殆今末法,佛道下衰。自我成祖之後,典籍殘缺而無徵。僧行徒有其名,而不知奚事,茫茫八表,求一律寺且不可得,何曾有禪教淨土之叢林耶?」〔註33〕由於僧風的濁劣以及高士的隱居,不僅高僧大德的語錄不見傳,就連禪門法脈也幾乎斷絕。即便濟洞二宗仍有傳承的事實,但充其量只不過是宗派的延續,甚至只是掌門住持的交接而已。明懷更直接認為已沒有禪教淨土,諸宗皆已滅絕。

南禪五家入明後,僅傳臨濟與曹洞二宗。根據錢謙益的溯源:

> 禪門五燈,自有宋南渡已後,石門、妙喜至高峰、斷崖、中峰為一盛。由元以迄明初,元叟、寂照、笑隱至楚石、蒲菴、季潭為再盛。
>
> 二百年來,傳燈寂蔑。〔註34〕

「石門」係指惠洪覺範(1071～1128),以文字禪著名於南宋禪界,以其住江西筠谿石門寺,而稱石門。「妙喜」則是指大慧宗杲(1089～1163),他是看話禪的提倡者,因住臨安府徑山妙喜庵,而稱妙喜。元初有高峰原妙(1238～1295)、斷崖了義(1265～1334)、中峰明本(1263～1323)師徒的傳法,〔註35〕接著有元叟行端(1254～1341)、晦機元照(1238～1319),笑隱大訢(1284～1344)的續燈,元末明初則有楚石梵琦(1296～1370)、蒲菴來復(1319～1391)、季潭宗泐(1318～1391)等人力弘大慧禪。〔註36〕宗泐示寂於洪武二十四年(1391),〔註37〕也就是說在錢謙益的觀察裡,自明初季潭宗泐以後,禪宗之燈

説是大力保護佛教,但絕不許佛教思想自由發展,只當作是個思想工具而已。」(日‧荒木見悟講、高正哲整理,《明代楞嚴經的流行》(中),《人生雜誌》1993年12月5,頁40)

〔註31〕明‧潭吉弘忍,《天童和尚闢妄救略説》(《卍續藏》114冊)卷8,頁343。

〔註32〕《廣錄》卷13,〈送本立山人歸山序〉,頁541。

〔註33〕明‧麥浪懷明《宗門設難》,頁1009。

〔註34〕清‧錢謙益,〈紫柏尊者別集序〉(收入《紫柏尊者別集》,《卍續藏》127冊),頁89。

〔註35〕斷崖了義、中峰明本皆為高峰原妙的嗣法弟子。

〔註36〕這些人在世時都享有盛名,使臨濟楊岐一支獨盛。明本、行端、大訢、梵琦、宗泐等人,住世時即得帝王的尊敬與禮遇。

〔註37〕見清‧文琇集《增集續傳燈錄》卷5(《卍續藏》142冊)頁861。

早已不傳；對於「禪門五燈」，他獨言臨濟一宗，或許在錢氏的眼中，曹洞宗早在南宋就已斷絕。可見曹洞宗在這段期間的衰微。

關於曹洞一系的傳承，元賢曾說道：

> 自元初，雪庭裕公奉詔住少林，天下學者，翕然宗之。歷傳至萬曆
> 改元，小山書遷化，詔幻休潤補其席，四方之腰包而至者，如鳥投
> 林、如魚赴壑。而潤公乃講習評唱爲事，大失所望。〔註38〕

雪庭福裕（1203～1275）爲萬松行秀（1166～1246）的法嗣，其傳法之功厥偉，後世曹洞法脈具從他而出。福裕後七傳至小山宗書（1500～1567），宗書下出幻修常潤（？～1585）與蘊空常忠（1514～1588）。常潤接繼少林，常忠入廬山，兩人門下分別出雲門、壽昌二系。而由元賢之說，可知常潤是以公案的講習與評唱，作爲禪法的主要表現。在《南宋元明禪林僧寶傳》中，也提到了濟洞兩宗在明初中期的發展：

> 當是時，義學紛紜，禪宗落寞。而少室一枝，流入評唱；斷橋一派，
> 幾及平沈。雖南方刹竿相望，率皆半生半滅，佛祖慧命，殆且素矣。
> 〔註39〕

「少室」指的就是曹洞宗，因福裕住少林寺而名。「斷橋」指斷橋妙倫（1201～1261），妙倫爲南宋臨濟僧，明末勢力最大的密雲一系即源流自他，故以「斷橋」爲明代臨濟的代稱。曹洞淪爲評唱、臨濟幾乎不傳，雖然各據宗門，但已喪失禪燈、續佛慧命的意義。

由以上對明代禪門發展的論述可知：不論是臨濟或曹洞，其傳承的禪法都不出公案的運用；且宗門的興盛，都必須上推至南宋、元朝。入明後由於宗門人才的缺乏，導致禪法傳承的嚴重斷層，濟洞二脈俱已名存實亡。

（二）明末禪法弊病的歷史探源

禪宗是一個講求心性作用的宗派，強調透過「不立文字，教外別傳」，以達到「直指人心，見性成佛」。然而由《壇經》「三無」的頓悟實踐，〔註40〕到石頭希遷的「即事而眞」、馬祖道一的「道不用修」，若非上根利器，實在

〔註38〕《廣錄》卷13，〈無異大師語錄集要序〉，頁547。
〔註39〕清・自融撰、性磊補輯，《南宋元明禪林僧寶傳》（《卍續藏》137冊）卷14，〈笑巖德寶禪師〉，頁748。
〔註40〕參見吳汝鈞《中國佛學的現代詮釋》（臺北：文津出版社，1995年），〈慧能禪：無之智慧的開拓〉，頁159～174。

很難悟入。元賢也說：「達祖西來，單傳佛之心印。此印不落陰界，故非思惟之所能通；不涉名相，故非語言之所能解。惟在捨諸方便，以神智冥喫〔註41〕而已。故世之求道者，每苦于窺伺無門，進趨無路，如停驂頓轡于懸岩絕壁之下，求其能逸駕而馳者，不亦難乎？」〔註42〕於是祖師大德有了各種創造性的方便施設，無論是棒是喝、是斬貓焚佛、是麻三斤或乾屎橛，都是祖師慈悲的應化手段。

然而經一花五葉〔註43〕的發展後，種種機鋒都已被創造，再加上現實環境的束縛，禪門積極創新的動力已經消失。〔註44〕但是對於以「開悟解脫」為終極目標的禪宗而言，如何使禪悟的體驗延續下去，著實關係著宗門的存續。於是參究「公案」〔註45〕的方法被提出，希冀透過對祖師大德悟道機緣的參究，能從中獲取證悟的消息，進而達到見性的目的。公案不僅為沒有入路可尋的學人提供一條線索，同時也成為禪門教學的手段與悟境勘驗的標準。〔註46〕

繼公案後，註解公案的頌古、拈古、評唱等著作大量出現。汾陽善昭（947～1024）開頌古的先河，雪竇重顯（980～1052）進一步將之推向頂峰，〔註47〕

〔註41〕「喫」疑為「契」。

〔註42〕《廣錄》卷13，〈重刻大慧禪師書問法語序〉，頁552。

〔註43〕《敦煌壇經新書》（潘重規校訂，臺北：佛陀教育基金會，1994年12月出版）有達摩的頌言：「吾本來唐國，傳教救迷情；一花開五葉，結果自然成。」（頁199～200）禪宗自六祖慧能以下出南岳、青原二支派，其後衍為溈仰、臨濟、曹洞、雲門、法眼等五家。因五家都源自於慧能，故以《壇經》為識，而有一花五葉之說。

〔註44〕顧偉康，《禪宗六變》（臺北：東大出版社，1994年12月），〈第五章宋元明清禪──禪宗五變〉：「入宋以後的禪師們所面臨的，是朝廷嚴密的管理、宗門嚴格的規矩、陳陳相因的教育（方式）、參之又參的公案話頭……怎能要求他們再具有先祖們的原創性？」（頁239）

〔註45〕有關公案的定義、形成與演變，可參見黃連忠，《禪宗公案體相用思想之研究》（臺北：臺灣學生書局，2002年9月），頁13～124。

〔註46〕鈴木大拙曾提出公案的參究，在中國的歷史發生是不可避免的。而其中兩項重要的原因則是：「一、禪的修習如果聽其自然而不加管帶的話，不久就會因為他那種貴族式的訓練和體驗性質而自行消失了。二、禪自從六祖慧能過後，經過兩三百年的發展，終於逐漸失去了它那種創發的動力，因此之故，如果要它繼續生存下去，就得運用某種可以激發禪悟意識的手段，從而喚起一種新的生命才行。」（日・鈴木大拙著、徐進夫譯，《開悟第一》（臺北：志文出版社，1988年4月），頁92。）

〔註47〕宋・淨善重集，《禪林寶訓》（《大正藏》卷48）言：「雪竇以辨博之才，美意變弄，求新琢巧。繼汾陽為頌古，籠絡當世學者，家風由此一變矣。」（頁1036b～1036c）又杜繼文等的《中國禪宗通史》言：「善昭開頌古之先河，重顯把

繼後圓悟克勤（1063～1135）的《碧巖錄》風靡僧俗二界〔註48〕、惠洪覺範（1071
～1128）的《石門文字禪》更爲禪悟與文字，建構起相即不離的關係。於是文
字禪得到理論性、系統性的發展，成爲宋代禪宗主流。〔註49〕公案的出現，原
本是要賦予禪宗新的生命力，其用意是「俾其從有思以入無思，從有言以入無
言」，〔註50〕以達到冥契眞理的目的。但是隨著文字禪相關著作的大量出現，參
禪變成一種知識的討論、言語的詮說，學人深陷文字葛藤，對於禪悟經驗的創
造，反倒成爲極大的障礙。〔註51〕雖然中間有看話禪與默照禪的力挽狂瀾，〔註
52〕但終究抵擋不住文字禪如洪水般快速的發展。入元後，萬松行秀（1166～
1246）集成評唱著作《從容庵錄》及《請益集》，其弟子林泉從倫（1223～1281）
又有《空谷集》與《虛堂集》二書的彙編，文字禪於此發展到最高峰。〔註53〕
文字禪之所以能如水出山般，幾乎毫無阻礙的快速發展，最主要原因就是它符
合了禪宗與中國社會接軌的要求。〔註54〕

　　公案的應用發展，除了透過文字對公案內容、隱含意義作詮說外，公案
裡師徒應接的機鋒，不論肢體動作、五官表情、言語對答，甚至是道具的使

　　　　頌古推向頂峰。」（頁41）

〔註48〕《禪林寶訓》說《碧巖錄》一出：「新進後生，珍重其語，朝誦暮習，謂之至
　　　　學。」（頁1036c）

〔註49〕參見魏道儒〈宋代禪宗的「文字禪」〉，《世界宗教研究》1991年第1期，頁
　　　　37～46。

〔註50〕《廣錄》卷13，〈重刻大慧禪師書問法語序〉，頁552。

〔註51〕鈴木大拙在《開悟第一》中，曾提到：「而這些東西（指文字禪的相關著作）
　　　　則可能引發一種知識解會的活動，對於禪悟經驗的培養至爲有害。」（頁93）

〔註52〕大慧宗杲對流於形式的文字禪相當不滿，甚至不惜燒毀其師圓悟克勤的《碧
　　　　巖錄》刻板，進而提出以「看話頭」爲對治。（參見鄧克銘，《大慧宗杲之禪
　　　　法》（臺北：東初出版社，1990年7月），頁19～57）默照禪則是與宗杲同時
　　　　的宏智正覺所提出，主張以看心靜坐爲禪的實踐。然而大勢所趨，就連宗杲
　　　　與正覺，也都有頌古等相關作品出現。

〔註53〕後人合《從容庵錄》、《請益錄》、《虛堂集》、《空谷集》爲「四家評唱錄」，
　　　　評唱之作再也無出其右者，故《四家評唱錄》與《碧巖錄》並稱爲禪門雙
　　　　璧。

〔註54〕楊維中〈由「不立文字」到文字禪——論文字禪的起因〉（《禪學研究》，1998
　　　　年11月）一文認爲：「文字禪的出現並不是偶然的現象，有著禪內的、禪外
　　　　的各種因素的綜合作用，其根本動因在於禪宗向中國傳統主流文化的回歸。」
　　　　（頁238）周裕鍇在《文字禪與宋代詩學》（北京：高等教育出版社，1998年
　　　　11月）中也提到：「從某種意義上說，文字禪是佛教中國化、世俗化、儒學化
　　　　和文學化的必然歸宿。」（頁6）

用，都成爲後人模仿的對象，其中最常被使用的就是棒喝的手法。「德山棒、臨濟喝」是臨濟宗最著名的機用，禪師在接引學人時，以棒打、大喝的嚴峻手法，剗絕學人的虛妄情識。以如此猛烈的氣勢逼拶，無非是要使學人頓然的衝破一切迷團，達到開悟解脫的目的。這個方法，歷經晚唐、五代、兩宋禪師的行持提倡，成爲臨濟宗風的一大特色。

明代臨濟傳承自惠洪覺範與大慧宗杲，覺範以文字禪著稱，宗杲則是話頭禪的提倡者。曹洞源流出雪庭福裕，福裕嗣法於萬松行秀，行秀與弟子從倫是評唱發展最高峰的代表者。〔註55〕不論是臨濟或曹洞，在傳法的過程中，都含有「文字禪」的成分在，特別是曹洞，更是評唱集大成之地。因此在明代的禪學中，公案文字的商量，佔有相當的份量。其實公案禪爲學參禪提供了入道方便，有其絕對的價值與意義。〔註56〕但是經過歷史的傳承與發展，公案禪逐漸的模式化、固定化，原本靈動活潑的生機，也隨之消失了。入明以後，由於統治者的嚴加管控，使得思想發展進入了停滯期。在經過一段相當長時間的人才斷層後，禪門沒有真正開眼宗師可以領導眾生；據宗門之位者，只能就祖師所留下來的方法，依樣畫葫蘆地表現禪法的形式。禪門教學的逐漸僵化、禪悟經驗更是付之闕如。由於禪法宗旨的失落，禪門於是陷入以盲引盲的窘境。

雖然大慧宗杲的看話禪，也廣泛地被應用於明末佛教，〔註57〕但畢竟話

〔註55〕麻天祥言：「（四評唱出後）禪門說禪再也翻不出新的花樣，因此也就沒有頌古、拈古之必要了。」（《中國禪宗思想發展史》，頁209）

〔註56〕雖然公案衍伸出不少弊病，但是公案對禪法的流傳與貢獻，實有其積極於正面性的意義。巴壺天指出：「禪宗歷代之公案，有其不可磨滅之價值。」（《禪骨詩心集》（臺北：東大圖書館股份有限公司，1990年版），頁161）；日・種山懷讓也以公案的推動爲禪的全體：「禪的公案，實際就是成爲這作用的中心（宗教機能）的東西；依於公案，一切被綜合了的，被賦以生命了的，都完全地達成其作用。公案在這種意義上，可說是禪的生命的主要分子，是基本的主動體。」（芝峰譯，《禪學講話》（臺北：東大圖書股份有限公司，1991年版），頁64）。即使是如頌古、評唱之類的作品，亦有其意義存在。日籍學者加地哲定即對於公案、頌古採肯定的態度，他認爲：「公案、頌古是那些傑出的禪僧們智慧的產物，在禪宗史上開創的新局面。」（劉衛星譯、秦惠彬校，《中國佛教文學》（北京：今日中國出版社，1990年），頁110）。

〔註57〕大慧宗杲的禪法之所以在明末廣受歡迎，荒木見悟認爲：因大慧禪與陽明學，在思想上有了接軌；宗杲不僅建立起忠義的人格形象，其對人倫的提倡更打破了儒佛的界線。而這些特質，正好符合明末社會的需求。詳見《陽明學の位相》（東京：研文出版社，1992年），第七章〈陽明學與大慧禪〉，頁213～256。

頭的參看，以致於禪境的契入，並不是件容易的事；一般而言，必須經過長時間的修行，需要相當的決心與毅力。公案禪實質難學，但形式卻易模仿，也因此真正開悟見性的少，玩弄文字光景、模仿機鋒話頭的多。於是明末的禪法就淪為口頭禪、野狐禪的播弄與機鋒禪與的模仿。

　　再者，禪宗雖是個講究「自證自悟」的宗派，但是隨著宗門影響的日益擴大，在「證悟」中又有「證道」的要求，藉由師徒相印的過程，以確保禪悟的內容、維持佛法的純粹性。〔註58〕然而經過南宋末期、元朝及明初一度衰微之後的禪宗，門庭的表面維繫已經困難了，真參真悟的開眼宗師更是寥寥無幾。但是為維繫禪寺的世代相傳，還是必須有形式上的印可傳衣，以嗣續法統。在禪門代代傳承的過程中，只要有一人輕許了禪法，以後就代代以盲引盲，難再見如來正法了。〔註59〕明代宗門的印可，已成為徒具形式、只為求門庭貂續的多瓜印子。對於這種現象，就連具有正統宗門身份的元賢也不得不承認：「至於國朝，則慧林久凋，正脈已失」。〔註60〕

　　然而在講究證悟的禪門裡，悟道是凡聖頓然的轉化，在大悟之後，立即具有紹承正法的資格，因此無形中就很容易與世俗的利益相結合。〔註61〕再加上明末泰州學者現成良知的傳播，人心普遍悖狂，〔註62〕於是儒家有滿街的聖人，在佛門則是「個個臨濟，家家德山」。〔註63〕禪法悟境的勘驗本來就不容易，證悟的宣稱、法脈的承紹，又有一定的現實利益，於是在明末就出現了「稱悟稱證者，已遍域中；付拂付券者，幾近大地」〔註64〕的怪現象。也因此黃宗羲有言：「禪學至棒喝而又大壞，棒喝因付囑源流而又大壞。……

〔註58〕參見顧偉康，《中國禪宗六變》，頁243。
〔註59〕參見釋聖嚴，《明末佛教研究》，頁6。
〔註60〕《廣錄》卷19，〈達本論〉，頁618。
〔註61〕參見黃連忠，《禪宗公案的體相用思想之研究》，頁124。
〔註62〕明末的狂禪之風，其實是由儒者而起，並非禪門。嵇文甫在《晚明思想史論》中就說：「當萬曆以後，有一種似儒非儒似禪非禪的『狂禪』運動風靡一時。這個運動以李卓吾為中心，上溯至泰州派下的顏何一系，而其流波及於明末的一般文人。」（頁50）若是就有實際指涉的「狂禪」論說，幾乎都是針對李卓吾或泰州門下而發。詳見江燦騰，〈李卓吾的生平與佛教思想〉，《中華佛學學報》1988年10月，頁297～302的分析整理。晚明禪風趁陽明學而起，然而陽明末流的疏狂之氣，卻也因此帶入禪門。
〔註63〕清・錢謙益，《有學集補》（《四部叢刊正編》78冊），〈致憨山大師曹溪塔院住持諸上座書〉，頁512。
〔註64〕《無異元來禪師廣語》卷29，〈復余集生居士〉，頁343。

今之爲釋氏者，中分天下之人，非祖師禪勿貴，遞相囑付，群聚不逞之徒，教之以機械變詐，皇皇求利，其害寧止於洪水猛獸哉？」〔註65〕他不僅以付囑爲洪水猛獸，甚至認爲如果達摩再來，必當會塗抹源流以絕後患。〔註66〕黃氏言論雖不免偏激，但卻也道出宗門發展的弊病。

如何避免禪病的發生？如何挽救疏狂的宗風？如何提出有效的禪修方式？如何使禪悟經驗的創造成爲可能，相關的討論，成爲明末禪者所共同關注的問題。

第二節　元賢的禪修理念

一、心性思想的內容

面對明末禪法的弊病，身爲禪師，元賢迫切需要解決的不是心性理論系統的建立，而是禪病的對治與禪法的落實。因此對於心性議題，禪者性格的元賢，並沒有作系統化的理論建構、甚至也沒有太多的討論，他更無意要成爲義學家。然而心性思想是禪學的理論要旨，禪法的演變、應機的接化、修行的方法，都是依此核心而展開的。所以雖然心性思想，並不是元賢禪法的重點，但因其具有基礎性的地位，故對於元賢禪法思想的討論，還是必須從心性思想的內容展開。

關於心，元賢認爲「人心佛心，無二無別」，〔註67〕也因此這個心「圓明獨漏，不學佛而佛已成」，〔註68〕由於眾生心本來圓滿成就，故元賢以「靈光」稱之。〔註69〕這是禪宗對於心的共同理解。這個眾生原本無礙的心，元賢以「眞心」稱之。此「眞心」是相對於「妄心」而言。眾生念起念滅、遷變無常、妄取造業的是妄心；不從因緣而生滅、沒有能所對立、無有法塵分別的

〔註65〕清·黃宗羲，《明儒學案》（《黃宗羲全集》第 7 冊，杭州：浙江古籍出版社，1992 年）卷 33，〈泰州學案一〉，頁 873。

〔註66〕清·黃宗羲，《明儒學案》：「假使達摩復來，必當折棒噤口，塗抹源流，而後佛道可復興。」（卷 33，〈泰州學案一〉，頁 873）

〔註67〕《廣錄》卷 10，〈示梵珠禪人〉，頁 517。

〔註68〕《廣錄》卷 29，〈寱言〉，頁 754。

〔註69〕《廣錄》卷 9，〈示丁元闢居士〉：「眾生靈光，本無遮障，怎奈迷情妄起。……若靈光不昧，根塵頓泯，心忘境寂，圓照無外，覺體如如，其名曰佛。」（頁 501～502）

才是「眞心」。〔註70〕在這個眞心的基礎上，元賢非常強調萬法「無自性」、「本來空」的意義：

> 知法從緣生，則法無自性；法無自性，則非滅非生；非滅非生，則體本自如。體本自如，則言有性者妄也，言無性者亦妄也；即言體本自如者，亦無非妄也。〔註71〕

> 萬法本來空，祇緣心妄有。妄心共分別，說空實非空。捋入空中性，空有二俱非，是名本來空，亦名眞實義。〔註72〕

所以元賢說「佛氏之學，祇要識得諸法無性。識得諸法無性，則身心器界，以及無邊虛空，悉皆消隕。」〔註73〕

因此關於心的定義，元賢並不贊同宗密「心是其名，知是其體」〔註74〕的說法，他認爲：

> 以知論性，猶以光明論珠，是亦表珠體之德也。況體具寂照二德，知則專言其照，表德亦自不備。必爲之解曰：「空寂之知」，則備矣。
>
> 〔註75〕

元賢以爲宗密「知」之說，遺落了心的的空寂性，即心必要悟無性，否則就會成爲妄執，無法契於眞如。〔註76〕對於心之無性義的強調，可以說是元賢心性思想的一大重點，他說：

> 此心既不受人法之障，則虛而靈寂而妙，世出世間，何用而不可哉？
>
> 〔註77〕

「虛」是指眞心的無自性，由其無自性而能容萬法，即所謂「心生萬法」之

〔註70〕《廣錄》卷10，〈示黃爾巽居士〉：「今觀此身之內，四大假合，日趨於盡。所謂眞心者，何在意念紛起？生滅不常，非眞心也。或善或惡，變邊靡定，非眞心也。況此心於一膜之內，不能自見，是暗於內，非眞心也。一膜之外，痛疾全不相干，是格於外，非眞心也。若曰回光內照，覺有悠閒靜一者，乃由妄心所照。有能照之心，有所照之境，則此幽閒靜一，總屬內境，即《楞嚴》所謂內守幽閒，猶爲法塵分別影事，豈眞心哉？。」（頁513）

〔註71〕《廣錄》卷9，〈示緣生上人〉，頁503。

〔註72〕《廣錄》卷22，〈答尼覺林〉，頁655。

〔註73〕《廣錄》卷29，〈寱言〉，頁754。

〔註74〕宗密之說，詳見《禪源諸詮集都序》（《大正藏》48冊）卷下之一，頁406c。

〔註75〕《廣錄》卷29，〈寱言〉，頁772。

〔註76〕參見釋太虛，〈曹溪禪之新擊節〉，《海潮音》1923年12月（微卷版），頁5～6。

〔註77〕《廣錄》卷14，〈題般若無知論後〉，頁563。

義，這是就心的體性而說。至於「靈寂」則是指：心具有空寂性，不執著於人法，可以生起繁興大用，這是就心的作用而言。對於心的體用特質，元賢以「至約」、「至博」言之：

> 天下之至約者，莫如心；天下之至博者，亦莫如心。何以言其約也，以其體之至微，而爲萬有之所共宗也。何以言其博也，以其用之至廣，而非虛空之所能圍也。〔註78〕

如何使本具無礙的心性展現、發用呢？體用之間又是一個怎麼樣的關係？元賢的解釋是：「亦惟致力於約而已」、「既契其約之體，則其用之博」。他強調必須由本體下工夫，待本體顯現後，心的作用自然可以發揮。其實這點由元賢「虛而靈寂」之說，就即可得到說明：必須先契心之體性的空寂，唯有契空寂眞性之後，才能不執著於人法，也才能興起大用，否則就無以說「靈寂」之用。在體用關係上，元賢側重於由體著手。

雖然元賢對於心性思想的論述不多，但是由前文的分析整理，可以發現，他的心性思想有幾個特色。首先是，元賢論心性多言心而少說性，且偏重於對本覺眞心的詮釋。其次，對於心的特質，元賢不從生萬法的能動性去說，而較強調心的虛空意義。而在體用關係上，元賢則是以「虛空而靈寂」來說明，強調契體而後顯用。這些心性意涵的，決定了元賢禪法思想的內容。

元賢的心性思想，屬如來藏系，也就是印順所謂的眞常唯心系統。〔註79〕就這個眞心本覺的立場，他的禪法，非常重視個體在禪悟經驗中的創造性，即個人在禪修過程的主動性與能動性。這是對於每個人之爲獨立個體的絕對肯定，也因此在禪修開悟的路程上，元賢摒絕了所有外在幫助的可能性，將一切攝歸於人本身的奮鬥與努力。在心佛關係上，「即心即佛」說是慧能南宗禪的共同路線，元賢也贊成心佛不二之說。但是他不從當下現實之心去闡發，而是偏重於對心之眞如理體的詮說。也因此在心的體用關係上，他不走馬祖道一「作用見性」、「平常心是道」的路線，而較傾向於石頭希遷《參同契》的「本末須歸宗」，即強調由體顯用、理本事末的立場。又他以「虛空而靈寂」說明心的體用性質與關係，故元賢禪法的實踐，不僅不從「觸類是道」說，甚至越過了「即

〔註78〕《廣錄》卷10，〈示約心上人〉，頁511。

〔註79〕印順將大乘佛學分爲三大系統，一是性空唯名系、二是虛妄唯識系、三是眞常唯心系。禪宗、華嚴、天台都屬於眞常唯心系統。詳見印順，《印度佛教思想史》（臺北：正聞出版社，1989年），頁131、275、308。

事而真」，而單提「無心合道」；也就是說心性的體悟、禪道的實現，只能從「契心」的體道過程來說。關於這些特點，將在以下各章節作更詳細的解釋。

二、禪修意義的確立

禪宗的終極關懷，在於由迷轉悟，復返心性的本然狀態。所以元賢說：「禪學一宗，無非自完其本心而已」，〔註80〕祖師大德苦口叮嚀的也是「祇要你明自心見自性而已」；〔註81〕甚至所有的學問，都應該以此為努力的目標：「學無多術，祇要識得自己真心而已」。〔註82〕明心見性對於元賢而言，不僅是禪的一切，也是世間、出世間法的一切。

禪悟經驗的創造是禪的終極目標，可以說沒有「悟」就沒有「禪」。〔註83〕然而在明末，禪法卻普遍存在著形式化與空疏化的問題。如何使禪悟的實踐成為可能，是元賢所關心的問題。對於明心見性，首要提出的是：禪悟的內容是是什麼？元賢回答到：

> 我法本無語，我語不是法。但知法無法，便是真實法。何以故？纏
> 涉言語，反成污染。須知解絕情忘一句，自然鑑地輝天。〔註84〕

真理不落言詮，一落言詮便非真理。真理具有不可說的性質，所以元賢說：「法本無法，語有何語，凡有語言，盡非實義。」〔註85〕真正的禪法是千聖不傳底傳，既無一法可得，也無心可印。〔註86〕因此，透過經教文字的知解，是不可能與真理相契的。元賢言：

> 蓋緣所據經文，併是方便權說。若祇依語生解，則墮在道理障中、
> 是非窠裏。……向殘編斷簡中，以聰明領略，說得滴水不漏，亦安

〔註80〕　《廣錄》卷12，〈與劉仲龍文學〉，頁531。
〔註81〕　《廣錄》卷10，〈示梵珠禪人〉，頁518。
〔註82〕　《廣錄》卷10，〈示黃爾巽居士〉，頁513。
〔註83〕　鈴木大拙言：「如果沒有『悟』，就沒有『禪』可說。『悟』是禪的一切，也是它的根本。」（日・鈴木大拙著、徐進夫譯，《歷史發展》（臺北：志文出版社，1989年），頁210。）
〔註84〕　《廣錄》卷11，〈示漢章禪人〉，頁519。
〔註85〕　《廣錄》卷9，〈示本照上座〉，頁500。
〔註86〕　日・種山懷讓：「（禪宗傳心）古人解釋為『傳者契也』；從心心契合的當體上說，祇可說是不傳之傳。雖說是傳，實無什麼可傳，唯在赤洒洒、明歷歷的心境間給與證明而已。『更無一法授人』」。（芝峰譯，《禪學講話》，頁17。）

能敵生死哉？〔註87〕

又祇在文字上分別，道理上推窮，乃是讀書人第一箇深病。全不知文字道理，亦祇是境。此心有非文字所可攝，道理所可言者，豈可以識見擬議哉？〔註88〕

由於明末禪學的疏狂，經教的回歸成為落實禪法的方式之一。〔註89〕但是元賢並不贊同，因為他認為真理並不是透過言說可以表達的，所有的經教文字都只是方便手段，即便是將道理推究、分析的再清楚，道理終究是道理本身，與開悟解脫連不上任何關係。

元賢不僅否定掉文字與開悟之間的關係，更認為文字有礙於禪悟，所以他要學人「須是將生平所學的、所解的，一刀兩斷」。〔註90〕在這樣的前提下，即便文字禪風行於明末禪界，〔註91〕元賢還是堅決採取否定的態度：

世所傳四家頌古，當以雪竇為最，天童次之。雪竇如單刀直入，立斬渠魁。天童則必排大陣，費力甚矣。蓋天童學甚贍博，辭必典雅，然反為所累，故多不得自在也。〔註92〕

如天奇之註頌古，少林之講評唱，非特不能無思，皆邪思也；非特不能無言，皆妄言也；非特不能傳佛印，且配魔王之印也。〔註93〕

元賢以儒士出身，對於文字義理，以致於詩偈韻文，都有極佳的掌握能力。〔註94〕但是對於禪法，他並不從經教文字入，「藉教悟宗」不是元賢的實踐

〔註87〕《廣錄》卷11，〈與沙縣曹智齋文學〉，頁521。
〔註88〕《廣錄》卷12，〈復周芮公吏部〉，頁534。
〔註89〕經教的回歸，是明末禪林的普遍現象，不只是不具法派的明末四大師，就連元賢的同門無異元來也是經教的提倡者。陳垣就曾說：「明季心學盛而考據興，宗門昌而義學起，人皆知空言面壁，不立語文，不足相攝也。故儒釋之學，同時丕變，學問與德性並，相反而實相成焉。」（《明季滇黔佛教考》卷2，〈藏經之遍布及僧徒撰述第七〉，頁86）此外亦可參見陳永革，《晚明佛學的復興與困境》（高雄：佛光山文教基金會出版，2001年），頁35～59。
〔註90〕《廣錄》卷11，〈與沙縣曹智齋文學〉，頁522。
〔註91〕關於明末文字禪風的興盛，可參見廖肇亨，〈明末清初叢林論詩風尚探析〉，《中國文哲研究所集刊》2002年3月，頁263～302。
〔註92〕《廣錄》卷30，〈續寱言〉，頁777。
〔註93〕《廣錄》卷13，〈重刻大慧禪師書問法語序〉，頁552。
〔註94〕元賢著作的豐富，是他對文字具有高度掌控力的最佳說明。再者在《廣錄》中收錄了元賢詩作三卷（卷24～26），其他還有偈頌、論贊等作品，可見得對於韻文他也有一定的運用能力。

進路。不僅是經教，即便是頌古、評唱之類的禪學著作，他也不認為對禪悟有任何助益。不僅如此，他還認為文字禪的作者，學問越淵博、文字越典雅，弊害就越大。因為在深奧的義理、精美的文字的包裝下，學人深陷其中而不自知，日久月深，悟門逐漸被擁塞，見性也就遙遙無期了。禪是無法以言語表達的，分析模擬的語言，並不能造成開悟的事實。語言文字在明心見性的過程中，沒有任何積極性的意義，是元賢禪法思想的堅持。所以對於當時知解的文字禪風，元賢一而再、再而三的提出批評。〔註95〕

其實不只是文字禪，對於倚靠宗門、自標傳承，元賢也不認可：

> 若委委瑣瑣，向他人腳跟後步趨，向他人涕唾下咀嚼，向他人門壁外倚靠，正如生盲倚杖，卻道：「我是臨濟宗，我是曹洞宗。」不知面皮厚多少！古人云：「不慕諸聖，不重己靈。」若是當家種草，自然不入他家社火。〔註96〕

> 不知這箇不在十二分教上，亦不在五宗言句棒喝上。若只向言句棒喝之下鑽研，求通宗師血脈，則全成邪見，聚八閩之鐵，不能鑄成這一錯也。所以古人道，門裏出身易，身裏出門難。諸人切莫倚門靠戶說禪也。〔註97〕

禪宗以教外別傳的姿態，高舉以心印心、不立文字的標誌。在這心心相印、師徒相承的過程中，本來要擺脫經典權威的禪門，卻一步步陷入崇拜祖師權威與法門嫡系的泥沼中。〔註98〕自家生命就在這權威崇拜的過程中逐漸喪失，而禪

〔註95〕 如〈示恒光上人〉：「今人不肯看話頭，只管三箇五箇商量，某話頭是如何，某話頭是如何。說得明白了，便謂大悟也。師家既無真正眼目，見他語言相似，便把冬瓜印子印之，謂之得人，師徒互相欺誑。所以今日宗風衰冷，而狐群狗隊，到處稱尊，以欺天下，其入地獄如箭射耳。」（《廣錄》卷10，頁518）；〈寱言〉：「少室心印，豈落文彩。古人聊為接引之計，始挂唇吻。然皆渾朴簡直、刻的示人，非誇會逞能，外飾觀美而已。後世即大然，雕章琢句，攢花簇錦，極意變弄，各競新奇，豈獨淫巧之意，乖衲僧之本色。而理因詞晦，道以言喪。欲其一言半句之下，觸發靈機，不亦難乎？」（卷29，頁764）；〈續寱言〉：「故先輩苦口丁寧勸勉真參，非為妄語。近日禪人，卻以先輩之言為不然，惟相與學頌古、學機鋒。過日，學得文字稍通，口頭稍滑者，則以拂子付之，師資相互欺誑，而達摩之旨，又安在哉？」（卷30，頁782～783）這樣的言論，在元賢的《廣錄》中俯拾皆是。

〔註96〕 《廣錄》卷10，〈示善侍者〉，頁513。

〔註97〕 《廣錄》卷6，〈普說下〉，頁472。

〔註98〕 黃連忠《禪宗公案體用思想之研究》言：「逐漸遠離佛教的經論，強調禪師個人禪悟的經驗，就產生了『教（門）』與『禪（門）』的疏離，不僅造成佛教

法也就日益地模式化、形式化了。元賢看到了這個弊病,因此他不僅認爲禪悟的體驗不可能來自經教文字,同時也強調,不論是祖師教法的依傍或是嫡系正宗的宣示,都無法是開悟的保證。即便把祖師大德的開悟經驗、機用教法,理解得再通透,都只不過是「倚門靠戶說禪」——都只是禪外在的模擬,而非禪的本身。〔註99〕這與宗門貴行解不貴知解的宗旨,是全然背反的。元賢以自己的禪悟經驗說道:「老僧三十年前,學臨濟禪,不肯死在臨濟窟裏。三十年後,學曹洞禪,不肯死在曹洞窟裏。何以故?孝順還生孝順子,忤逆還生忤逆兒。」〔註100〕跟隨古人的步伐,永遠也跳脫不了窠臼。元賢所要強調的是:入聖只是過程,不是終點。眞正的禪者,不應住在聖裡,不僅要入聖還要超聖。〔註101〕因爲禪不是從他人佛教的研究,而是自己佛教的創造。〔註102〕

再者元賢認爲:對於眞理的透徹,是頓時間全部的了悟。眞理具有不可分割的性質,只有「悟」與「不悟」,沒有逐段商量、漸次學習的禪法。所以他說:

> 我宗門下,祇貴直下親證,無逐段商量底禪,亦無漸次習得底禪。……
> 若是眞正悟入,如白日青天之下,見親生父母。豈有今日認得,明日復認不得者乎?〔註103〕
>
> 蓋我宗門下,無意識領略底禪,無逐段商量底句,直要渠向全無縫罅處透入,通身脫落後承當。〔註104〕

證悟就是證得眞理的全部,悟後就是通身脫落的承擔,沒有什麼三關、漸修可說。「一通俱通,豈有差別」〔註105〕是元賢對於悟道的註解。〔註106〕這種不落次第、不設關門、一悟一切悟的開悟論,在明末禪門講求錐心鍛鍊、次

內部的矛盾與相互攻伐,也形成了部分『依人不依法』的弊病。」(頁123)

〔註99〕巴壺天〈禪宗的思想〉言:「因爲見性是一種神秘境界,須人親自體驗,不是知識的研究。神秘境界不在經典文字裏,經典文字至多不過是神秘境界的模擬,不是神秘境界的本身。」(收入張曼濤主編《現代佛學學術叢刊》2冊,頁140。)

〔註100〕《廣錄》卷3,〈再住鼓山湧泉寺語錄〉,頁431。

〔註101〕參見巴壺天,〈禪宗的思想〉,頁141~142。

〔註102〕日·種讓山著、芝峰法師譯,《禪學講話》,頁9。

〔註103〕《廣錄》卷12,〈答密因上人〉,頁531。

〔註104〕《廣錄》卷12,〈與張二水相國〉,頁529。

〔註105〕《廣錄》卷5,〈普說上〉,頁456。

〔註106〕就禪的體悟而言,是頓時而且全部的悟解,因爲禪具有不可分割的性質。但是悟後還是必須再有保任、起修的工夫。對於保任與悟後起修,元賢仍是相當的重視。詳見後文。

第修悟的改革風潮下，是相當特殊的。

三、參究方法的提出

　　眾生心本靈光不昧、圓照無外，不僅人人具足、個個圓成。然而何以會有人佛凡聖的分別？因心性的迷與悟，一迷落凡，一悟成聖。因無明妄起、因眞性被物所弊、爲情所掩，使得原本廓然無礙的心物關係，產生了對立、產生了分別知見，由此喪失了心性體自常明的本來面目。這是元賢對於人佛凡聖、心性迷妄的說明。〔註107〕然而要如何才能坐斷無明？徹見自性呢？元賢言：

> 然此無明非道理可遣，非語言可除，非禪定可克，非苦行可銷，非諸佛之力可去，非積善之功可滅，要在當人自發肯心，切己推窮。
> 〔註108〕
> 若其光未露，須是有箇方便，非是求人講說，非是穿鑿經書，非是多作福田，非是閉關死坐。但於日用中，剔眉瞬眼，看箇如何是本來面目。〔註109〕

在一連串的否定中，元賢不僅否定了達摩二入四行的修行方法，同時也排除了六波羅蜜對開悟見性的幫助，甚至連諸佛菩薩的願力也被摒棄在外。行善修福、讀經拜佛，這些在元賢看來，或許可以提高生命境界，但是都屬於有漏業，並無法成就無漏果、達到解脫的目的。〔註110〕元賢摒除一切傳統的修行方式，高舉「參究」爲明心見性的唯一法門，可以說是非常徹底的南禪思想。

　　了脫生死是自家本分事，如同生死輪迴般，是無人能替代的。對於禪的參究意義，元賢說道：

〔註107〕元賢曾說：「人具有靈知，因何有迷，則以外爲物蔽，內爲情掩，所以先聖苦口叮嚀，非有別說，只要你明自心見自性而已。」（《廣錄》卷10，〈示梵珠禪人〉，頁517～518）；又「蓋眞如不守自性故，無明突起，能所橫生，能所既生，謬成四見。或見爲有、或見爲無，或見亦有亦無、或見非有非無，四見既興，百非斯作，而去道日遠矣。正如睫在眼前，而長不能見，豈睫之果遠哉？」（卷10，〈示茅蔚起居士〉，頁510）；再如「眾生爲無明所覆故，心境對立；心境對立故，百非交起。然心本無心，境本無境，但由無明作障故，心境妄現。」（卷9，〈示伯駒上人〉，頁502。）

〔註108〕《廣錄》卷10，〈示羽居居士〉，頁514。

〔註109〕《廣錄》卷9，〈示丁元闓居士〉，頁501～502。

〔註110〕有關元賢對於行善修福、讀經拜佛的看法，詳見第六章第二節淨土思想的討論。

> 禪之道尚參，參之爲義也，非師長所能詔，非兄弟所能代，非客氣
> 所能雜，非外形所能拘。唯在自心之力，勇猛直前。……昔人有一
> 偈曰：「學道須是鐵漢，著手心便判，直取無上菩提，一切是非莫管。」
> 參之義，其如是乎？〔註111〕

禪悟是一種自我創造的體驗，雖然在悟道的過程中，善知識的適時點撥也很
重要。但是基本上「悟不由師」，唯有透過個人主體的實踐，才可能獲得禪悟
的消息。元賢不僅強調「親證一回」〔註112〕的重要，同時也肯定了每個人悟
道的可能，但這必須以「意堅志猛」、「道心恆存」的爲資糧。

　　參究是開悟唯一的道路，接著的問題是要如何參究？元賢認爲方法只有
一個，那就是「參話頭」。〔註113〕在上百千次的開示中，不論是對宗門教外，
不是論是對僧俗二眾，對於禪法，元賢只單提看話──在話頭的參究之外，
別無他法。以看話頭爲禪修的進路，是明末叢林諸多禪者的共同主張。〔註114〕
但是以參話頭爲唯一法門者，應只有元賢一人。這是元賢在出世之初就堅持
的看法，且不曾再提出其他禪修方式。〔註115〕

　　在明末多元思考的禪學界中，元賢提出如此絕對的主張，自然會引起學
人的質疑。在《廣錄》中就有多段記載：

> 問：「百丈只教人盡情放下，便如雲開日出，豈不直捷？後人教看話
> 頭，百計搜尋，無乃太多事乎？」曰：「果能聞恁麼道，便全身放下，
> 誠爲省事。然我今教汝放下，還放得下麼？假饒放得下，又坐在這
> 放下裏。假饒這放下者，亦放得下，又存著放下底知解。假饒不作
> 知解，這不作知解底又放不下也。……所以上代諸師，特出異方便
> 以進之。」〔註116〕

〔註111〕《廣錄》卷9，〈示自參上人〉，頁507。

〔註112〕《廣錄》卷9，〈示緣生上人〉：「須知是言語道斷，心行處滅，親證一回。」
　　　　（頁503）

〔註113〕以「參話頭」爲方法的禪，又叫「看話禪」，是大慧宗杲所大力提倡的禪法。
　　　　南宋以降，宗杲的禪法成爲禪修方法主流，不論臨濟、曹洞，普遍對於大慧
　　　　禪都給予高度的肯定。有關話頭的起源、參究的方法、流行的經過，參見：
　　　　鄧克銘，《大慧宗杲之禪法》（臺北：東初出版社，1990年7月），頁43～90。

〔註114〕元賢的師門，無明慧經、無異元來，以及明末諸多禪者，如湛然圓成、紫柏
　　　　眞可、憨山德清、漢月法藏等人，都是看話頭的提倡者。

〔註115〕關於世人對元賢看話禪的執疑，多來自於〈寱言〉的記載。〈寱言〉作於崇禎
　　　　元年（1628），是元賢早期的著作。

〔註116〕《廣錄》卷29，〈寱言〉，頁765。

問：「百丈只説透得三句外，便是學人放身命處。後代立起許多門庭，
説出許多古怪，總是解心未絕，故有斯事。」曰：「近日楚中，大有
人主張此説，由渠全無悟入，只將《六祖壇經》、《百丈廣錄》、《黃
藥心要》等書，逐一將知解領略，由是胸中想著一箇空寂境界，喚
作喜怒哀樂未發前氣象。至祖師關梜，無由撈破，便謗諸師。上堂
小參、拈頌答問，皆是解心未絕，故有斯事。殊不知，直透過三句
底人，解心既絕，千機頓發，自然七縱八橫，天迴地轉。」〔註117〕

問：「毫釐繫念，三途業因；瞥爾情生，萬劫羈鎖。只如今教人看話
頭，正是繫念、正是情生，如何免得業因羈鎖去？」曰：「絲毫情見，
不免輪迴，只如今話頭尚存，疑情未釋，誰許渠出得生死去？但這
箇繫念，這箇疑情，又是借世間法，作出世因，《圓覺》所謂『以幻
修幻也』。到得心路絕處，廓徹無依，則人法雙亡，心境俱捐。……
是此繫念爲無念之門，此疑情爲忘情之法。乃衆生脫凡入聖之大道，
而諸聖攝化度生之微權也。」〔註118〕

（有人問：法門正脈，唯當以機用接人，不宜受人以死話頭工夫）
蓋師家之機用，學者之工夫，必兩相宜，而後可以有成也。若不策
進其功夫，而唯以機用接人，則上根上器，當下知歸者，能有幾
人？……夫工夫不死，則情識橫生，非亂逐名利，則深謬於知解。
雖有機用，則將安施乎？至於法門正脈，豈涉機用，非獨看話頭者，
爲自生枝節。即入門便棒，入門便喝，早生枝節了也。今執之爲正
脈，奚啻錯千錯萬哉！〔註119〕

整理以上的對話，可以得知，時人對於元賢單提看話頭，有下列幾個質疑：
一是百丈懷海只教人盡情放下，教人看話頭，未免太多事；二是只要透徹祖
師大德語要，就是明心見性，何以妄立法門；三是教人看話頭，心繫於話頭，
羈絆枷鎖何能出離；四是宗門正脈，要能應機接人，或棒或喝，機用無窮，
不應受人死話頭。由這些問題的提出，可以看出明末禪門發展的多元化，以
及當時人們對於禪法實踐進路的不同思考。

關於這些問題，元賢的回答是：一言頓悟、立地承擔，當然最好。但是

〔註117〕《廣錄》卷29，〈寱言〉，頁766。
〔註118〕《廣錄》卷29，〈寱言〉，頁765。
〔註119〕《廣錄》卷11，〈答三山禪者〉，頁523。

今人習氣太重，知解心太強，要放下談何容易？他就曾深刻的提問到：

> 祇如德山道：「汝但無心于事，無事于心，自然虛而靈，寂而妙。」
> 此四句盡情說破，更無隱諱，不難解會。但汝纔說無心，便是有心
> 了也。纔說無事，早是有事了也。能虛麼？能寂麼？〔註120〕

> 殊不知，你纔起念放下，這一念，便放下不了也。或有云祇須直下
> 承擔。殊不知，你纔起念承當，這一念，便隔千山了也。或有專學
> 驢脣馬舌，問東答西，謂之不受人安排、不受人纏縛，以為了當。

> 殊不知，你纔起此念，便自家安排、便自家纏縛了也。〔註121〕

雖然古德曾說「一句截流，萬機寢削」，〔註122〕盡情放下就是道、直下承擔即
是佛。但是畢竟利根上智者只是少數，能當下頓悟者有幾人？所以歷代祖師才
教人看話頭。〔註123〕以話頭為方便，作為粉碎知見的手段。所以話頭的參究，
是為找不到入手處的眾生，提供一個入道方便。實際上是沒有辦法中的辦法、
是死馬當活馬醫的不得以之策。〔註124〕對於祖師禪語能夠透徹契悟，當然不失
為入道的好方法。但是由於受思考習慣的限制，學人多是從知解邊上取；儘管
把祖師大德的開悟機要都弄得一清二楚，學習上堂、小參〔註125〕的各種對答，
都只不過是禪法形式的學習。這樣的學習是知識性的學習，並非是真理的契入。
唯有透過話頭的參究，才能通達祖師關、才能達到真正開悟的境地。

　　對於死執話頭的疑問，元賢解釋到：看話頭，在方法上是「以幻修幻」、「藉
世間法為出世」；話頭只是作為契入真理的方便手段。看話頭是心念集中到瓦解
的過程，最終是導向身心脫落的目標，並非只停留於念頭上的執著上——念頭
的瓦解以至悟境的創造，才是終極目的。對於念頭的執著，只不過是看話的初
步工夫罷了，待話頭徹底的看破，就不存在念頭羈絆、無法出離的問題。

〔註120〕《廣錄》卷4，〈小參〉，頁448～449。
〔註121〕《廣錄》卷4，〈小參〉，頁447。
〔註122〕宋・圜悟克勤，《碧巖錄》（《大正藏》48冊）第五十六則，頁190b。
〔註123〕《廣錄》卷9，〈示黃孟揚居士〉：「古人有於一言之下，立地承擔者，非是誑
　　　　語。但眾生根機遲鈍，未能頓悟，所以歷代祖師，教人看箇話頭。」（頁501）
〔註124〕《廣錄》卷4，〈小參〉：「你看他這裡還容得一點情見麼？所以山僧今日，祇
　　　　作死馬醫，教人離心意識參，透出箇本有光明。」（頁444）；又：「山僧且教
　　　　渠作死馬醫，但二六時中，發起勇猛堅固之心，看箇話頭。」（頁447）
〔註125〕上堂，指正式的開堂說法，又名大參。小參則是指無定時、定所的隨時垂說。
　　　　詳見《敕修百丈清規》（《大正藏》48冊）卷2，頁1119b-c；《祖庭事苑》（《卍
　　　　續藏》113冊）卷8，頁236。

再者是對正統宗門禪師應該機接人、不該一律授予死話頭的質疑。元賢從禪宗的歷史根源上找答案。他指出宗杲開示學人，就一律以話頭湮塞學人的口舌，但卻能展現大機大用，因而開悟證道者就有四十多人。光是以機用接人是不夠的，徒具形式的胡亂棒喝，如何可以作爲宗門正脈的象徵。〔註126〕

對於自己單提看話頭爲禪法，元賢的說明涉及了話頭禪的內在理路、外在因素，以及歷史淵源等各個面向。其實深入探究，就可以發現，眞正的核心原因只有一個，即是對於當時禪界疏狂與支離的回應：由於眾人我慢甚深，知解又重，唯有以話頭爲手段，切實徹底地參究，才有可能達到開悟見性的境地。所以他大力的提倡看話禪，並以其爲唯一的禪法。

第三節　元賢的禪修方法

元賢以參究爲開悟的唯一入路，又以看話頭爲參究的唯一方法。因此接下來要處理的就是：參禪的先決條件爲何？話頭要如何參究？如何處理禪病？如何才能達到開悟見性的目標……等禪法實踐的相關問題。由於元賢沒有如雲棲袾宏《禪關策進》及無異元來《參禪警語》之類，專門禪修指南的著作。因此本文將蒐羅散見於《廣錄》中，元賢對於僧俗二眾的禪修開示，作一綜合性的整理分析，並從中尋找出其禪修的進路與方法。

一、參禪的條件

元賢認爲身爲佛子，不論是修禪修淨，都要以戒律的嚴守作爲先行，他說：

> 學道之人，先須奉戒清淨，然後或參禪或念佛，各隨其便。〔註127〕

> 先以戒德律身，秋毫勿犯，然後或參禪，或求妙悟，或念佛而冀往生，老實精勤，自然到家有日矣。〔註128〕

戒律是佛教各宗派的共法，戒是無上菩提本，三歸五戒是佛徒最基本的要求，

〔註126〕元賢反對不以禪悟爲基礎的機用，他曾說：「然悟心其本也，機用其末也。學者當求其本，本立則其用必彰。若徒求其用，而本弗立，則非佛之徒矣。濟下，自馬駒以一喝開場，黃蘗以三棒接拍，以故，人人如獅子哮吼，動地驚天，皆本深而末自茂，體原而用自神者也。」（《廣錄》卷13，〈壽昌西竺禪師語錄序〉，頁543）元賢不反對棒喝，他反對的是如優伶戲子般的胡棒亂喝。

〔註127〕《廣錄》卷10，〈免會侍者〉，頁518。

〔註128〕《廣錄》卷10，〈示願浩寺禪堂大眾〉，頁512。

不論教家或禪門，都應以奉戒為第一。戒律的嚴持是理所當然，本來不需特別強調。但是在明末疏狂的禪風中，多得是以曠達為藉口、視律法為無物的狂妄之徒。因此元賢才特別強調戒律的優先性。「持得嚴」是參禪得第一要件。

　　在戒律的謹守外，元賢還提出學道之士必須要有「信得及」、「放得下」、「守得堅」三大信念。〔註129〕

　　「信得及」要是從兩方面來說。首先是信自己，相信自己圓滿具足、相信自己本來與佛沒有差別。於此建立成佛的依據、建立成佛的大信心。再者是要相信三寶，相信佛所說的教法，必定可以引導學人至開悟解脫的境地。只要一心存任何懷疑，就會阻礙道心，所以說要信得及。〔註130〕相信自己、相信三寶是學道者的基本條件。〔註131〕

　　「放得下」指放下種種牽絆，世間的名利、愛恨、情仇種種牽扯，如銅牆鐵壁，將人困於其中，難以自拔。如果眷戀於人世，貪嗔痴愛於所有，如何能生起道心？萬緣纏繞、念念生滅，如何能說得上是參禪。〔註132〕因此元賢告知學人要能克己、要能放下；放得下再進一層的積極意義是專心一致。也唯有能放下，才能夠專心；在專一修道的過程中，禪悟方才有機會成為可能。〔註133〕萬緣放下，是修禪的先行條件之一。

　　「守得堅」是指求道信念的堅定。雖說頓悟成佛，當下即能解脫，但這

〔註129〕《廣錄》卷9，〈示惟謙上人〉：「我嘗謂學道之士，第一要信得及，第二要放得下，第三要守得堅。」（頁500）

〔註130〕《廣錄》卷9，〈示惟謙上人〉：「信我本來是佛，不少一毫。又信得佛祖垂下一言半句，等閒如倚天長劍，必能斷人命根。」（頁500）；〈示睿侍者〉言：「學道先須識自己，最尊最貴誰可擬？」（卷23，頁665）

〔註131〕近代禪者虛雲和尚亦告訴學人深信因果、堅固信心是辦道的的先決條件。（詳見岑學呂編，《虛雲和尚年譜・法彙增定本》，頁155）當代禪師釋聖嚴則以「大信心」為禪的修行者的四大通則。（釋聖嚴，《禪的體驗・禪的開示》（臺北：東初出版社，1992年），頁115。）

〔註132〕虛雲和尚亦言：「『萬緣放下，一念不生』。是參禪的先決條件。……萬緣放下了，妄想自消，分別不起，執著遠離。至此一念不生，自性光明，全體顯露；至是，參禪的條件具備了，再用功真實參究，明心見性纔有分別。」（岑學呂編，《虛雲和尚年譜・法彙增定本》，頁153。）

〔註133〕《廣錄》卷9，〈示惟謙上人〉：「何謂放得下？人被許多虛名福利、恩愛業緣、種種牽纏，如鐵城銅鎖，無能自解。必須勇猛發奮，斬斷一切，再不復顧，方可策進。」（頁500）；又〈示睿侍者〉言：「學道先須貴一心，莫分他岐亂追尋。朱紫雖然從世好，那知背卻本來人。學道先勤克己功，克己功成萬境融，大千沙界非他物，使知法法本來空。」（卷23，頁665）

非上根利器不能得之。對於大部分的人來說，禪修到悟道，畢竟有一段路程
要努力，如果信心不足，很容易遇著個順風、逆境，就故態復萌了。〔註134〕
所以雖說「信得及」也「放得下」了，然而還是要「守得堅」，才能護持道心。
〔註135〕道心堅固了，遇著困境自然能夠激起大憤心，克服一切的障礙。〔註136〕

　　再者就是目標的確立。明末高僧大德，不論是否具有正統禪師的身份，
幾乎都有參禪的經驗，禪修可以說是當時教界最主要的修行方式。〔註137〕其
實不僅佛門內部，就連教外儒學之士，也莫不沈浸於禪風當中。〔註138〕禪宗
也因此成為佛教勢力最大、最具影響力的門派。然而大批的「禪悅之士」，卻
沒有將佛禪推向繁興的頂峰，相反的，卻使得禪法更為衰頹。何以故？元賢
以為就出於參禪目標的喪失：

> 今日學人，十箇有五雙，具要參禪，而卒流於不肖之歸者何哉？以
> 不求妙悟也，不得妙悟者何哉？以不知所避忌也。〔註139〕

參禪本來沒有目的可言，因為禪悟本來無一悟，並非真有個佛性或真理可悟。
因此，若強言目的，了脫生死、見性成佛可以說是參禪唯一沒有目的的目的。
元賢認為參禪必須要有明確的目標，這個目標就是「妙悟」，也就是真理禪境
的契悟。如果不以徹悟為目的，禪修很容易變成藉口與手段──作為狂傲放
蕩的藉口、逐名奪利的手段。於是元賢看到明末的禪者飲酒、博奕、戲笑、
猖狂；看到付法者嘯聚山林，打家劫舍，如惡鬼覓唾般地爭逐勢力。因此對
於參禪，元賢認為首要就是目標的確立──以「明心見性」為唯一目標；也
唯有堅實地確立了目標，才不會為世俗名利所吸引、才沒有走岔路的危險。

　　持得嚴、信得及、放得下、守得堅、立得正，是禪修的五大必備條件。

二、禪病的認識

　　有志參禪悟道者，從正面立說，必須具有五大基本條件；從反面立說，

〔註134〕參見岑學呂編，《虛雲和尚年譜・法彙增定本》，頁162～163。
〔註135〕《廣錄》卷9，〈示惟謙上人〉：「何謂守得堅？緣人一時感激向前，亦似信得
　　　　　及，放得下者，依舊要擔取去了也。所以要箇守得堅。」（頁500）；又〈示
　　　　　睿侍者〉：「立志勤求莫放鬆，譬如抒海要窮底。」（卷23，頁665）
〔註136〕參見釋聖嚴《禪的體驗・禪的開示》，頁116。
〔註137〕有關明末高僧大德的參禪體悟，可參見釋聖嚴《明末佛教研究》，頁58～69。
〔註138〕參見第三章第一節第二目。
〔註139〕《廣錄》卷10，〈示時中禪人〉，頁515。

則是要有所避忌，〔註140〕也就是以識禪病為優先。〔註141〕識禪病的目的，最主要的就是要「打疊意根清靜」：

> 參學之士，當以參禪為貴。參禪之功，必以識禪病為先。不識病則禪為偽禪。禪既偽，則道為外道，所以爭人競我，貪名逐利，為今日之禪是也。〔註142〕

> 凡要參禪，須是先要打疊得意根下十分乾淨，方有趣向分。若意根下，有許多不淨的意思，縱饒用功真切，而病根必乘間而發，必然別有境界現前，十箇五雙，落在魔道。雖因緣到時，亦多出世，稱善知識，而心必毒。〔註143〕

元賢認為意根不乾淨，即便真實用功，心識妄念還是會趁隙而起，現起的識境過不去，大部分的人就此旁落於外道。他歸結明末禪風之所以濁劣，原因就在於禪者的不識禪病。不識禪病，縱使用功真切，也會落於魔道。元賢認為這樣的禪是偽禪、是外道，可知「識禪病」在禪修過程中，具有絕對的優先性。

至於禪病的內容，元賢有四病說、三病說、四種避忌說，也有以偈頌表達的「十一莫」說：

> 祇要除得四病：第一不得沿途覓唾，第二不得釘樁搖櫓，第三不得斬頭求活，第四不得頭上安頭。能離四病，自然天下太平。〔註144〕

> 大抵學禪者，第一，不得鑿壁偷光。有等學人，專向古人公案上，穿鑿解說，以為了。當殊不知，你雖說得滴水不漏，依舊是古人底，與諸人毫無干涉。第二，不得波撥求水。自謂：今日是迷，求他日悟。謂眼前萬境，以及內心意識，皆悉幻妄，卻要這裡求見真心。殊不知，即妄說真，已是鈍漢，況棄妄說真耶？第三不得空中釘橛。有等學人，於古人方便，執而不捨，以為奇特。如臨濟三玄、洞山五位、雲門三句等，或癡守孤危、或偏墜平實、或貪向上、或好格

〔註140〕《廣錄》卷10，〈示時中禪人〉：「不得妙悟者何哉？以不知所避忌也。」（頁515）

〔註141〕元賢所指的禪病，並非一般所謂因打坐參禪而引起的身心不協調，而是指禪修者心念的偏差與意志的薄弱。

〔註142〕《廣錄》卷3，〈再住鼓山湧泉寺語錄〉，頁436。

〔註143〕《廣錄》卷9，〈示印朗上人〉，頁505。

〔註144〕《廣錄》卷4，〈小參〉，頁444。

外。此正是法執不忘，去道奚啻萬里？諸人若能離此三病，方是當家種草。〔註145〕

今欲學斯道，須知有四種避忌。一者立心不可不正，以立心乃造道之本，如造屋之有基也。若立心不正，則基先缺陷，雖有禪定智慧，皆爲魔業，豈可以入聖人之道哉？故今入道之始，一切希名譽、圖利養、起生滅、競人我等心，悉皆摒除可也。二者用心不可不專，無上妙道，非粗心浮氣可入，必須一其志、凝其神，專以求之，庶可企及。若分心於他歧，則方寸既離，而濁智流轉，邪氣外乘，與斯道背而馳矣。三者宿解不可不捐，學人昔於經卷上分別、或師友邊商量，起種種見，執之爲實，則靈機窒礙、妙悟弗彰。必須蕩去，方能發起新悟。四者新解不可不除，鑽研久之，忽然新解頓生，或遇境便成四句。此乃聰明境界，正是陰魔作病，行人不達，以爲妙悟，其禍非細，必須自覺。大抵此解，雖極其巧妙，要之必緣境而發，故非眞實。若不急於剗除，神機何由廓徹？以上四種，竝是生死之重病，隨犯其一，功必唐捐，必須深自省察，而剪滅之。然後方可稱宗門下眞實用心者也。〔註146〕

參禪人莫廉纖，公案商量大可憐。一毫頭上親相見，管取鑑地亦掀天。
參禪人莫儱侗，一喝一棒徒粗獷。墮在孤危死水浸，轉身一路莫如懵。
參禪人莫妄求，萬妙千玄盡放休。鐵壁銀山成粉末，德山臨濟也難儔。
參禪人莫自足，門外草庵休久宿。寶所未歸終不了，請君唱箇還鄉曲。
參禪人莫自屈，誰家屋裡無眞佛？祇須一念契無生，兔角杖挂龜毛拂。
參禪人莫多知，五燈讀遍轉增迷。泥牛踏破澄潭月，五葉花開別有枝。
參禪人莫猖狂，許多岐路會亡羊。歷盡千山雲水窟，須知更有白雲鄉。
參禪人莫懈怠，百萬魔軍日相待。時時別起吹毛利，始識南無觀自在。
參禪人莫他營，營得徒能益死生。衣裏藏珠如不昧，遮身一衲有餘榮。
參禪人莫嫌貧，貧不極時見不親。須知徹骨風流事，寒盡元來別有春。
參禪人莫執一，死法相傳進成癖。好漢須如出海龍，五宗門下無蹤跡。〔註147〕

〔註145〕《廣錄》卷4，〈小參〉，頁445。
〔註146〕《廣錄》卷10，〈示時中禪人〉，頁515。
〔註147〕《廣錄》卷22，〈參禪偈十二首〉，頁653～654。又詩題下標十二首，實際只

在不同地方，元賢有不同的重點強調。由於是隨緣說法、應機開示，因此不具系統性，若單就原文，較難看出理路脈絡。故將元賢所提出的禪病，重新歸納分析，整理出七大要項。

第一，不可立心不正。禪學道者，立心要正；立心不正，縱使有禪定智慧，也是魔業。此即必須確立以明心見性為禪修的唯一目標，除此之外，別無他求。立心是基礎，基礎不正是先天的缺陷，如果在入道之初，就心心念念於名利供養，自然不可能有開悟的時候。

第二，不可用心不專。禪理妙道不是心浮氣躁、神散識亂可得，必須透過絕對的凝神專注，才可能契悟祖師之道。基於這個原則，禪修者必須要絕對的專一。在專一的前提下，禪修者當然不宜經營世緣。汲汲營營於衣食名利，心念自是紛擾，如何能有益於禪悟？在方法上，縱然法門無盡，但歧路多亡羊，過多方法的貪取，只會造成心念的雜亂。所以應以看話頭為唯一方法，無須再兼修經教別法。因此禪修者，不論是在心境或方法上，都應盡力摒除一切的干擾，處一而靜、擇一而專。

第三，不可狂心求禪。有志學佛必須要大膽，要知道自家便有摩尼寶藏，自己便能成佛作祖；但是在立大志的同時，元賢也告誡學子心要細，要以此細心作工夫的磨練。因為只有一個膽大往前去，容易流於粗率魯莽；〔註148〕將此粗率用於禪上，就會失於自恃、流於儱統。明末禪者性格的猖狂高傲、禪法上的胡亂棒喝，都是因為狂心高漲而致。所以元賢告誡學人不可狂心求禪。

第四，不可妄心求解。參禪者不管是對於經教典籍、五燈公案，甚至是師友商量，一切都該放下。真理是超越的存在，不是知解可得。禪法貴的是親證親悟，過多的知識只有徒增障礙罷了。無論在公案上如何穿鑿、說得如何的通透，也都和自己的解脫沒有關係。這也是元賢所謂「不得沿途覓唾」、「不得鑿壁偷光」之謂。

第五，不可一心求悟。禪法本來無一物，沒有什麼可悟。悟與不悟，都是相對性的言說。迷悟都屬分別境，都是根塵妄念。就如初祖達摩對二祖慧可所言，將有何心可安？雖說是禪悟，但是並沒有一個心可悟、也並沒有一

有十一首。

〔註148〕《廣錄》卷9，〈示太雅上人〉：「有志於學佛者，首要一箇大膽，直將成佛作祖，為己分內事，一切人天小乘，具非所願，況區區聲色之末乎？有此大膽，方有去向分。雖有大膽，而無小心，則龘率鹵莽，其流至於猖狂自恣。」（頁505）

個佛性可得。將心待悟、希求妙果，無非都是生死根源。如果參禪者只是一心一意於尋求開悟上，無疑是頭上安頭、撥波求水。

第六，不可貪心求橛。對於祖師大德的方便機用，無論是臨濟三玄、洞山五位、雲門三句，都不應執著。禪者不論是對銳利機鋒的偏好，平實禪法的痴守、格外句〔註149〕的喜愛，乃至於對本體一路的追求，都是一種偏執。即便在一句一棒的玄機上有所領會，若欠缺機法活用，反而會受到繫縛。執著於古德機用上，就是一種法執，執法為有，如何能究竟佛境？臨濟義玄言：「羅漢辟支，猶如廁穢；菩提涅槃，如繫驢橛」，〔註150〕羅漢辟支、菩提涅槃起執著都會障道了，更何況是古人方便？元賢告誡禪子「不得釘椿搖櫓」、「不得向空中橛釘」，就是期勉學人不要執著於死傳的禪法，倚門靠戶說禪，終究無法覓得自家寶藏。

第七，不可心執新解。禪修的人在經過一段時間的參究後，會忽然有所醒悟，甚至可以立即出手成章、出口成詩。然而這並不是真正的悟境，只是個聰明境，〔註151〕是個待緣而發的識境。但是禪修者卻會誤以為是妙悟，對眼前的境界起執著，而無法再向前。所以元賢啟示禪子，不應偶有省悟就被魔境所執，把化城當寶所，要在向上一路上，更加努力精進才是。這是元賢對禪者的鉗鎚。

元賢所提出的這些禪病，從立心說、從用心說、從開悟觀念說、從修悟方法說、從對治境界說，從不同的角度說解禪病。這些禪病不僅在參禪之初要注意到，在話頭參究的過程中，也必須要時時提撕、時時警戒，不可有絲毫的放逸，開悟見性才會成為可能。元賢的參禪七不得，不僅是因明末禪風而發，即便是超越時空到科技發達的現代，也還是適用。元賢對於禪病的殷勤叮囑，無非是要學人不要在起步時就走差了路，也無非要禪子有堅持到底、非到徹悟不放棄的決心。

三、話頭的參法

元賢認為佛法「以忘情默契為入門」，因此在禪修的進路上，「虛靜其心」

〔註149〕格外句，即指超越常格之語句。參見《佛光大辭典》光碟版。

〔註150〕唐・臨濟義玄，《臨濟錄》（《大正藏》47 冊），頁 497c。

〔註151〕關於「悟的現象」，可參見釋聖嚴，《禪與悟》（臺北：東初出版社，1993 年）之〈悟與誤〉，頁 46～48。

是禪子首要的工夫。他說：

> 學道之士，先虛靜其心。蓋心必虛靜，然後可以玄會妙理：心若不虛，則如盛驢乳之瓶，又安能盛師子乳？心若不靜，則如當風之燭，起浪之水，又安能鑑照萬形？故學者先須息慮省緣，使心虛靜，然後造道有基。〔註152〕

> 先須歇卻攀緣心、知解心，使心同木石，自然與道玄會。德山云：「汝但無心於事，無事於心，自然虛而靈，寂而妙。」龐居士云：「但願空諸所有，慎勿實諸所無。」百丈云：「心地若空，慧日自現。」此等皆是先德誠諦之語。蓋以心自靈明，一切智慧神通，無不具足。但為外物所蔽，所以弗露。所蔽若遣，更有何事？〔註153〕

對於元賢而言，明心見性實際上是一種契心的過程。所以在禪修上，他主張「無心合道」，要學人參禪之前先要「虛心」。元賢的「虛心」有兩層意義，就消極的意義而言，是指停止追逐外境的一切思慮，不論是知解心、攀緣心、慾望心等，所有的妄識心都應該停止；所以元賢要人謝去一切聲色，就是連平時所積累的知識，都應一律放空。〔註154〕在空寂之後，心本具的靈照功能逐漸被喚起，方能趨向契悟真理之路，這是就虛心的積極意義而言。然而心念如同猿猴、如同野馬，不僅容易陷入昏散，更有不斷攀緣的習氣，並不容易控制。所以必須要有看話頭作為方便，以收攝心念的紛亂。

然而何以看話頭會將人帶到開悟的境地呢？這是因為話頭的「無義味」性：

> 但將從前所得所學底，一坐坐斷，單單向一句死話頭上究。〔註155〕

> 古人一則無義味話，如金剛山，無你鑽研處，如猛火聚，無你覷向處，既無處鑽研，無覷向處，便是諸人斷命根處。〔註156〕

大慧宗杲專門提倡「狗子無佛性」，雲棲袾宏則是以「念佛是誰」為話頭。至

〔註152〕《廣錄》卷10，〈示無生禪人〉，頁516。
〔註153〕《廣錄》卷10，〈示尚實上人〉，頁514。
〔註154〕《廣錄》卷2，〈杭州真寂禪院語錄〉：「須是謝去聲色，專其心，一其志。」（頁424）；《廣錄》卷9，〈示若水上人〉：「須將三載所聞，放教無半點字腳。」（頁503）《廣錄》卷10，〈示靈生禪人〉：「但將從前所學底，一一坐斷。」（頁515）
〔註155〕《廣錄》卷10，〈示靈生禪人〉，頁515。
〔註156〕《廣錄》卷5，〈普說上〉，頁455。

於元賢對於話頭的選擇，則沒有特別的強調，參「乾屎橛」也好、參「趙州無」也行、參「一歸何處」也可以。話頭沒有深淺，也沒有參得參不得的問題，〔註157〕元賢認為只要是「無義味」的「死話頭」皆可。然而何謂「無義味」？所謂的無義味，就是指該話頭具有不可思慮、無法理解的特質，讓人無法透過思維卜度，找出理路答案。由於思維受阻，但話頭又一直提撕著，思慮因此不斷地被逼迫；在被逼迫到一定的程度後，思慮就會停止；思慮停止後，知解分別意識也就跟著消失了。於是，心就有了開悟的契機，這就是話頭的功用所在。

　　元賢曾說：

　　　　今日教你參話頭，正是要你意識不行，庶天光忽露得，見本來面目。

　　　〔註158〕

　　　　將去這死話頭，不可知解處，正與本分事相近，要你向這裡，磨來

　　　　磨去，忽然解心銷盡，則本有光明，自然輝天鑑地去也。〔註159〕

因為禪是超越的存在，真理並無法透過相對性的分析思慮而得；但是人又有知識性思考的習慣，常常深陷其中不可自拔。所以用看話頭的方式，使無謂的思慮情識受到逼迫，進而達到停止的目的。元賢認為看話頭是讓學人「死盡偷心」〔註160〕的最好方法。在死盡偷心後，主觀的自我意識就會徹底的瓦解，變成絕對的存在，進入無我的境界。〔註161〕身心俱寂，世界瓦解，就能頓見本來面目。〔註162〕也因此元賢不斷地強調，禪不是知解邊事，看話頭不可心思卜度、不可道理說解。〔註163〕

〔註157〕《廣錄》卷5，〈普說上〉：「又有等稱做工夫者，單論話頭深淺，謂某一個公案了，又要參某公案。某公案參得，某公案參不得，某公案參不得。……渠於一則公案上，不能一腳到底。所以說這裡通得，這裡通不得。殊不知別處通不得，這裡通得底，一不是了也。」（頁456）

〔註158〕《廣錄》卷9，〈示印朗上人〉，頁505。

〔註159〕《廣錄》卷10，〈示靈生上人〉，頁515。

〔註160〕《廣錄》卷12，〈與張二水相國〉：「……其或未能頓領，始有看話頭等法，蓋是死盡其偷心，庶幾天光自發也。」（頁529～530）

〔註161〕　參見釋聖嚴，《禪的世界》（臺北：東初出版社，1994年），頁54。

〔註162〕盧雲和尚言：「直下五蘊皆空，身心俱寂，了無一事，從此晝夜六時，行住坐臥，如如不動，日久功深，見性成佛。」（岑學呂編，《盧雲和尚年譜・法彙增定本》，頁156。）

〔註163〕《廣錄》卷10，〈示羽居居士〉：「今但向這無字上推窮，不可將到理解說，不可將心思卜度，但恁麼疑去，有朝捉敗，趙州識得渠面目，自然七通八達。」

那麼話頭要如何看？元賢說道：

> 山河大地，以及無邊虛空，謂之萬法。此萬法全同泡影，虛幻不實，
> 皆不出一心之所變現。但今人皆知一心之變現，而不知此心果在何
> 處。以在身內乎？以爲身外乎？以爲不在內外、將在中間乎？悉屬
> 妄見，無有是處。又何況以爲心者，念起念滅，倏忽不定，乍善乍
> 惡，變遷靡常，將以何者爲心乎？既此等處，各不是心，將以爲無
> 心乎？豈有人而無心哉？居士可於此中，著實參究，討箇下落處，
> 但恁麼參去，不得作解說，不得生卜度，不得求人說破，不得或進
> 或退，一味死心究去。〔註164〕

看話頭，主要是藉由「心何在」產生疑慮，藉由疑情不斷的生起，以帶入工
夫的境地。因此「疑情」是參究話頭最重要的關鍵。看話頭其實也就是疑情
不斷地生起、疑念不斷湧現的過程。元賢也說：「大疑則大悟，小疑則小悟，
不疑則不悟，此事決定之事。」〔註165〕如果失卻疑情，話頭也就沒有存在的
意義了，所以說「疑情是看話頭的枴杖」。〔註166〕如果參學人無法產生疑情，
話頭也就無法「看」下去了。然而疑情不生，卻是禪修者普遍的問題，原因
何在？元賢認爲原因只有一個——生死心不切：

> 問：參禪須是起疑情，疑情發不起時如何？曰：此事近日學人通病。
> 夫疑情不起，只爲生死之心不切耳。誠能如處朽宅，烈然火起，唯
> 有一門，更無別路，安得不疾馳而競出哉？故一分切則一分疑，十
> 分切則十分疑。未有切而不疑，亦未有疑而不悟者也。第疑情之發，
> 出於切心，非可擬議造作而強之發也。〔註167〕

如果執著於現世，愛戀眼前一切，疑情無法生起，看話頭也產生不了太大的效
果。唯有感受到生死的無常，對於生命答案有熱切的追尋，才可能生起大疑情。
〔註168〕「古人工夫無定，總是爲渠一箇，爲生死心切急急忙忙」。〔註169〕佛教

（頁514）；又《廣錄》卷9，〈示若水上人〉：「向一則公案上，力參力究，不
　　許作知解、不許求講說、不許將心待悟、不許自生退屈，但恁麼做工夫，自
　　有透脫之日。」（頁503）
〔註164〕《廣錄》卷10，頁512～513。
〔註165〕《廣錄》卷10，〈示恒光上人〉，頁518。
〔註166〕引自岑學呂編，《虛雲和尚年譜・法彙增定本》，頁166。
〔註167〕《廣錄》卷29，〈寱言〉，頁764。
〔註168〕參見釋聖嚴，《禪的體驗・禪的開示》，頁139～140。
〔註169〕《廣錄》卷4，〈小參〉，頁450。

是一個宗教，作為宗教的實踐，徹底的生死痛感，才是尋求解脫最大的動力。元賢常以「臘月三十」作為提醒，以激發學人對於生死的感受：

> 古人云：「臘月三十日，作麼生折合去？」此語最為利害。蓋為諸人長年，祇在街頭巷尾，索殘唾過日，全非真實。臘月三十日如何受用？得著此事，必須向自己本地風光上透出，始有受用。〔註170〕

臘月是指農曆十二月，十二月三十日是一年的最後一天，用以比喻人生命的終點。對於生命的永恆，是人心深處最真實的渴望。生死的解脫、生命的問題，實際上都是依著這個生命的有限而來。如果將「臘月三十日」隨時放在心頭，對生命的無常就會有更強烈的感受，自然對開悟解脫會有更迫切的追求。

雖說看話是體悟禪境的最佳方法，然而由話頭的參看到開悟，實際上並非是一個簡單的歷程。元賢就曾：「蓋此工夫，是將你無始無明，要你當下開交，不是易事。」〔註171〕眾生習氣深重，無始以來無明妄起，要一般大眾當下頓悟，徹見自己原本清淨佛性，縱是講求頓悟的禪宗，也必須承認這不是一件容易的事。所以話頭的參看，必須要有相當程度的投入。對此元賢有諸多的開示：

> 看話頭者，非可悠悠地過去，直須切上加切，勇猛向前。……每日應機種種緣，雖無刻暇，但此話頭，不可間斷。〔註172〕

> 但只要時時提起，念念追究，如尋箇要緊物相似，穿衣喫飯時，迎賓送客時，隨眾作務時，併如是尋討，不暫放下。〔註173〕

> 將通身精神通身力量，全用在一句話頭上，不管十年二十年三十年，併力做去。〔註1740〕

> 但于自己疑情上，切上加切，亦不必愁我根器太鈍太利，亦不必要取靜避喧，但日用中，常常提起可也。若年久月深，未得開悟，切莫中道退還，自失大法。〔註175〕

> 不得計難易、論遠近，亦不得愁我根機遲鈍，慮我業障深重。只管向前做去。〔註176〕

〔註170〕《廣錄》卷4，〈小參〉，頁443。
〔註171〕《廣錄》卷10，〈示寒輝禪人〉，頁517。
〔註172〕《廣錄》卷9，〈示黃孟揚居士〉，頁501。
〔註173〕《廣錄》卷9，〈示印朗上人〉，頁505。
〔註1740〕　《廣錄》卷5，〈普說上〉，頁455～456。
〔註175〕《廣錄》卷10，〈示寒輝禪人〉，頁517。
〔註176〕《廣錄》卷10，〈示丁元闢居士〉，頁501～502。

從以上的引文中，可以得到幾個重點。首先是心念的專注。話頭的參看「旨在念茲在茲，疑情不散」，〔註177〕為了使疑情綿綿生起、無有間斷，所以不論是在穿衣吃飯、日常作務，或者待人接物，無論何時何地，每天二十四小時、隨時隨地都要將話頭提起，不可須臾放下。對於話頭的護念，古人以「如貓捕鼠」、「如龍護珠」，或者「雞抱卵」來形容，可知話頭的參究，是一個全心全力投入的過程。

再者是時間的問題。參究話頭，一般而言，都必須經過長時間的努力，並不是短暫修行，就可以得到證悟的消息。歷史上開悟的高僧大德，從出家到徹悟，很多都是經過一、二十年以上的努力。更何況何時能證悟，又沒有一定的時間表，不可預期性相當的高。因此在參修的過程中，如果沒有堅固的道心作為後盾，很容易就會退失。所以元賢不斷地鼓勵禪者對於生死、對於疑情要「切上加切」、對於修悟只有「勇猛向前」一路，不能有太多成敗計較、更不能自我設限。道心的堅固，是參話的必備資糧。所以說學佛不僅「是一門實踐的哲學，也是一門意志哲學。」〔註178〕即便如此，元賢還是砥礪學人：「眾生無始劫來，許多苦楚，甘自承當，這些小難處，卻攢眉怕怖，是謂愚也。」〔註179〕

雖說看話頭必須全心的投入，但是元賢並不贊成取靜避喧、閉關靜坐的看禪。因為：

> 閉關學道，其最初一念，乃是厭動趨寂也，祇此一念，便為入道之障。況關中既不受知識鉗槌，又無師友策勵，癡癡守著一句話頭，如抱枯樁相似，日久月深，志漸靡力漸疲，話頭無味，疑情不起，忽轉生第二念了也。甚至身坐一室，百念紛飛者有之，又何貴於關哉？〔註180〕

元賢反對閉關修行，可由兩方面來說。一來是初心念頭的乖違，「厭動趨寂」不是禪者本色，禪不是從靜坐沈默中可得。〔註181〕二來是從修行層面來說。元賢認為看話必須有師友的策勵鉗鎚，才能在百尺竿頭上更進一步。他自己

〔註177〕《廣錄》卷10，〈示恒光上人〉，頁518。

〔註178〕引自巴壺天，《禪骨詩心集》，頁4。

〔註179〕《廣錄》卷9，〈示黃孟揚居士〉，頁501。

〔註180〕《廣錄》卷9，〈示某上人閉關〉，頁500。

〔註181〕一般而言，提倡看話的禪者，大多不贊成閉關修行。大慧宗杲的抨擊默照禪就是最典型的例子。

因有慧經的鉗鎚，而能於悟境上不斷翻升，進而大徹大悟；他也再再策勵弟子霖道霈，鼓勵他不斷突破禪境，真正達到契悟真理的境界。如果學人取靜避喧，單單痴守著一句話頭，久了便容易停住在明白自在的清安之境中，整個心清清淨淨、空空洞洞，疑情也就跟著消失了。甚至是觸境生情，妄想不斷湧現。在閉關久參中，所有的工夫便如同冷水泡石頭，不再起任何作用，時間久了也就疲懈下去了。〔註182〕這就是為什麼元賢反對閉關修行的原因。所以他說：「或閉目靜坐，以待成佛，此乃症之最下者也。」〔註183〕就元賢的而言，參禪就是生活，日用即是道場。禪修者沒有看話以外的生活，也沒有日常以外的道場。

四、開悟的境界

「悟」是佛教修行的終極目標，所有的修行都是為了這個目標而努力，《壇經》所謂「不悟，即佛是眾生；一念若悟，即眾生是佛。」〔註184〕這就是「開悟第一」的意義。開悟是一個怎樣的歷程？是一個怎樣的境界？對此元賢說道：

> 此話頭不可間斷，或遇緣打失，便要鞭起，參來參去，日久歲深，忽然疑情頓起，內不見有五官百骸，外不見有山河大地，惟是一箇話頭，綿綿密密。到此地位，更須大加精彩，忽爾囮地一聲，則話頭破矣。〔註185〕
>
> 將一句無義味話，一提提起……至於正念純一，情識自然消滅，情識消滅，則瞠開正眼，十界平沈，而大丈夫之能事畢矣。〔註186〕
>
> 是將生平意氣精神，四大血力，悉住在一句話頭上，不容有絲毫走作。久之非獨意氣精神四大血力，凝作一團，即大地山河，以及十方虛空，亦皆凝作一團，如一箇鐵丸子相似。有朝逢緣遇境，忽鐵丸子爆開，迸出達摩眼睛，則山河大地，總一大光明。〔註187〕

看話頭並不是只是字面的「看個話頭」，而是看話所產生的源頭。看話頭其實

〔註182〕參見岑學呂編，《虛雲和尚年譜・法彙增定本》，頁158
〔註183〕《廣錄》卷13，〈重刻大慧禪師書問法語序〉，頁552。
〔註184〕《敦煌壇經新書》，頁169。
〔註185〕《廣錄》卷9，〈示黃孟揚居士〉，頁501。
〔註186〕《廣錄》卷11，〈與沙縣曹智齋文學〉，頁522。
〔註187〕《廣錄》卷6，〈示照遠上人〉，頁506～507。

也就是觀心、反聞聞自性的歷程。〔註188〕藉由提起疑情，使得散亂的心識妄念逐漸的集中。在參看的過程中，疑情會不斷生起，最後連成一片，成為大疑情。當疑情成真正疑團時，意識到此完全停止，所有的一切內外、人我都消失，只剩疑情的存在；〔註189〕再對這個大疑情不斷地逼迫，走至心窮路絕之際，忽然！疑情瞬間爆破。在經過這大死一番的大爆炸後，一切渙然冰釋，通天徹地，頓見自己本地風光。即是對於禪、對於真理對於自家生命，頓然的全部掌握。在開悟的時間點上是瞬間的，而對於真理的掌握是全面的。所以元賢說只要在一個話頭上「一腳踏到底」，在一個話頭上真正開悟了，就能通徹一切話頭。〔註190〕所有的經教言論，也都可以在剎那間掌握，不需再一一參究、一一瞭解。〔註191〕這也就是禪家所謂頓悟的意涵。

　　然而有時禪修並非那麼的順遂，在過程中往往會遇到一些「境」，元賢告訴學人：

> 若稍覺有可見處、有可喜處、有可擬議處、有可主張處，並是邪魔外道，非吾眷屬。或稍覺無可見處，無可喜處，無可擬議處，無可主張處，亦是邪魔外道，非吾眷屬。〔註192〕

> 此話頭未破之時，工夫逼拶得緊，或見種種異境、或種種異解，併是妄識作怪，便當一刀揮斷。〔註193〕

一般稱這種參禪未到所招致的種種身心不適為禪病，〔註194〕禪病最主要都是來自於禪修者心念的妄起。對於禪病的討論，並非南禪才有，在佛教經典中，

〔註188〕對於看話頭，盧雲和尚曾經有如是的開示：「就是心話從心起，心是話之頭。念從心起，心是念之頭。萬法皆從心生，心是萬法之頭。其實話頭即是念頭，念之前頭就是心，直言之，一念未生以前就是話頭。由此你我知道，看話頭就是觀心，父母未生以前的本來面目就是心，看父母未生以前的本來面目，就是觀心。性即是心，「反聞聞自性」即是反觀觀自心；「圓照清淨覺相」，清淨覺相即是心，照即觀也。心即是佛，念佛即是觀佛，觀佛即是觀心。」（岑學呂編，《盧雲和尚年譜‧法彙增定本》，頁155）

〔註189〕參見釋聖嚴，《禪的體驗‧禪的開示》，頁139。

〔註190〕《廣錄》卷5，〈普說上〉「其實趙州無、一歸何處、庭前柏樹子、麻三斤、乾屎橛、竹篦子、秘魔叉、睡中主，一通俱通，豈有差別？」（頁456）

〔註191〕《廣錄》卷9，〈示若水上人〉：「回親一大藏教，無一非單傳直指，西來大意矣。（頁503）；〈示印朗上人〉：「千七百則，是什麼臭葛藤？三千諸佛，是什麼野狐精魅。到此之際，順行逆行，天亦莫測。」（卷9，頁506）

〔註192〕《廣錄》卷11，〈與李青郎茂才〉，頁524。

〔註193〕《廣錄》卷9，〈示黃孟揚居士〉，頁501。

〔註194〕元賢則以參禪目的的不純正、方法的錯誤、信念的不堅為禪病。

相關的問題就已經被注意。〔註195〕《圓覺經》提到禪病有「作、止、任、滅」四種，並提及對治的方式。劉宋譯出的《治禪病祕要法》〔註196〕則揭示了治禪病的十二大方法。天台智顗的禪修理論，更是爲後人所重視，他在《摩訶止觀》第七〈正觀章〉、《禪門口訣》第五〈業障病〉、《小止觀》〈治病患第九〉等著作中，都提及了禪病發生的種種原因，並且詳述了對治的方法。

　　元賢非常堅持禪悟的神聖性，在他看來，只有達到徹底的禪悟，方才可稱之爲禪。即便是以公案話頭爲入手，在識境上無法突破，就不是眞正的佛法，因此識境的突破是絕對必要的。對於禪病，元賢不從細微病徵去論述，他告訴禪者，所有的異境、所有的異解，都是「妄識作怪」所引起，只有靠禪修者的毅力，更加精進用功，才能將所有的魔境一刀斬斷。對治禪病的唯一方法，就是禪者永不放棄、不斷努力的大憤心。元賢對於禪病的論說，或許過於簡單，但是就大乘佛教的觀點而言，佛與魔、所有的異見、所有的禪病，都是由心識意念所發，如果一念不生，自然一切都消隕。即便對於禪病有細緻論述的智顗也說：「夫坐禪之法，若能善用心者，則四百四病自然差矣。若用心失所，則動四百四病。」〔註197〕自心的超越與突破，才是對治禪病最根本的方法。

　　禪宗以開悟見性爲宗旨，但是開悟究竟是一個怎樣的特殊經歷？禪境又是是一個怎樣的特殊境界？對此元賢曾說：

　　忽得一念不生，自然全體呈露。百如千如，祇是一如，更無不周不遍，通天徹地，大用顯行，直向毗盧頂上，打筒觔斗，撫掌大笑，說什麼：達摩祖師喚來洗腳、揩背，亦何不可。〔註198〕

　　忽然爆地一聲，則身心世界一旦平沈、千差萬別一旦融通，七玄八妙一旦消滅，那時更說什麼，無事有事，無心有心，虛靈寂妙四字，直是無處安著。〔註199〕

　　忽然圑地一聲，身心世界，一切平沈，一段圓光，輝天鑑地，本無向背，亦無中邊。千七百則是什麼臭葛藤？三千諸佛是什麼野狐精

〔註195〕雖然印度禪與中國禪不盡相同，但是在參禪過程中所招致的種種疾病，似乎是相同的，值得做進一步的探究。

〔註196〕劉宋・沮渠京聲譯，《治禪病祕要法》（《大正藏》，15 冊），頁 333～342。

〔註197〕隋・智顗說，《釋禪波羅蜜次第法門》（《大正藏》46 冊）卷 4，頁 505b。

〔註198〕《廣錄》卷 9，〈示一如上人〉，頁 511。

〔註199〕《廣錄》卷 4，〈小參〉，頁 499。

魅。到此之際，順行逆行，天亦莫測。左之右之，聖亦難知。有何
三界可出聖？聖位可安也。〔註200〕

參禪修悟是一個不斷自我否定的過程，透過不斷地的自我否定，回歸到沒有
差別對待、主客未分的第一境。生死是相對言、凡聖是分別說、修證是對無
修而論、開悟是因未悟而立。待真正開悟時，所有的對待、所有的執著，都
會跟著消失，既無修證、也無生死、亦無凡聖可言。元賢〈臨終偈〉所謂「三
界內外無處可尋」〔註201〕講的就是這樣的境界吧！身心既已回到無差別的狀
態，對於外界一切就不會有追求或抗拒，內心自然也就可以保持在一種和平、
快樂的狀態中。〔註202〕

雖然已經有過禪悟的體驗，但並不表示從此萬事休了。元賢在講頓悟的
同時，也重悟後的保任工夫。因為「此事大不容易，蓋根蒂既久，未能卒斷，
豈可孟浪哉！」〔註203〕他說：

> 既悟本心，尚須保任。蓋為無始劫來，習氣深重，未能頓除。故
> 保任之功，不可或疏。然所謂保任者，非假造作有為之法，不過
> 常惺惺地不為凡心所雜而已。昔天皇悟囑龍潭信曰：「任性逍遙，
> 隨緣放曠，但盡凡心，別無聖解。」隨緣放曠二句，切莫錯認將
> 縱自放逸，無所忌憚當之。須知所謂逍遙放曠者，乃是於一切妄
> 境，超然不著，如鳥飛空，而毫無所牽繫，如龍出海，而毫無所
> 障礙者。〔註204〕

開悟後，唯有戒慎恐懼的保任，才能保持身心的超然放曠。元賢還擔心學人
誤解隨緣放曠為縱自放逸，還不厭其煩的再三解釋，可見得他對於明末狂禪
的戒慎恐懼。然而元賢雖講「保任」，但卻不言「悟後起修」，因為他認為：

> 悟心既圓，命根頓斷，雖有習氣未除，但得正見不昧，習氣自然漸
> 泯，不可別有修習。譬如伐樹者，既斷其根，則枝葉雖存，不日消
> 落，不必別有消落之法。若悟心未圓，則命根未斷，習氣橫生，過
> 治周效。故須力求其徹悟可也。〔註205〕

〔註200〕《廣錄》卷9，〈示印朗上人〉，頁505～506。
〔註201〕《廣錄》卷24，頁667。
〔註202〕釋聖嚴，《禪與悟》，頁88。
〔註203〕《廣錄》卷30，〈續寱言〉，頁778。
〔註204〕《廣錄》卷6，〈普說下〉，頁466～467。
〔註205〕《廣錄》卷29，〈寱言〉，頁768。

對於悟修的關係，唐圭峰宗密有著深刻而細膩的討論，〔註206〕雖然他從理論上力讚神會與澄觀的「頓悟頓修」，但是就實際的實踐層面而言，他主張的則是「頓悟漸修」〔註207〕——何以悟後要漸修，因爲「煩惱未盡，因行未圓，果德未滿」，〔註208〕在悟解頓明眞理後，通過漸修以消除積習、達到證悟。「頓悟漸修」後來逐漸成爲禪門對於悟修的主要看法之一；悟後再起修，以去除習氣，亦是明末諸多禪師的共同主張。〔註209〕但元賢並不認同這樣的看法，他以爲在眞正大徹大悟之後，體悟了眞理空性，煩惱習氣就會自然去除，不需再別有修習；悟後所需只是「保任」的工夫而已。這和宗密以「斬染縗絲」〔註210〕爲「頓悟頓修」的比喻，是一致的。對於禪法的「切實徹悟」，元賢有著最徹底的強調。

　　對於禪的機用，元賢強調：唯有在眞正的徹悟後，才能言大機大用。他說：

> 然悟心其本也，機用其末也。學者當求其本，本立則其用必彰。若徒求其用，而本弗立，則非佛之徒矣。濟下自馬駒以一喝開場，黃蘗以三棒接拍，以故人人如獅子哮吼，動地驚天，皆本深而末自茂，體圓而用自神者也。〔註211〕

超越世界後還要回歸世界，是大乘佛教的基本精神。禪家不僅重視向上一機，也同樣重視下向一門，不僅自己要能徹悟本性，也要利用種種機法，使他人也

〔註206〕宗密將悟修漸頓分成漸修頓悟、頓悟漸修、頓修漸悟、漸悟漸修、頓悟頓修五種，並對每一種作深刻的比喻與説明。詳見《禪源諸詮集都序》（《大正藏》48 冊）卷 1，頁 402a；《圓覺經大疏鈔》（《卍續藏》14～15 冊），頁 238、560、760、761。

〔註207〕詳見冉雲華《宗密》一書的深入分析。（臺北：東大圖書公司，1988 年，頁 183～202。）

〔註208〕引自《禪源諸詮集都序》卷 1，頁 402a。

〔註209〕如紫柏眞可言：「道可頓悟，情須漸除。」（《紫柏尊者全集》卷 2，〈法語〉，頁 665。）

憨山德清言：「所言頓悟漸修者，乃先悟已徹，但有習氣，未能頓淨。就於一切境緣上，以所悟之理，起觀照之力，歷境驗心，融得一分境界，證得一分法身，消得一分妄想，顯得一分本智。」（《憨山老人夢遊集》卷 2，〈法語‧答鄭崑巖中丞〉，頁 225。）

〔註210〕宗密《圓覺經大疏鈔》言：「初標頓悟頓修，以斬染縗絲爲喻者，斬如頓悟，頓悟煩惱本無，即名爲斷。如一縗之絲，不勝一劍而頓斷故。染如頓修，頓稱性上恒沙功德，念念無間，而修如染一縗之絲，千條萬條，一時成色。」（頁 560）

〔註211〕《廣錄》卷 13，〈壽昌西竺禪師語錄序〉，頁 543。

能創造禪境。〔註212〕這就是禪的「三昧」與「遊戲」，禪的全部。〔註213〕真正如遊戲般的大機大用，必須要以甚深三昧爲基礎，所謂「本深而末自茂」、「體原而用自神」。三昧的實踐，是一段全心投入、義無反顧的艱辛過程。在明末疏狂的禪風中，多的是徒具形式的「遊戲」，欠缺的是真正三昧的契會。所以元賢再三強調：「大抵禪人須先具正法眼。而門庭施設，實在所緩。」〔註214〕因此他的禪法不從用上說、不從遊戲上講，他從體上說、從三昧講。真實參究、切實證悟，是元賢禪法最初及最終的強調。

第四節　小結──元賢禪法思想的特色

明末由於宗教人才的嚴重斷層，導致佛門弊病叢生。標榜以心立教，頓悟解脫的禪宗，逐漸喪失直探心源的實踐力；演變成支離分析、玩弄機鋒的文字禪與棒喝禪。狂蕩顢頇、徒具形式的禪法，引來僧俗二界的強烈不滿。重建禪法的修行進路、撥正儱侗與支離的弊病，使解脫證悟成爲可能，是禪林改革的當務之急。元賢的禪法，即以此爲出發。

面對末法宗風的頹墮，元賢以大慧宗杲的禪法「直抉其根株、深破其巢穴，正今日之秦緩金針也」，〔註215〕是唯一的可行方法。因此對於大慧禪，不論是以話頭爲禪的實踐、參禪條件的提出〔註216〕、對於疑與悟的強調，〔註217〕他

〔註212〕對於禪者的應機度化，吳汝鈞在《中國佛學的現代詮釋》有段精彩的解釋：「無住的主體性，除了不捨不著的性格外，他作爲一主體性或佛性，是成佛的心靈力量，是成佛的基礎。這種無住的主體性能發揮一種妙用，這種妙用能在世界引發一連串教化眾生的作用。這妙用顯示出禪的慈悲，及他對現實世間有一終極的關心，有一種積極的態度。他對現實世間的眾生所受的苦難，有一種積極的回應，並且提出一消解之道。所以我們說這無住的主體性是非常富於動感，而且是一積極的主體性。」（頁 162）

〔註213〕吳汝鈞，《中國佛學的現代詮釋》言：「禪的整個面貌或整個表現，都應該是三昧和遊戲兩者的結合，然後方才能盡禪的全部義蘊。必須先有深厚的三昧工夫作爲基礎，然後才能在遊戲方面表現出大機大用。兩者的結合，才是禪最整全、最完滿的表現。」（《中國佛學的現代詮釋》，頁 129）頁 128。

〔註214〕《廣錄》卷 30，〈續寱言〉，頁 780。

〔註215〕《鼓山晚錄》卷 3，頁 7253。

〔註216〕宗杲強調學人要「信得及、見得徹放得下」（詳見《大慧普覺禪師語錄》（《大正藏》47 冊）卷 25，頁 918a），元賢則有「信得及、放得下、守得堅」之說。

〔註217〕宗杲之說，詳見蔣義斌，〈大慧宗杲看話禪的疑與信〉，《國際佛學研究年刊》1991 年，頁 49～68。

都意識的繼承。〔註218〕元賢以話頭的切實參究作爲對治禪病、創造禪悟唯一的方法。他否定了經教文字在開悟過程中的作用，在元賢看來，不論是經教文獻、語錄燈傳，都是些假古董，不僅無法導致開悟的結果，更會增加障礙。〔註219〕禪道眞理不是語言文字、知解思慮可得，唯有親證一回，才是禪法眞正的實踐。〔註220〕元賢要人徹底從權威中解放出來，他堅持了禪門「貴自求不貴他求」、「貴行解不貴知解」、「貴超聖而不貴住聖」的基本立場。〔註221〕元賢將所有的禪法收歸在看話頭一方，對於明末禪界的紛亂、人心的雜遝而言，實是一帖良藥。〔註222〕

　　元賢對經教文字的全面否定，在明末禪林一片改革風潮是相當特殊的。明末禪林尊宿與禪師紛紛向禪教合一、禪淨雙修靠攏，企圖透過經教的回歸，以導正禪風的疏狂。但是元賢堅持禪法親證的重要性，因爲「雖通身是口、辨若懸河，總是生死岸頭，濁智流轉而已。」〔註223〕對於禪法的實踐，元賢是個徹底的冥契主義者，他堅決反對文字知識對於禪悟有任何的幫助。雖然透過經教文字的提倡，可使禪風回歸平實，更可增加對文人的影響力。〔註224〕

〔註218〕雖然如此，元賢的禪法，並非單純大慧禪的複製。大慧禪爲對治文字禪與默照禪而發，元賢雖也不贊成閉關靜坐，但是他針對的是棒喝禪的儱侗與文字禪的支離。再者宗杲對於《華嚴經》提倡、無字話頭的重視、悟後起修的強調，都非元賢禪法的主要內容。兩人的禪法由於時代背景的不同，而有不同的強調重點。有關大慧宗杲的禪法，參見：鄧克銘，《大慧宗杲之禪法》（臺北：東初出版社，1990年7月）；開濟，《華嚴禪──大慧宗杲的思想特色》（臺北：文津出版社，1996年6月）；蔣義斌，〈大慧宗杲看話禪的疑與信〉，頁49～68；林義正，〈儒理與禪法的合流──以大慧宗杲思想爲核心的考察〉，《佛學研究中心學報》1997年7月，頁147～168；荒木見悟著、廖肇亨譯，〈大慧宗杲論禪悟〉，《中國文哲研究通訊》2005年12月，頁151～176。

〔註219〕《廣錄》卷10，〈示尚實上人〉：「今時學人，多是向外，假借許多閒骨董，怎奈轉增障礙。」（頁514）

〔註220〕《廣錄》卷9，〈示孫冶堂居士〉：「禪之道微矣，非語言之所傳，心思之所能及。而況傚效於聲容之際，擔當於氣魄之間？……必須識得古人道底。」（頁511）

〔註221〕參見巴壺天〈禪宗的思想〉，頁138～143。

〔註222〕就如釋聖嚴所言：「自從宋朝以來修行人的心較爲散漫，他們有很多的意見和觀念，若不應用話頭，便會非常困難。給你一個話頭去修或參，正如以針線把嘴巴縫起來，使你不能開口說話。……應用話頭就是阻擋住、關閉你的口，並且連你的心也密封起來。」（《禪的體驗·禪的開示》，頁141。）

〔註223〕《廣錄》卷4，〈小參〉，頁448～449。

〔註224〕紫柏眞可、憨山得清在明末的極具影響力，和他們的提倡經教有一定的關係。就如杜繼文在評論無異元來時就曾說：「元來也很重視參究話頭，但不像慧經那樣用他代替一切。他鼓勵學徒多讀佛經。他認爲宗與教部應該相互褒貶。

但是這些在元賢看來，都是次要的目標；唯有禪悟的實踐，才是禪法的終極目的。他堅持話頭參究爲唯一的實踐法門，且強調必須摒除其他所有法門，凸顯專修一宗的必要性。

元賢自標禪法爲鼓山禪，他說：

> 鼓山禪與諸方大不相同，諸方要人學頌偈，這裡不要人學頌偈；諸方要人學答話，這裡不要人學答話；諸方要人學上堂小參，這裡不要人學上堂小參。所以諸方禪易參，老僧禪難參。老僧只要你向解說不通處，憤憤地，如拯頭然，如喪考妣，急著力鑽研。鑽研來鑽研去，忽然大地平沉，通身脫落，跳出虛空之外、跨上毘盧之頂，方稱眞正參學人。〔註225〕

元賢鼓勵學人要作個眞正參學人，他自己亦嚴守宗風，以純正佛法爲宗門使命。對於以販賣如來、贈與源流爲勢力的擴張，元賢是相當不以爲然的。〔註226〕他甚至告訴來參者：「如欲求易，自有諸方在。朝入禪堂，暮得拂子者多矣。何必老僧乎？」〔註227〕對於自己的禪法，元賢有相當的自信，也有著相當的堅持。

在心性思想上，相對於臨濟對心的作用面——以即心即佛詮釋心性的現在性與能動性的強調；元賢較重視心的體性面——虛空而靈寂的特質。他認爲唯有在眞正開悟後，方能展現大機大用。因此嫡門法脈，當以使人徹見本性爲根本，不應一律以棒喝爲應機。畢竟利根上智總是少數，能在一棒一喝下頓悟者能有幾人？唯有眞實的參究才是開悟之道。更何況機用大法必須以禪定三昧爲基礎，如果禪者自己都尙未明眼，如何能接引後學？所以元賢在開示禪修方法時，甚少提及悟後起修，甚至不言機用方法。這是對禪門「由體起用」的堅持，也是對「實證實悟」的貫徹。〔註228〕「切實證悟」是元賢

他本人即頗通經教和諸宗教義，增加了對文人的影響力。他經常爲僧人和士大夫講解天台、華嚴、唯識等宗的教義。他自撰《宗教答嚮》五卷，專門論述宗與教的相通關係。這種禪教並重的做法，適應了整個佛教發展的大趨勢，是他名重一時的重要原因。」（參見杜繼文等，《中國禪宗通史》，頁 563～564。）不僅是經教，就連詩歌的倡導，對於門徒也深具吸引力。關於明末詩僧僧團的影響力，詳見廖肇亨〈明末清初叢林論詩風尙探析〉一文。

〔註225〕《廣錄》卷 10，〈示善侍者〉，頁 513。

〔註226〕《廣錄》卷 5，〈普說上〉：「若曲從時好，祇圖門庭熱鬧，卻似抹燃增燥，援溺加濡，非徒無益，反滋其惡。所以山僧……一任法堂前草深一丈，山門外荊棘參天。」（頁 454）

〔註227〕《廣錄》卷 10，〈示寒輝禪人〉，頁 517。

〔註228〕參見杜松柏，〈禪宗的體用研究〉，《中華佛學學報》1987 年 3 月，頁 229～230。

禪法最基礎的強調，當參禪以證悟爲唯一目的時，所有貪名奪利的妄識、浮誇不實的心念都會跟著消失，宗教的實踐意義也就能被彰顯。元賢試圖由禪法的實踐意義，挽救明末禪風的衰頹。

　　總而言之，元賢的禪法並不隨著主智主義的時代風尚而走，對於心冥契眞理的主動性與能動性給予完全的肯定。他堅決反對文字禪，強調禪的親證性與超越性，嚴格把持南禪不立文字的立場。在明末禪界中，元賢的禪法可以說是一種回歸 —— 一種南禪精神的回歸。